奴隷と家畜　目次

第一章

第二章

第三章

奴隷と家畜　物語を食べる

第一章

胃の腑と詩と官能のあいだ

1

食べることについて、わたしたちは多くを知らないのかもしれない。『性食考』（岩波書店）のなかで、食べちゃいたいほど可愛いという愛の囁きを起点にして、食べること／交わること／殺すことが交錯する妖しい精神史的な景観に、眼を凝らしてみた。思いがけず、食べるという行為やできごとについてかぎりなく無知であることに気づかされた。まるでパンドラの箱をなんの準備もなく空けてしまったかのように、うろたえている。

食べることの不思議を、あくまで文字や映像の織物《テクスト》を仲立ちにして手探りに追いかけてみたい。食べることをめぐる膨大なテクストの群れに取り巻かれながら、そこに埋めこまれた小さな物語を掘り起こし、つれづれにその読み解きを重ねてゆく。体系的な思考はもとより不可能であり、だから、これはたんなるエッセイである。

物語を食べる、マンガを食べる、映像を食べる、なんでも食べる。いつだって、味わい深いテクストを探している。テクストの森のなかを、まるでお菓子の家を探すように徘徊している。さりげない随筆《エッセイ》がときに、食べることの迷宮への入り口となる。エッセイという形式には、油断と隙間がつきものだ。それは無意識がつかの間顕われる採掘現場である。

あるとき、寺田寅彦は帰朝したばかりの夏目漱石を訪ねた。寿司をごちそうになった。寺田自身は気がついていなかったが、あとでこんなことを聞かされた。師匠の漱石が海苔巻きに箸をつけると、弟子の寺田も海苔巻きを喰う。漱石が卵を喰うと、寺田も卵を取りあげる。漱石が海老を残したら、寺田も海老を残した。漱石の死後に出てきたノートのなかに、「Tのすしの食い方」という覚え書きが残されてあった、とか（「夏目漱石先生の追憶」『寺田寅彦随筆集』第三巻、岩波文庫）。漱石はじっと観察していたにちがいない。共食の場面では、とりわけ大切な人とのあいだでこうした共振れが起きやすいことは、経験的にもわからないではない。わずかな時間のズレを抱いて、あの人と同じものを口のなかに放りこみ、噛みしだき、呑みくだす。どこまでも無意識に。その薄暗い朱色《あけ》の劇場では、あの人と見えないドラマが共有されている。漱石はたぶん、それが師匠と弟子のあいだのホモソーシャルなまぐわいであることに気づいていたにちがいない。

漱石は草色の羊羹が好きだった、レストランにいっしょに行くと、青豆のスープはあるかと聞いた、という。寺田の別のエッセイにも、自身の日記には喰い物の記事が多く、そうした漱石先生とどこでなにを喰ったというようなことが、やたらに特筆大書されている、と見える。どうやら、寺田にはできごとを、そのときに食べた食物との連想で記憶するという嗜癖《くせ》があったらしい。このエッセイは「詩と官能」（『寺田寅彦随筆集』第五巻）と題されていた。

はじまりには、まるで錬金術師の呟きのように、こんな捉えどころのないことが語られていた。あるとき、小さな炎が明るい部屋の陽光のした、鈍く透明にともると、その薄明のなかに細かい星屑のような点々が燦爛《さんらん》として青白く輝くが、その瞬間にはもう消えている、そうして突然、不思議な幻覚に襲われることがしばしばある、という。言葉で表わすことがむずかしい夢のようなものだ、ともいう。

もしかすると、それは偏頭痛の先駆けのように、不意にやって来る極彩色の光の散乱なのかもしれないと、偏頭痛持ちのわたしは想像する。一瞬にして視野が狭まり、眩暈に襲われる、ぐにゃりと空間がゆがむ。どんな幻覚であったのかは語られていない。たしかなことは知らない。それでも、すぐあとに、こんなことが語られていた。詩的な、官能的でもある幻覚であったはずだ。

> 胃の腑《ふ》の適当な充血と消化液の分泌、それから眼底網膜に映ずる適当な光像の刺激の系列、そんなものの複合作用から生じた一種特別な刺激が大脳に伝わって、そこでこうした特殊の幻覚を起こすのではないかと想像される。「胃の腑」と「詩」との間にはまだだれも知らないような複雑微妙の多様な関係がかくされているのではないかと思われる。
>
> （傍点引用者）

寺田寅彦は物理学者にして、随筆家・俳人として知られる。わたしなどは東日本大震災のあとに、その地震や天災をめぐる秀逸なエッセイを通してはじめて、この人との邂逅を果たしている。いかにも自然系の学者らしい語彙が重ねられて、あの幻覚の意味が解き明かされているが、なにやらあやしげではある。そして、胃の腑つまり食べることと、詩とのあいだには、いまだ知られていない「複雑微妙の多様な関係」が隠されているのではないか、というところに、唐突に着地している。食べることに特異な関心を寄せ、できごとの記憶と食とが密接に絡んでいたらしい、このマルチな奇才の文人学者にとって、食べることと詩とが複雑、精妙にして、官能的な交歓の関係を底に沈めていることの気づきは、避けがたい必然の帰結ではなかったか。

2

以前に、『存在追憶　限りなき時の中に』（角川書店）と題された画文集を眺めているとき、胃の腑と絵のあいだにも複雑にして精妙な関係が隠されていると感じたことがあった。日本画家の高山辰雄の追悼出版として編まれた画文集である。高山には《食べる》と題された絵がいくつかある、という。

そのひとつ、《食べる》（一九七三年）は、とても不思議な絵である。背景は橙色がかった赤で塗りつぶされているが、下地の濃い緑らしき色が滲みのように残っている。この、どこか不穏な赤の世界の真ん中に、奇妙なかたちの小さな緑の木の座卓が置かれている。幼い男の子が薄汚れた影絵のように、その前にひざまずき、いましもなにかを食べようとする姿が描かれている。どんぶりを手前にではなく向こう側に傾けて、右手で中身を掻きこんでいるように見えるが、よくはわからない。座卓にはガラスのコップがあり、水が満たされている。まさに孤食の図柄なのである。叱られたのか、虐待でもされているのか。幸福な食事の風景からははるかに遠ざけられ、食べることの悲しみや恥じらいに打ちひしがれているかのようだ。食べることにまとわりつく不幸の影、あるいは原罪のようにも感じられる。

高山はこんなふうに書いている。

私は人間がものを食べている光景に悲しさを感じてしまうのです。

たとえば、牛というのは実にかわいい生き物です。じっくり眺めて写生したりしていると、つくづくそう思えてきます。ところが、写生を終えて宿に帰り、その晩の食事に牛肉が出てきたりすると、これがまた、とてもおいしかったりする。この食い違いが悲しいのです。どうしてこの世というのは、そんな仕組みになっているのだろうと、困ってしまうのです。といって、どうしたらいいのかはわからない。そんな気持ちが私に何度か『食べる』という絵を描かせたのでしょう。

この一節が《食べる》という作品の絵解きのために役立つのか、わたしにはわからない。それでも、ものを食べる人間の悲しさは、あの《食べる》という絵の主旋律であったと思われ、違和感はない。幼い男の子は餓鬼のほんの手前にいて、悲しさよりも哀れさを感じさせずにはいない。おそらく、食べることは人間にとってなにか、精神の、存在の裂け目なのである。だから、そこに眼を凝らすことが必要だ。可愛い／おいしいは、絶対的にひき裂かれながら、どれほど悲しくとも表裏をなして同居している。それが世の中の仕組みであり、人間という条理なき生き物の現実である。

だから、絵描きは怖ず怖ずと、《食べる》と題した絵を幾度でも描かずにはいられない。

ここでわたしは、宮沢賢治の保阪嘉内宛ての手紙を思い浮かべる。一九一八（大正七）年五月一九日付けの、和紙四枚に鉛筆で書かれた手紙である。肉食の忌避から、ベジタリアン宣言へと繋がってゆく、よく知られた書簡である。『宮澤賢治 友への手紙』（筑摩書房）から引用する。兵隊検査で第二乙種になったことを報告したあとで、賢治は以下のように書いている。

> 私はしかしこの間、からだが無暗に軽く又ひつそりとした様に思ひます。私は春から生物のからだを食ふのをやめました。けれども先日「社会」と「連絡」を「とる」おまじなゐにまぐろのさしみを数切たべました。又茶碗むしをさじでかきまわしました。食はれるさかながもし私のうしろに居て見てゐたら何と思ふでせうか。

賢治はなぜ、からだがむやみに軽くひっそりとしたように感じたのか。それに続けて、唐突に、春から生き物のからだを喰うのをやめたとあるのだから、無関係ではあるまい。繋がっているはずだ。賢治自身のからだと生き物のからだと、ふたつの生身の肉が交錯する。喰う人のからだ／喰われる魚や獣のからだ、という一方通行的な関係を遮断することによって、賢治のからだは軽くひっそりする。浄化されたということか。生き物を殺して喰らうことがもたらす精神的な負荷を逃れたがゆえに、であったか。

それでも、いまだベジタリアンとしては半端で、社会と連絡を取るオマジナイと称して、数切れのマグロの刺身を食べてみる。そうして、喰われる魚が背後にいて見ていたら、なんと思うか、と自問するのである。魚によっていろいろに考えるはずだ。だから、賢治はいくつかの応答を思い浮かべる。たとえば、「この人は私の唯一の命をすてたそのからだをまづさうに食つてゐる」と、肉食の禁忌を侵している賢治の表情が観察されている。「怒りながら」とも「やけくそで」とも見える。喰われる魚への敬意に欠ける。非難の色がある。あるいは、賢治の内面へとまなざしを寄せてゆく、もうひとつの魚の声が聴こえる。すなわち、「私のことを考へてしづかにそのあぶらを舌に味はひながらさかなよおまへもいつか私のつれになつて一緒に行かうと祈つてゐる」と。まるで連帯の呼びかけのようだ。魚の命を奪っていることへの贖罪意識と、供養のための祈りが混ざり合っている。

賢治のイマジネーションは、いかにも異例である。喰う人のからだが喰われる魚のからだに憑依して、喰われるからだが呻くように発する声を、イタコの口寄せのように語ってみせるのだ。さらに、次の段階にいたると、「もし又私がさかなで私も食はれ私の父も食はれ私の母も食はれ私の妹も食はれてゐるとする。私は人々のうしろから見てゐる」となる。もし、わたしの父や母や妹が喰われる魚であり、その喰われる「われらの眷属」の姿を、魚のわたしが見ていたら……といった想像は、とうてい尋常なものではない。たとえ、仏教的な輪廻転生観が前提にあるのだとしても、あまりに生々しく具体的に過ぎる。それから、行を変えて、賢治は「私は前にさかなだつたことがあつて食はれたにちがひありません」と真っすぐに断言するのである。

いつか過去世に、魚として人に喰われたことがある、という。そういえば、ネットのなかで、どこか魚屋の店先で見かけたらしい、「当店で使用している魚は、すべて、死ぬまで生きていました」という貼り紙の映像を見つけた。魚屋の主人はいったい、どんなメッセージを買い物客に送っていたのか。うちの店頭に並んでいる商品としての魚はみな、新鮮でおいしい、といったあたりであろうが、買い物客にたいして、だから、この鮮魚を心して食べよ、と勧めているようにも感じられる。あるいは、命ある魚のからだを切り身にして食べていることを忘れるな、と恫喝しているのか。その貼り紙の裏側に、俺こそが喰われている魚の切り身だと呟いている賢治の顔が、ゆらゆらと揺れている。

3

賢治は親友の保阪嘉内とともに、屠殺場を訪ねて見学したことがあったらしい。先の嘉内あての書簡のなかに、まったく説明抜きに、屠殺される豚についての記憶がフラッシュバックするように語られる場面があるのは、そのためである。

又屠殺場の紅く染まつた床の上を豚がひきずられて全身あかく血がつきました。転倒した豚の瞳にこの血がパツとあかくはなやかにうつるのでせう。忽然として死がいたり、豚は暗い、しびれのする様な軽さを感じやがてあらたなるかなしいけだものの生を得ました。これらを食べる人とても何とて幸福でありませうや。

殺される豚ははたして、暗く痺れるような軽さのなかで、どんな悲しいケダモノへと転生を遂げるのか。屠殺場の血まみれの豚の死せるからだを、あえて目撃することを望んだ賢治は、それを機縁としてベジタリアンへの転向を求めていったのか。

この賢治による観想、つまり仏教的なイメージトレーニングはどこか、九相図によって煩悩滅却をめざす修行を想起させずにはいない。美女が死んで、腐敗のはてに土に還ってゆく九相図を眺めながら、男の出家者は女性にたいする欲望を滅却しようと悪戦苦闘を演じたのであった。なにやら滑稽でもあり、悲惨でもある。それが「女性の身体を思うがままに眺めることのできるポルノグラフィックな絵画」という側面を免れないことを、山本聡美が『九相図をよむ』（角川選書）のなかで指摘している。そこに、なにかグロテスクな淫靡さを感じるとしても、あながち所以のないことではない。

ふと、スーザン・ソンタグの『他者の苦痛へのまなざし』（みすず書房）のなかに、「苛まれ切断された死体の描写のほとんどは確かに性的な興味を喚起する。（略）魅力的な身体が暴力を受けるイメージはすべて、ある程度ポルノ的である」とあったことを思いだす。九相図は自然がもたらす腐敗という暴力を描いていたが、そこに垣間見える裸体《ヌード》だけではなく、腐敗の図像そのものがポルノグラフィックであったのかもしれない。ヌードはほんの残像でしかない。ただ、それは一瞬の光芒として記憶されればよかったのだ。

賢治による屠殺される豚の描写についても、性的な色合いとまったく無縁であったかといえば、いくらか心もとない。殺される瞬間の豚は、なぜ、そのように賢治によって描写されねばならなかったのか。屠殺場の紅く染まった床のうえを曳きずられてゆく豚、その瞳には血がパッと紅くはなやかに映り、いましも暗く痺れるような軽さのなかで息絶えてゆく……。賢治は豚の死を、生々しいまでに映像的に描いている。賢治が意識していたとは思わないが、それは十分に官能的な彩りをあたえられている。たしかに、仏教的な観想のひと齣ではあるが、あやしい感触を払いのけるのはむずかしい。これについては、あらためて、賢治の「フランドン農学校の豚」に触れて語りなおしたいと思う。

この嘉内宛ての書簡について、岡村民夫が「賢治的食物」という論考のなかで、「賢治における物語の生成と〈食〉によるコミュニケーションの連環という観点から捉えなおす」(『宮沢賢治論』七月社)ための試みをおこなっている。賢治のはじめての童話「蜘蛛となめくじと狸」は、この書簡のすぐあとに書かれたのだった。ここでも、胃の腑と詩や物語とは繋がっていたのである。

憑依と観想から擬人法へ

1

ここでは、宮沢賢治の童話、「フランドン農学校の豚」(『宮沢賢治全集〈7〉』、ちくま文庫)を取りあげることにする。この作品について、天沢退二郎は「解説」のなかで、「なめとこ山の熊」とは「対極点に立つ作品」であり、内容と文体のラディカルさにおいて「賢治童話の中でも屈指の傑作」であると評価している。わたし自身はすくなくとも、「なめとこ山の熊」や「蜘蛛となめくじと狸」ほどには心惹かれてこなかったが、それは措く。

主人公はフランドン農学校で飼われている豚である。化学の生徒から、「水やスリッパや藁をたべて、それをいちばん上等な、脂肪や肉にこしらへる。豚のからだはまあたとへば生きた一つの触媒だ。白金と同じことなのだ」と言われる。豚がスリッパを食べるのかは知らないが、水や藁を食べて脂肪や肉に変換する生きた触媒として眺めれば、たしかに驚異にみちている。豚のからだは錬金術の舞台であった、ということか。この錬金術はしかし、広い視野から眺めれば経済効率がいたって悪い。「人間が自分のたべる穀物や野菜の代りに家畜の喰べるものを作ってゐる」とは、のちに触れる「ビヂテリアン大祭」のなかのセリフであるが、豚だってまさか水と藁だけで育つわけではない。豚の錬金術には大量の植物飼料が必要なのだ。

ところが、白金《プラチナ》と並べられた豚はその気になり、自分のからだを金銭に換算してみる。みずからの交換価値がどれほど高くても、豚自身にとっては意味がないことに、このとき豚は気づいていない。ひたすら生ける交換財として育てられ、ついに死の贖いによって食べられる肉と脂肪の塊へと生まれ変わることを強いられる残酷にたいして、無垢にすぎた。豚はただ、すっかり幸福に包まれ、天上を向いて感謝したのだった。しかし、この豚の幸福はあまり永くは続かない。むろん、屠殺されるまでの、つかの間猶予された幸福だったからだ。それを豚だけが知らなかった。

はじまりから間もなく、「さればまことに豚の心もちをわかるには、豚になって見るより致し方ない」とあって、豚の表情と気分が描写されてゆく。ここでの擬人法は、「豚になって見る」ことで豚の内面に憑依するための技法であったか。こうした食べられる側の魚になってみる、豚になってみるという観想の技法が、まさしく賢治に固有のものであったことは、保阪嘉内宛ての書簡に触れて論じてきた。

山形のたしか大井沢というところで、狩りの名人が語ってくれたことを思いだす。熊を追いかけるときには、熊になってみることが必要だな、熊の気持ちになると、熊がどこに向かったか、わかるんだ。そんなことを狩人は静かに語った。その背後には、小学校の校庭にまぎれこんだ小猿を抱いている、その人の写真が立てかけてあった。このときも、その人は猿になって近づいてゆき、怯えて、泣き騒いでいた小猿を落ち着かせてしまったのだろう。賢治はそのように、殺される豚になってみたのではなかったか。これはいわゆる擬人法とは微妙に感触が異なっている。この野生の擬人法については、再考してみる価値がありそうだ。

くりかえすが、豚はみずからの運命を知らなかった。それでも、いやな、不吉な気配は感じていて、しだいに追いつめられてゆく。畜産の教師と助手は、食べ物はよこすが、ときどき、「まるで北極の、空のやうな眼」をして、豚のからだをじっと眺める。豚は「実に何ともたまらない。とりつきばもないやうなきびしいこゝろで、おれのことを考へてゐる。そのことは恐い、ああ、恐い」と怯えている。気がふさいで陰気な顔になり、煩悶が深まる。校長がやって来て、死亡承諾書に前肢の爪印を押させようとする。豚は泣き叫んで、抵抗する。寝込んでしまい、肉が落ちてくる。ついに、泣きながら爪印を押させられてしまう。神経過敏な、繊細な豚だった。

やがて、教師と助手によって強制肥育がおこなわれる。豚は足を縛られ、鋼とズックの管を咽喉まで押しこまれて、バケツの食物を胃に送られるのだ。豚は気持ちが悪くて、夢中で一日泣きつづけた。ここでふっと、『グリム童話集』の「ヘンゼルとグレーテル」を思いだす。この連載では、しばしば蛇行と脱線をくりかえすことになる。あらかじめお断わりしておく。お菓子の家の魔女によって男の子のヘンゼルが閉じこめられたのは、ほかでもない、小さな家畜小屋であった。そうして脂肪《あぶら》太りの上等な喰い物にするために、上等なご馳走が作られてヘンゼルにあたえられた。豚ではなく、ふっくらとした赤い頬っぺの男の子が、まさに家畜として肥育されていたことを確認しておく。いずれ、家畜とはなにか、という問いに真っすぐに向かい合わねばならないと思う。あらためて触れる。
さて、ようやく肥え太った豚は、念の入ったことに豚の毛のブラッシできれいに洗われる。その日がやって来たのだ。

全体どこへ行くのやら、向ふに一本の杉がある。ちらっと頭をあげたとき、俄かに豚はピカッといふ、はげしい白光のやうなものが花火のやうに眼の前でちらばるのを見た。そいつから億百千の赤い火が水のやうに横に流れ出した。天上の方ではキーンといふ鋭い音が鳴ってゐる。横の方ではごうごう水が湧いてゐる。さあそれからあとのことならば、もう私は知らないのだ。とにかく豚のすぐよこにあの畜産の、教師が、大きな鉄槌を持ち、息をはあはあ吐きながら、少し青ざめて立ってゐる。又豚はその足もとで、たしかにクンクンと二つだけ、鼻を鳴らしてじっとうごかなくなってゐた。

この屠殺の場面にいたって、不意打ちでも喰らわすように、話者の「私」が顔を出す。「さあそれからあとのことならば、もう私は知らないのだ」という一文が、いかにも不自然な感じに挿入されている。このあとで、助手が大きな小刀で豚の咽喉をザクッと刺す場面があって、そこにも、「一体この物語は、あんまり哀れ過ぎるのだ。もうこのあとはやめにしよう」と見える。豚はからだを八つに分解されて、厩舎のうしろに積みあげられ、雪に埋もれてゆくのである。

そういえば、「なめとこ山の熊」でも、熊の皮を小刀で顎から胸、腹へと裂いてゆくところで、

「それからあとの景色は僕は大きらひだ」（『宮沢賢治全集〈7〉』）という一文が、やはり唐突に挿入されてあった。偶然ではありえない。賢治は「なめとこ山の熊」や「フランドン農学校の豚」では、保阪嘉内宛ての書簡のなかに見いだされたような、熊や豚が殺され腑分けされる姿を生々しく描写することを、あえて避けていたのである。一義的には、童話という表現の形式ゆえに避けたのであろうが、あるいは、その残酷な暴力の場面が一編のポルノグラフィとなりかねない危うさを予感していたのかもしれない。そこに、物語の背後に隠れていた「私」や「僕」が不意に姿を覗かせるのは、喰われる豚や熊になってみるという擬人法の、たとえば破綻であったか、避けがたい帰結であったか。このあとで、「感傷性は残忍さの嗜好と完全に両立する」というソンタグの言葉に触れることになる。

ところで、豚が強要された承諾書への押印とはなにか。賢治に固有のブラック・ユーモアが脈打っている。暗い哄笑がはじける。家畜撲殺同意調印法という布告があって、家畜を殺そうとする者は、その家畜から死亡承諾書を受け取らねばならず、それには家畜の前肢の爪による調印が必要だったのだ。牛でも馬でも、殺される前の日には、主人に強いられて証文にペタリと印を押した。ごく年寄りの馬などは、わざわざ蹄鉄をはずされ、ぼろぼろ涙をこぼしながら大きな判を押したのだ。動物の権利といったことが真面目に問われはじめている時代ゆえに、この作品の意味そのものが深いところから揺らぎはじめている。いま、人間と動物との関係をめぐる問いが地殻変動を起こしつつあり、「フランドン農学校の豚」はもはや、諷刺や哄笑やブラック・ユーモアとしてやり過ごすことができない段階に来ている。家畜の生きる権利、殺される自由。賢治はここでも未来であったのか。

2

賢治には、「ビヂテリアン大祭」という童話がある。まさに、肉食を忌避するベジタリアンの思想について、それを批判する人々との公開論争という設定のもとで追究しようと試みた、なんとも奇妙な作品である。そこでくりかえし登場するキーワードが、「かあいさう」「同情」という言葉であったことを、あらかじめ指摘しておく。

ビヂテリアン（つまり菜食主義者）は大きくは、同情派と予防派のふたつに分かれる、という。同情派というのは、語り手もそこに含まれるが、あらゆる動物が生命を惜しむことは人間と変わりはなく、それを「一人が生きるために、ほかの動物の命を奪って食べる」ことをなんとも思わないのは、「よくよく喰べられる方になって考へて見ると、とてもかあいさうでそんなことはできないとか云ふ思想」なのだ、という。それにたいして、予防派は「病気予防のために、なるべく動物質をたべない」人々を指すらしい。

私たちもこの中でありますが、いくら物の命をとらない、自分ばかりさっぱりしてゐると云ったところで、実際にほかの動物が辛くては、何にもならない、結局はほかの動物がかあいさうだからたべないのだ（略）、もしたくさんのいのちの為に、どうしても一つのいのちが入用なときは、仕方ないから泣きながらでも食べていゝ、そのかはりもしその一人が自分になった場合でも敢て避けないとかう云ふのです。けれどもそんな非常の場合は、実に実に少いから、ふだんはもちろん、なるべく植物をとり、動物を殺さないやうにしなければならない、くれぐれも自分一人気持ちをさっぱりすることにばかりかゝはって、大切の精神を忘れてはいけないと斯う云ふのであります。

ここでビヂテリアンの精神とは、ほかの動物がかわいそうだから食べないのであり、たくさんの人の命のためにひとつの動物の命を食べるのは仕方がない場合もあるとしても、みずからの身を犠牲とすることを厭わないことが条件となる、といったところか。人間の特権的な立場が否定され、かぎりなく対等な関係性のなかで、動物の命を尊重することが求められている。なるべく植物を摂取し、動物を殺さないようにしなければならない、といったあたりは、ここでのベジタリアン思想がけっして原理主義ではないことを示唆しているはずだ。

反対派が撒いたビラのなかには、「ビヂテリアンたちは動物が可哀さうだから食べないといふ」ことが、しきりに強調されている。しかし、人間の側が可哀そうだと思うだけのことで、豚などが死という高等な観念を持っているわけではない、また、動物と植物の境界はあいまいであり、動物には植物にはない意識があるという前提もあやしい、そう、反対派は批判する。論争のなかでは、動物というのは一種の器械であって、死ぬのが恐いとか考えているわけではない、ともいう。ビヂテリアンはそれにたいして、動物だって苦しいし、悲しいのだと強調し、同情や哀憐の感情を持つようにと反対派に忠告するのである。

さて、フィナーレである。反対派が雪崩を打って、ビヂテリアン側に鞍替えして、幕が閉じられようとしていた、そのはずであった。ここでなぜか、語り手は「愉快なビヂテリアン大祭の幻想」はすでに壊れた、と気弱に言い捨てにして、いきなり舞台の袖に隠れてしまうのである。賢治自身はおそらく、ビヂテリアンの真っすぐな勝利を信じてはいなかったのだ。結局、「かあいさう」とか「同情」といった感傷を拠りどころにせざるをえないことに、思想的な未熟さが覆いがたく露呈していたのではなかったか。思考の限界まで追いつめることに失敗した、と賢治は感じたのである。

ところで、ベジタリアンへの転向のあとに、はじめて書いた作品である「蜘蛛となめくじと狸」(『宮沢賢治全集〈5〉』、ちくま文庫)では、大きく印象が異なっている。そこでは、蜘蛛となめくじと狸のあいだで、喰うか/喰われるかの壮絶な争いが演じられている。蜘蛛は蚊やかげろうを喰うが、なめくじを侮辱し、狸に嘲笑され、網にかかった餌の虫たちが腐敗して、自分も腐れて死んでいった。なめくじはかたつむりやとかげを喰らい、雨蛙が撒いた塩にやられて喰われてしまった。狸は兎や狼を喰らうが、病気にかかり熱にうかされて死んでいった。最後は、「なるほどさうしてみると三人とも地獄行きのマラソン競争をしてゐたのです」と、いかにもブラック・ユーモア風に結ばれている。いわば、そこでは森の動物たちが喰うか/喰われるか、弱肉強食の戦いがおこなわれており、同情とかかわいそうといった感傷が這入りこむ余地はなかったのである。

そこに、人間が食物連鎖の頂点に立つ者として登場すると、風景はみごとに一変する。むろん、その優位性はときに、熊や山猫によって揺らぎをもたらされはするが、それはあくまで例外状況である。人間はもっぱら、喰われる危険を周到に遠ざけながら、ほかの動物や魚などを食べる存在として君臨している。だから、同情とか憐愍《れんびん》といった情緒そのものが、まさに人間だけに固有の条件として姿を現わすのである。

ところで、ここでもスーザン・ソンタグの『他者の苦痛へのまなざし』を呼び返しておきたい。この著書は写真論として書かれているが、わたしはそれをこちらの手元にひき寄せながら、大切な補助線として使ってきた。たとえば、われわれはきわめて残忍な行為や犯罪を記録した写真を見ることを、義務のように感じることがある。しかし、それを見ることの意味は、かならずしも明らかではない。そうした写真にたいする反応はさまざまであるし、そのすべてが「理性や良心の指揮下にあるとはかぎらない」と、ソンタグは指摘する。苛まれ切断された死体の描写は、そのほとんどが「性的な興味を喚起する」し、魅力的な身体が暴力にさらされるイメージは「すべて、ある程度ポルノ的である」という。忌まわしいものもまた、人を誘惑する。「ぞっとするものを見たいという欲求」を、病的と呼んで斥けることはたやすいが、それ自体はけっして稀なこととはいえない。むしろ、それは「内的葛藤の絶え間ない源」なのだ、とソンタグは周到にも述べている。

だからこそ、「感傷性は残忍さの嗜好と完全に両立する」というソンタグの言葉が生きてくる。ビヂテリアンたちの「かあいさう」という決まり文句は、いかにも感傷的なものであり、残忍さへの嗜好と背中合わせでもあるのかもしれない。そう、留保の言葉を書き付けておきたくなる。さて、ソンタグは同情について、こんなふうに述べている。

同情を感じるかぎりにおいて、われわれは苦しみを引き起こしたものの共犯者ではないと感じる。われわれの同情は、われわれの無力と同時に、われわれの無罪を主張する。そのかぎりにおいて、それは（われわれの善意にもかかわらず）たとえ当然ではあっても、無責任な反応である。戦争や殺人の政治学にとりまかれている人々に同情するかわりに、彼らの苦しみが存在するその同じ地図の上にわれわれの特権が存在し、或る人々の富が他の人々の貧困を意味しているように、われわれの特権が彼らの苦しみに連関しているのかもしれない——われわれが想像したくないような仕方で——という洞察こそが課題であり、心をかき乱す苦痛の映像はそのための導火線にすぎない。

同情することそれ自体が、共犯者であることから身を遠ざける護符となり、無力と背中合わせに無罪の表徴《しるし》となり、善意にもかかわらず無責任の表示となる、とソンタグはいう。同情がなにかの免罪符とされることにたいして、厳しい批判が投げかけられていたのであった。「戦争や殺人の政治学」に囲いこまれている人々に同情を寄せる代わりに、その苦しみや痛みにみちた地図のうえに「われわれの特権」が存在し、それが苦痛の源泉になっているかもしれない可能性について洞察することこそが必要だ、ということだ。

思い返してみるのもいい。たとえば、「フランドン農学校の豚」を読んで、わたしたちははたして「かあいさう」とか「同情」といった感傷を見いだすだろうか。たしかに、殺される豚の身になって読むことを強いられはする。しかし、感傷に溺れることは許されず、ひそかに残忍さへの嗜好に身をゆだねることも禁じられ、ただ豚が屠殺される不条理さにすくなからぬ戦慄を覚えるのではないか。その意味では、「フランドン農学校の豚」の読み手は、豚になってみる憑依と観想から逃れることができない。これはやはり、あやうい導火線を埋めこまれた未完の傑作なのである。

獣たちの九相図と出会う

1

　かつて『性食考』という本の書き下ろしをしていたとき、食べること／交わること／殺すことの意味の根源を知りたくて、試行錯誤をくりかえした。関わりのありそうな本を読みあさり、マンガや映画などに思索を転がしてゆくきっかけを探した。暇さえあれば、YouTubeで鳥獣虫魚が喰らい、交わり、殺しあう映像を眺めた。たしかに、スーザン・ソンタグが指摘していたように、それらの映像の大半は、安全な場所にいて、歓声をあげながら撮影された、まさしく残酷なるものと分かちがたいポルノグラフィだった。人々はその殺し殺され、喰い喰われる生々しい映像に歓喜の声をあげているのだ。わたし自身がそうした興奮とまったく無縁であったとは言いがたい。

　しかし、はじまりの興奮はじきに醒める。それは生き物にとっては、生きるということにまつわる凡庸にすぎる弱肉強食の情景であった。だから、ライオンに捕われた仲間を助けるために、バッファローの群れがしだいに距離を詰めて、ついに救出する例外的なシーンに、心のなかで拍手を送っている自分に気づいて愕然とした。捕われた家族や恋人を救済する、なにやらハリウッド映画的な手垢まみれの物語に、カタルシスを覚えているだけのことだ。すごすごと退散するライオンたちが、この数週間ほど獲物にありつけず、子どもたちに喰わせる餌もなく、飢えに苦しみ痩せこけていることだってある。

食べるという現場に避けがたく見いだされる、殺す／殺される情景を前にして、殺される側の動物の身になって殺す肉食動物に憎悪を向けたり、いたいけな子どもを守るために戦う草食動物の母親に拍手喝采を送ったりする。それはきっと、大きな食物連鎖のほんのひと齣でしかない、殺す／殺される場面に、同情やかわいそうといった精神的な介入をしているだけのことではなかったか。

雑賀恵子の『エコ・ロゴス』（人文書院）という著書に出会った。副題には「存在と食について」とあって、思いがけず刺激にみちた思索と探究の書であった。たとえば雑賀は、アザラシがペンギンを捕食するときの情景を取りあげている。アザラシはすぐには殺さず、ペンギンをくわえては放り投げ、海面に打ちつけ、また逃がしては、くわえて投げるということを、もてあそぶかのようにくりかえす。じつは、YouTubeのなかには、そうしたアザラシがペンギンをボロ布のような肉片になるまで放り投げて殺す映像が、いくつも拾われている。そのかたわらには、シャチがそのアザラシを襲う映像も見いだされる。巨大なシャチは尾鰭で叩いて、アザラシを二十メートルほども宙に舞わせて、海面に叩きつける。それをくりかえし、気絶させるらしい。シャチは賢く、残酷な狩人として知られるのだ。小さなペンギンは魚を喰らい、大きなアザラシに喰われ、アザラシはさらに巨大なシャチに狩られ、喰われる。殺す／殺される、喰う／喰われるという、ありふれた食物連鎖の情景には、たしかに残酷な、といった情緒的な介入そのものがありえない。
さて、雑賀は次のように述べていた。

ペンギンに焦点を合わせると、それは恐怖と苦しみの、目を背けたくなるような無惨な光景である。しかし、視点を変えて、アザラシの側から見れば、歓びがこみあげ、嬉しさが溢れかえっているようにも映ってくるのだ。歓喜と恐怖が同時にあり、生と死が交換される、瞬間。互いが互いを、おそらく理解することはできないだろうが、生と死が剝き出しになり、泡立ち、交接する一点でともに在る瞬間。死を運命づけられた生命体は、他者を食べるというこの時を繰り返すことにより、この〈わたし〉の死の少量服用をしているのかもしれない。生の中に死があるのではなく、死の中に生が孕まれているのである。

無限に連なる生と死の交換のなかに、歓喜と恐怖が交わる瞬間が秘められてある。「生の中に死があるのではなく、死の中に生が孕まれている」と、雑賀はいう。思えば、アザラシを生け贄とした歓喜の舞いをするシャチもまた、やがて命尽きるときには、ほかの小さな生き物たちに群がり喰い尽くされて、跡形もなく姿を消すのである。その身に死を逃れがたい運命として埋めこまれた生き物たちは、ただひとつの例外もなしに、生のなかに死をいだき、死のなかに生をはらみながら、つかの間の時を生かされている。
だから、そこには倫理的な問いかけが入る余地はない、それはたんなる事実にすぎないと、雑賀は指摘している。殺す／殺されるという表象を選んだときには、避けがたく「殺害」という言葉に内包される「倫理性の問い」に搦めとられずにはいない。雑賀自身はこれについて留保を示唆していたが、大切な問題提起であったといっていい。

わたし自身はすくなくとも、食べる／交わる／殺すという欲望の三位一体に眼を凝らしながら、曖昧なままに捨て置いてきた問いがあったことに気づかされた。食べる／食べられるという関係性のなかには、むきだしの倫理性を認めることはできない。食欲は個体の存続のためには欠かすことのできない欲望であって、この欲望を抑えこみ食べることをやめるという選択は、どこまでも例外的な状況である。たとえば、拒食症、ハンガーストライキ、断食など。また、種の存続にかかわる性欲となると、その欲望のヴェクトルはけっして単純な一方通行ではない。食べちゃいたいほど可愛い、と囁きかけることはあっても、愛する他者のからだをむさぼり食べるわけではない。さらに、殺す／殺される関係においては、それを愛や欲望の問題に還元して処理することは、さすがにむずかしい。そもそも、食をめぐる現場に殺す／殺されるという二元論的な対峙の構図を持ちこむと、いやおうもなく倫理的な問いが絡んできて、たんなる事実としての食物連鎖がにわかにエロティックな事件の様相を帯びはじめる。なんとも厄介なのである。

2

動物写真家の宮崎学の仕事には、さまざまな示唆を受けてきた。ここでは、全五巻の〈アニマルアイズ・動物の目で環境を見る〉というシリーズの二冊目である『死を食べる』（偕成社）を取りあげてみたい。この本にはたくさんの鳥獣虫魚の死骸が登場するが、そのなかでも、もっとも印象的な主役は、宮崎が秋のある日に出会ったキツネの死骸である。早朝に、山の麓で車にはねられて死んだらしい。先ほどまでいのちを宿していたからだからは、ガスのような変な臭いがかすかに漂っていた。この死んだキツネのその後をたどる八ページは、ふと気がついてみると、女性の代わりにキツネを主人公にした九相図とでもいえそうな写真絵巻になっている。むろん、宮崎自身の意図したことであったにちがいない。

はじめに、アスファルトの路面に、口から血を流すホンドギツネの死骸が横たわっている。からだはまだやわらかい。眼を凝らしてみると、毛のあいだからもぞもぞとダニが這いだしてくる。キツネの死に気づいた途端、キツネの血を吸って生きてきたダニたちが離れてゆくのだ。宮崎はこの死骸を観察し、撮影するために、近所の土手に運んでおく。

三日後には、目や口元のやわらかく湿った部分に、ハエがたかり、卵を産みつけている。肉を食べるスズメバチも飛んでくる。死骸は腐りが進んで、臭いがきつくなってゆく。

二週間あまりが過ぎると、キツネのからだが膨らんで、ハエの幼虫のウジが山のように湧いてきた。ウジたちは腹のなかにもぐりこみ、やわらかく腐った内臓を食べ、やがて毛皮を食い破ってあふれだす。二週間と三日が経った雨の日のことだ。腐敗の臭いは最高潮に達している。

一カ月後、ハクビシンがウジを食べるためにやって来た。ウジが蛹になるころには、キツネの死骸はすっかり変わっていた。からだはバラバラになり、骨がむきだしに見え、毛皮は細切れになって地面にべったりと広がっている。

一カ月半後、初雪が降り、凍ったキツネの肉を食べようとイノシシが姿を見せた。わずかに残った毛皮と白い骨だけが、野ざらしになっていた。もはや、腐敗臭はない。キツネの死骸は、さまざまな生き物たちによって、すっかり食べ尽くされてしまったのだ。

半年後、雪解けのころには、すでにキツネは土に還ろうとしていた。残された骨も、骨を食べるバクテリアなどによってすこしずつ分解されて、いずれ跡形もなくなるはずだ。そう、宮崎は書いている。

まさしく、キツネ版の九相図絵巻であった。繊細なる観察者にして、冷徹な記録者である写真家・宮崎学の姿を透かし見ながら、はるか中世に九相図を描いた絵師たちもまた、野ざらしに打ち棄てられた女の死骸を観察しスケッチするために、半年ほどはその死体棄て場に通い詰めたのではなかったか、と思う。キツネ版九相図は、当然とはいえポルノグラフィ的な効用とは無縁であり、それゆえに、生と死をめぐって紡がれた、どこか荘厳な観想の絵巻となっている気がする。『死を食べる』には、昆虫のヤブキリやアマガエルがアリたちに喰われて、一日も経たずに土に消えてゆく、もうひとつの九相図も挿入されている。

いずれであれ、雑賀のいう、「生の中に死があるのではなく、死の中に生が孕まれている」ことが、キツネの死骸を喰らい尽くす虫や獣やバクテリアの姿を通して、みごとに浮き彫りにされていた。宮崎はいう。死があるところには、いろいろな昆虫が姿を見せる。スズメバチは新鮮な肉を食べ、ハネカクシは腐った肉につく。シデムシは死骸のうえで交尾をして、肉に卵を産みつける。卵からかえった幼虫は死骸を餌にして大きくなり、やがて成虫になると、子孫を残すために、あらたな死をもとめて飛び立ってゆくのだ、と。

「生の中に死がある」ことを意識しているのは、人間という名の現存在にとっての、それゆえに固有の条件である。それにたいして、「死の中に生が孕まれている」ということは、いのちある生き物にとっての原風景のようなものでありながら、そこかしこに、ありふれた事実として転がっている。死骸のうえで交尾し、産卵し、幼虫がその屍肉を食べて成長するシデムシの姿からは、生と死が性に仲立ちされて交換＝交歓を果たす情景が浮かびあがる。

宮崎はいう、狩りをする生きものたちは、「ほかの生きものを食べている。もっと正確にいえば、えもののいのちをうばって、その死がいを食べている」と。その食べ残しに群がるハエやアリたちもまた、「死を食べている」ということでは変わらない、ともいう。


死なない生きものは、いない。小さなウジにも、キツネやタヌキ、シカ、それにぼくたち人間にだって、うまれたいのちの数だけ、死はかならずある。

死ぬと、その死はだれかに食べられる。死を食べて、ほかの生きものがいのちをつなぐ。生きているから、ほかの生きものの死がいを食べる。死んでしまったら、こんどは、ほかの生きものに食べられる。

人だって、おんなじだ。ぼくらが毎日食べている魚も、牛や豚、ニワトリの肉だって、つきつめて考えれば、動物の死がいなのだから。スーパーマーケットでは、きれいにカットされ、パックされていたから、気がつかないことが多い。けれど、ぼくらも、死を食べているんだ。

宮崎はここで、人間もまた、死を食べている生き物であることへと誘導している。その意味では、人間／鳥獣虫魚のあいだに厳密な境界といったものは、たしかに存在しない。すでに触れた、魚屋の店頭に掲げられていたという、「当店で使用している魚は、すべて、死ぬまで生きていました」という言葉を想起してみるのもいい。人間もまた死を食べていることが、魚屋の主人によって買い物客に突きつけられていたのだった。否定しようのない現実が、そこにつかの間顕在化していたのである。

それにしても、やはり境界は存在する。人間だけが土葬でもされないかぎり、「ほかの生きものに食べられる」ことを免れているからだ。だから、火葬の起源には「ほかの生きものに食べられる」ことの忌避ということが埋めこまれていたのかもしれない、と思う。それは膨大な薪や石油・ガスなどの燃料を必要とする、経済的にはいたって効率のわるい埋葬法である。

人間という生き物の特権性。そこに揺らぎを与えようとしたのが、宮沢賢治その人であった。「なめとこ山の熊」や「注文の多い料理店」がどれほど先駆け的な作品であったかは、近年のマンガやアニメのいくつかを思い浮かべただけで、あきらかだ。たとえば『東京喰種』のなかに、賢治と「注文の多い料理店」へのオマージュが捧げられてあったことは、おそらく偶然ではありえない。

3

さて、あらためて、雑賀恵子の『エコ・ロゴス』のかたわらに戻りたい。「最初の食欲」と題された第一章には、以下のような一節があった。

わたしたちが食べるものは、ほとんどすべて、他者の死体、あるいは死体の一部である。おそらく、食べ物で他の生命体に由来しないものは、水と塩だけであろう。菜食主義であろうとなんであろうと、生命体としてのわたしたちは、他の生命体の死と引き替えにしか生命を維持できない。物質的関係性の中では、他者の死と交換してはじめて生命体はその生命を持続可能にしているのである。この交換は、生を維持するというよりも生の存在そのものの逃れ得ない条件であり、善悪の向こう岸にあるものであり、それが原罪であるかどうかという問いの彼方にある。その関係性からいかなる意味を抽き出してもかまわないが、根源的には、意味の彼方、いや、意味の手前といっていいかもしれない、虚無の中に厳然と在る事実である。

ここで、あえて生命体という言葉が使われているのは、なぜか。それが動物／植物を分かつ境界を超えて、いのちを宿してあるもの、いわば生きとし生けるものたちすべてを包摂しているからだ。菜食主義者《ベジタリアン》だって、植物という名の生命体の屍を食べて生き永らえている。「当店で使用している野菜は、すべて、死ぬまで生きていました」といった、八百屋の主人の声なき声に耳を澄ましてみるのもいい。生命体としてのわたしたち人間は、鳥獣虫魚か草木かを問わず、いのちある他者の死体かその一部を身体に摂りこむことなしには、生きられない。生ける他者の死との交換において、みずからを生命体として維持しているのである。人間という雑食の動物にとっては、それは逃れえぬ生存の条件であり、善悪の彼岸にあって、原罪といった問いの彼方に逸れてあるものだ。そして、それはまた意味の彼方にして、手前にあり、虚無というならば、まさしく虚無の奥処《おくが》に存在する厳粛な事実というほかはないものだ。

とても魅力的な思索のかけらが示されている、と思う。次のような一節にも心惹かれるものがある。

生命体としての〈わたし〉の生が、他の生命体の死と引き替えにしか存在できないこと。あるいは、〈わたし〉という統合体として現象してはいるが、つねに、絶えず物質の構成が変化し、しかも他者を抱え込んでいる生態系であって、物質レヴェルではわたしの内部と外部の境界域が実は不分明であること。このことを、もし仮に、殺す―殺される、という二分法で表現するならば、文明の領域は、この殺す―殺されるという関係の直接性を緩和し、隠蔽する方向に作動してきた。わたしたちは、かつて生命体であったものの死体、もしくは死体の一部を口にしているのであるが、それが生きて在る時のことを想像する通路はほとんど遮断されている。

文明とはつねに、殺す／殺される関係が抱えこまされている直接性を緩和し、あるいは隠蔽する方向へと転がってきた。わたしたちが毎日のように食べている死体の前史を想像することは、ほとんどないし、そのイマジネーションの通路はたいてい遮断されている。「ある生き物が食物へと変化し〈わたし〉の体内にはいるまで」のプロセスは、複雑な分業システムのなかに断片化されて埋めこまれており、あらかじめ透明性を奪われているのである。

　ところで、第一章の終わりに近く、雑賀は sympathy や compassion という言葉に触れて、それは根源的には「受難（passion）を共にする（sym,com）」ことを意味している、という。それに続けて、「不条理に、理由なく、与えられた苦しみに喘ぐ人間にイエスが寄り添ったように、憎悪や復讐、あるいは因果による理解といった意味の世界からまず身を引きはがし、ただひたすら、苦しみにあるものと共に在ること」という注釈が施されていた。ベジタリアンとしての宮沢賢治の思想が、同情とか「かあいさう」といった言葉を従えていたことを想い起こさずにはいられない。食べることはいつだって、不条理や残酷を抱いているが、そうした意味の世界から逃れて、苦しみに喘ぐものと「共に在る」ことから始めるしかない、そう、雑賀は述べていたのだ。

　最後の一行に眼を凝らさねばならない。すなわち、「食べることは、物質の compassion なのである」と。この言葉は賢治に届くかもしれない、といくらか愉しげに思う。受難を共にすること。

家畜たちは荒野をめざす

1

家畜とはなにか、という問いがちらついて落ち着かない。たとえば、その問いを、これから新しい家畜は生まれるか、という問いにずらしてやった途端に、風景はなにやら一変する。この問いはある衝撃をはらんでいる。野生動物を家畜化することは、「気の遠くなるような大事業に思える」と家畜育種学の専門家が呟く場面は、なかなか新鮮である。それは人間が一代や二代で達成できるような事業ではない、と正田陽一はいう。正田によれば、「野生動物を捕えて飼育し、人間の管理の下で繁殖させ、長い年月をかけてその有用性を高める方向に選抜して育種し、野生の祖先種とは明らかに区別しうる遺伝的な特徴を備えるに至ったものが家畜である」(『家畜という名の動物たち』)という。

野生動物／家畜のあいだには、いかなる境界線が引かれてあるのか。たとえば、一万年の時間をかけて野生動物を飼い馴らし、家畜へと変容させてきた飼育や育種の技術の代わりに、遺伝子操作のような最先端のテクノロジーによって、近未来にまだ見ぬ新しい家畜を産みだすことができるのか。それはしかし、外見や機能的には家畜のように見えるとしても、家畜ではないなにか別の存在なのではないか。家畜はたんなる食糧資源ではない、素材でもない、奴隷ではない、ロボットでもない。たぶん、家畜は人間のための有用性というモノサシだけでは測れない、はかなく異形の存在なのである。

ところで、それならば、とわたしは考える。野生から家畜へと永い歳月をかけて遺伝子レヴェルまで変容させられてきた動物たちが、逆のコースをたどって野生へと回帰してゆくことはないのか。東日本大震災のあとに、何度か、警戒区域として囲いこまれた地域を車で走ったことがある。放射線量はまだ高くて、毎時三十マイクロシーベルトを超えるところもあり、緊張を強いられた。東京電力福島第一原発の近くで、車窓からイノシシともブタともつかぬ、黒ずんだ丸みを帯びた動物を見かけた。イノブタとのはじめての邂逅であった。チェルノブイリがそうであったように、人間たちが立ち入ることを禁じられた一定の広がりのある生態環境では、急速に野生が回復してくる。野生の王国が広がってゆく。チェルノブイリの野生化した牛の群れの映像をYouTubeのなかで見たことがある。福島第一原発の近くで見かけたイノブタはいま、野生の群れをつくっているのか。家畜のブタと野生のイノシシとを隔てる敷居は、かなり低いともいわれている。野生動物と家畜との交配がありふれた出来事として、そこには転がっているのである。家畜たちは荒野をめざす、と呟いてみる。

それにしても、家畜はただ食べられるだけの存在ではない。膨大な数の動物が医療などの実験現場に駆りだされ犠牲になっている。娯楽のためや、人が身にまとう製品の材料としても殺されている。動物にたいする現代人の姿勢は、それなりに博愛に満ちているが、あくまで人間の側の身勝手な選択にもとづくものでしかない（ブライアン・フェイガン『人類と家畜の世界史』）。家畜とはなにか、という問いは、まったくひと筋縄ではいかない。

とりあえず、家畜の歴史を追うことには興味がなかったが、『人類と家畜の世界史』の序文の一節には眼を凝らしておくのもいい。最初に人と深くかかわった動物は犬だ、という。一万五千年以上前に、人とオオカミのあいだの親しみ尊重しあう関係は、協力から相棒の関係へと発展した。人の家族の一員となった最初の動物の祖先である。ペットであれ、労役用の犬であれ、イヌ科の動物は人間と獣のあいだの関係そのものを変えていった。

やがて大変革が訪れた。人びとが動物を家畜化した波乱に富む数千年間が、およそ一万二〇〇〇年前に始まった。ヤギ、羊、豚が家畜化され、そのあとすぐに牛がつづいた。（略）歴史を変えるこうした協力関係は、双方に利益をもたらした。こうして家畜となって囲いのなかで繁殖する動物は、よりよい牧草地や採食地が得られた。人間が意図的に群れとして集め、捕食者から守ることによって、入念に生みだされたものだ。人間のほうは肉や乳をはじめ、皮や毛皮、骨、紐をつくるための腱など、多岐にわたる貴重な副産物がいつ手に入るかが予測できるようになった。なかでも重要だったのはおそらく、これらの家畜のおかげで人間が恒久的に定住できる場所が生みだされたこと、そして原野や牧草地に明確に線引きされた領域に自分たちをつなぎ止めるようになり、それが一つの世代から次の世代へと受け渡されるようになったことだろう。

一万二千年前に、犬を先駆けとして、野生から家畜への道行きをたどりはじめたのが、ヤギや羊、ブタや牛だった。家畜をもった人間たちは、遊動から定住へとその生存戦略を大きく変えていった。文化／野生が分割されて、定住のムラが牧草地や原野とはあきらかに異質な空間として囲いこまれて、世代を超えて継承されてゆくことになる。こうして人類が定住革命へと向かう契機として、すくなくともそのひとつとして、恒久的な家畜との関係があったということか。そこには、「動物と人間のあいだの尊重、協力関係、愛情、虐待」（『人類と家畜の世界史』）といった、複雑によじれた交換＝交歓の歴史が存在した。いわば、相互に依存し、補完しあう関係の網の目が張り巡らされてきたということである。

家畜とはなにか、という問いのかたわらに、しばらく留まることにしよう。

2

以前から、藤子・F・不二雄の短編マンガが気になってきた。「異色短編集」に収められたなかに、食べることをめぐる二つの短編が含まれている。ひとつは、「カンビュセスの籤」（『箱舟はいっぱい　異色短編集3』小学館文庫）という作品であるが、いまはこの人肉食をテーマとしたSFマンガには触れない。ヘロドトスの『歴史』に挿入された、籤引きで食べられる犠牲者を決める物語が、時空がよじれて二三万年後の未来に繋がれ再演されている。あらためて触れる機会があるはずだ。

いまひとつが、「ミノタウロスの皿」（『ミノタウロスの皿　異色短編集1』小学館文庫）である。これがまさしく逆しまの世界のなかで、家畜とはなにかが真っすぐに問われている、不思議なSFマンガなのである。

未来のいつのときにか、宇宙船がある星に不時着する。それは幸いにも、酸素のある地球タイプの星であった。宇宙飛行士はたった一人、救援が来るまでの二三日間を過ごさねばならなかった。地球人の男は少女に助けられて、その家で草や木の実ばかりの料理（＝エサ）を与えられる。ミノアという少女は、この年のミノタウロスの大祭の主役として、ミノタウロスの皿という栄誉を授けられていた。ミノアの指にトゲが刺さり、大騒ぎになる。そこに医者が呼ばれてやって来るが、それは牛の姿をした医者であった。牛は地球人の男を保護して、飼主のところに連れて行こうとする。怒った男は牛を殴りつけて、武装した牛の兵士たちに拉致されてしまう。

男は鼻輪をされて、牢に入れられている。「こういう凶暴なウスは　見たことがない」「労働種にすてては　やせっぽちだし……」「愛玩種にすてては　かわいげがない」「食用種にすては　まずそうだ」などと、牛たちの会話が聞こえてくる。しかし、ロケットの残骸が発見されたことで、男が地球というよその星からのマレビトであることが認められる。

そうして、逆しまの世界の現実がしだいに明らかにされてゆく。この星では支配者は牛であり、地球にいうズン類に当たり、ミノアら人間たちは家畜のウスであった。だから、ミノアの家はウスの畜舎であり、そこであたえられた食べ物はエサであったわけだ。ウスは労働種／愛玩種／食用種に分かれる。ミノアは血統のすぐれた食用種（肉用種）であり、今年のミノタウロスの大祭では全員一致で選ばれて、祝宴の大皿に載せられることになっている。つまり、大祭の宴のご馳走として牛たちに食べられるのである。しかし、みずからが家畜であることに疑いをいだかぬミノアは、それを最高の名誉と考えており、牛に食べられて死ぬことに生まれてきた意義を見いだしている。

地球の男は星の有力者を説いて、「残ぎゃくな風習」をやめさせようとする。牛からは逆に、残虐とはなにか、それは「意に反すて　生命をうばわれること」か、と問いかけられる。たしかに、ミノアが死にたくないと言ったわけではない、むしろ喜んでいる。地球人の男は、この星の支配者である牛たちから、ていねいに説得されるのである。

有史以来五千年、食べる者食べられる者　身分について疑問をもたれた例は　かつてなかった。大きな視点で見ていただきたい。食物連鎖の一環にすぎんのですよ。ウスは草を食い　ズン類はウスを食い　死ねば土にかえって　草を育てる。うらみっこなしでしょうが。

なにが残ギャクですの？　ズン類とウスたちは　ふかーい友情でむすばれておりますのよ。ズン類はウスを保護し、住居とエサをあたえ、ウスはその愛情にこたえ　おいしくなろうとつとめ、まあお聞きなさい。愛護週間、ギャクタイには厳罰、その他ペラペラペラペラ。

ウスたちはあわれなものです。だから　食べてやることによって　魂を救うのです。

男はろくに反論もできず、激しい徒労感でボロ屑のようになって、畜舎に帰ってゆく。心の奥底を聞かせてほしいと迫ると、ミノアは答えるのだ、食べられて死んじゃうことは、こわいが、大祭の栄誉を失うことのほうが、もっとこわい、と。

ついに、大祭の日がやって来る。男はレーザーガンをポケットに隠して、ミノアの救出に向かった。料理にされる前に会いたかった。ミノアはしかし、すでに第一処理室では、消化器系統を洗浄され、第二処理室では血を抜かれ、麻酔薬とソースを兼ねた人工血液と入れ替えられ、第三処理室では香料風呂につかって、生き造りにされていた。やがて、にぎやかな牛たちの楽隊とともに、人間たちが山車《だし》を曳いて、大皿に載せられた裸のミノアを祝宴の場へと運んでくる。「お皿のちかくにすわってね。うんと食べなきゃ　いやよ。そうでしょ、おいしそうでしょ」というミノアの言葉を、かろうじて聞き取ることができた。ミノアを載せた大皿と山車は、大きな刀を手にした解体役の黒牛が待ち構える、大歓声のなかへと吸いこまれていった。

作品の最後のコマでは、迎えのロケットのなかで、待望のステーキを頬張りながら泣いている男が描かれていた。むろん、牛肉のステーキを食べていたのである。

3

ここで、家畜としての牛の歴史に、すこしだけ触れてみたくなった。『人類と家畜の世界史』の「序文」のほんのひと齣である。都市と文明の誕生とともに、牛はたんなる肉と角、皮の供給源としての役割を超えて、蹄のついた生きた財産に変わった。贈り物や祭礼の宴に供されるようになる。

王たちにとって、牛は力強さと王権の象徴であった。また、最初の駄獣、つまり背中に荷を乗せて運ぶ動物でもあった。荷車や犂を引くことで、輸送機関として、農地で働く労働力として使われるようになったのだ。そして、牛は富や権力の象徴であり、神々に捧げられる生け贄でもあったことを忘れてはならない。

どうやら、「ミノタウロスの皿」というマンガは、こうした家畜としての牛の歴史のいくらかを踏まえているようだ。むろん、それは陰画的な情景として描かれていた。イノックス星という逆しまの世界では、食べる／食べられる関係が人間／牛のあいだで逆転していたのである。人間こそがウスと呼ばれる家畜だった。それは労働種／愛玩種／食用種に分かれており、たんに肉として食べられ消費される家畜であるわけではない。労働にも使われ、愛玩用としても飼育されていた。牛は人間を飼う主人であり、人間からの奉仕を受ける存在だ。人間の女たちは、牛の食事の給仕をおこない、湯につかる牛の世話をしている。男たちは車を曳くなどの肉体労働にしたがっている。人間を家畜として管理し、その肉をおいしく処理し料理するのは、牛の技術者やシャーマンの役割である。音楽を奏するのも当然ながら牛であった。ミノアの診療をした牛は、いわば獣医であったことになる。

興味深いことに、家畜をめぐる飼う／飼われる関係は、けっして一方通行的なものとしては描かれていない。残虐という非難にたいしては、周到な反論が用意されている。人間＝ウスが食べられる家畜としての役割を、誇りをもって受け容れるための文化的な仕掛けとして、ミノタウロスの大祭が開催される。そのとき、ミノタウロスの皿として選ばれることは、最高の栄誉として荘厳《しょうごん》されている。牛によっておいしく食べられることが、ウスとして生まれ生かされている家畜の存在理由となり、疑われることなき宿命となる。牛に食べられることで、ウスの魂は救済される。その意志に反して生命を奪われるわけではない、だから、それを残虐な行為として非難するのは当たらない。自発的な隷従の前では、残酷なるものは宙吊りにされ、透明化されて逆に見えない現実と成り果てる。

家畜の根源が語られている。有史以来、五千年のあいだ、食べる者／食べられる者のあいだの身分的な裂け目について、懐疑をもたれることはなかった。大きな視点からすれば、これは食物連鎖の一環にすぎない。たんに、それを文化的に洗練しただけのことだ。ウス（つまり人）は草を喰い、ズン類（つまり牛）はウスを喰うが、死ねば土に還って、草を育てるのだ。恨みっこなしではないか。ズン類とウスたちは深い友情で結ばれている。ズン類はウスを保護し、かれらに住居とエサをあたえ、ウスはその愛情にこたえ、おいしくなろうと努力している。いったい、なにが残虐か。

はるかな異星が舞台であった。支配者としての牛／家畜として食べられる種族としての人間、という逆転した構図が鮮やかである。ところで、物語そのものはヤマタノオロチ退治神話や猿神退治伝説を思わせるような、人身御供譚の定型をなぞっている。共同体への訪れ人であるマレビトが、祭りの庭に生け贄として供えられようとしている娘を救済するために、異形の怪物を知恵や力をもって退治する物語である。ただ、「ミノタウロスの皿」では、生け贄として捧げられるのはあくまで家畜であり、供犠《サクリファイス》の祭りとしてはきわめて洗練されたものである。地球人の男からすれば、牛が娘を喰らう怪物のように見えるとしても、それはヤマタノオロチや猿神のように異形でもなく野生的でもない。あくまで穏やかな文化的存在なのである。

ここでのサクリファイスの儀礼は、生け贄が家畜から選ばれることにおいて、すでに未開にして野蛮な暴力からは遠ざけられている。生け贄の外見が人間に似ているために、読み手は倒錯を見いだしがちだが、ミノタウロスの大祭はズン類である牛の側からすれば、生きた家畜を屠《はふ》り、供え物として神に捧げる、まったく凡庸な、しかし大きな生け贄の祭りなのである。それが人間の姿や形をもった家畜であったがゆえに、わたしたちの心が揺さぶられているだけのことだ。生きた家畜を供え物とする祭りが、その家畜に読み手が憑依したことによって、人身御供譚の貌をもつことになったといっていい。

家畜に憑依する。牛になってみる、豚になってみる、という宮沢賢治的な擬人法の限界といったところか。しかし、わたしたちは牛にはなれない、豚にはなれない。いつだって、見たいものをそのように見るのである。「ミノタウロスの皿」の地球人の男は、外見の相似性に躓いて、いや騙されて、イノックス星の家畜のウスを地球の人間のような存在と見なす愚を犯したのだった。それにしても、家畜たちが荒野をめざすとき、もはや人身御供譚はその残酷なる面影すら廃棄して、どこか異貌の場所へと誘われてゆくのかもしれない。

新しい動物文学の誕生

1

大江健三郎のはじめての小説集『死者の奢り』に収められた短編小説のなかには、おびただしい数の動物の表象や喩が見いだされる。とりわけ、「飼育」（『死者の奢り・飼育』新潮文庫）という短編小説などは、喩としての鳥獣虫魚の氾濫において特異に記憶されるべき作品のひとつである。それを、三島由紀夫は「新しい動物文学」と名づけてみせたが、いかにも三島らしい慧眼ではなかったか。

ちなみに、「飼育」は大島渚監督によって映画化されているが、こちらは動物の喩といったものはまったく影を潜めており、動物文学であるよりは、戦争文学としての再解釈にもとづく戦争映画といっていい。たしかに、「飼育」は戦場からは遠いけれども、戦争捕虜となった黒人兵に仲立ちされて陰画のように浮かびあがるムラの戦争が描かれているから、戦争映画としても充分に成り立つ。とはいえ、ここでは「飼育」を動物文学としてどれほど豊かに読むことが可能か、それを問いかけてゆく。

たとえば、動物の喩とはこのようなものだ。まず、村の人間たちは《町》で汚い動物のように（以下、傍点引用者）嫌がられていた、と見える。かれら自身が動物であったことを記憶しておこう。人間／動物を隔てる敷居はとても低い。それから、大きい獣のように、殺したばかりの鶏の内臓のように、幸福な獣のように、冬眠前のよく肥えた一匹の栗鼠のように、動物の住む穴のように、発情した犬のセクスのように、動物の仔のように、といった喩の表現が頻出する。しかし、それを眺めたところで、なにが比喩的に名指されているのかを思い浮かべるのはむずかしい。獣のように、動物のように、というものが多く、そうした「一般概念としての動物」に仲立ちされた喩は、当然ながら抽象的なイメージの喚起に留まるはずだ。大江がそれを、どこまで意図していたかはわからない。

黒人兵にかかわる比喩表現のいくつかを、時間軸に沿って眺めてみる。

大人たちは猟銃を手に山狩りをおこない、黒い大男を夕暮れの村へ獲物のように連れて帰ってきた。その両足首には、猪罠の鉄ぐさりが嵌めこまれていた。まさしく男は《獲物》であった。「飼う」という父に、「動物みたいに？」と僕が応じると、父は「あいつは獣同然だ」「躰中、牛の臭いがする」という。僕は裸になって歓喜とともに叫びたかった、黒人兵を獣のように飼うのだから……。

黒人兵は打ちのめされ、叩きふせられた家畜のようにぐったりし、躰を屈めて床に倒れていた。飼われている家畜だった。だから、従順でおとなしく、優しい動物のように感じられてくる。ズボンをずりさげ黒く光る尻を突き出して、ほとんど交尾する犬のような姿勢で小さな樽にまたがって、排泄している。黒い鈍重な獣のように。家畜のようにおとなしい。「あいつ、人間みたいに」と友人の兎唇《みつくち》がいう。子どもらと黒人兵は、深く激しい《人間的な》絆で結ばれていた。肩を丸め鳥のような声を立てる。その躰の周りには、共同堆肥場で腐った鼬の肉のたてるような臭いがぎっしりつまっていた。男の裸は黒い馬のそれのように輝き、充実して美しかった。たぐいまれなすばらしい家畜、天才的な動物だ。受胎した川魚の腹のように丸い彼の唇はゆるく開かれた。捕えられてきたときと同じように、理解を拒む黒い野獣、危険な毒性をもつ物質に変化している。ついに、黒人兵は敏捷な獣のように僕に跳びかかり、僕を捕虜にするのだ……。鮮やかなまでに、それぞれの動物の喩は、比喩されるものとしての黒人兵のからだに突き刺さっている。

さて、三島は「裸体と衣裳」(『三島由紀夫文学論集Ⅱ』講談社文芸文庫)のなかで、以下のように述べていた。

いわゆる動物文学とは、多かれ少なかれ、動物の擬人化にもとづいたものであるが、大江氏のはそれと反対で、人間の擬動物化ともいうべきものであり、われわれのうちにひそんでいる人間の奴隷化や殺戮の欲望が、動物を相手に充たされている。状況がゆるせばもちろん人間そのものの動物的奴隷化が可能になるので、「飼育」や「人間の羊」はその好例である。これを新しい動物文学と名附けよう。

たしかに、たとえば『シートン動物記』のような動物文学は、あきらかに動物の擬人化に基礎を置いている。動物たちは心のなかで言葉をしゃべり、人間的な感情を表わし、そのように行動する。たとえば、シートンはすぐれた野生動物の生活の観察者であり、そのナチュラリストとしての豊かな知識にもとづいて「動物記」を執筆した。「ぎざ耳　あるわた尾ウサギの物語」には、「わたしはこの物語の中で、そういうウサギのことばを、かってに人間のことばにおきかえたが、それはみんな、ウサギが、じっさいにしゃべったことばばかりなのだ」(『シートン動物記1』、講談社)と見える。

三島はここで、大江の「飼育」を「新しい動物文学」として起ちあげるために、人間の擬動物化という奇妙な解釈の道具を導き入れている。人間をかぎりなく動物化する、たとえば擬獣法といったところか。われわれ自身の内にひそんでいる人間の奴隷化や殺戮への欲望、という。そこで奴隷化される人間とは、どこかしら仏教にいう「少分《しょうぶん》の一切」、いわば自分だけは抜きとられた皆、それゆえに他者たちを指しているような感触がある。ここでの三島はおそらく、自己を奴隷に貶めたり殺戮するマゾヒズム的な欲望について語っていたわけではない。三島は「残酷な強者」の側にいる。それはあくまで、他者を奴隷化し殺戮することへの内なる欲望として認識されている。しかし、大江が描いていたのは、ほかならぬわたしという人間が動物化され、奴隷化される、ある種の限界状況ではなかったか。「飼育」はこの動物的奴隷化がもたらす匂いに、かぎりなく囚われた小説であった。

あるいは、三島はこう述べている。すなわち、これは「動物のように飼われる黒人兵」を描いた作品ではなく、「飼われる動物、強い耐えがたい体臭を放つ家畜に変貌した黒人兵の物語」である、と。そして、死とエロティシズムというバタイユ的なテーマに触れて、個性をもっていた人間が「一般概念としての人間」に変貌するときの「色情的かつ獣的な美しさ」が存分に描かれている、という。ここでは、あらゆる政治的な寓喩や人間的な諷刺は峻拒されている、とも指摘されている。

2

これにたいして、村上克尚が『動物の声、他者の声』（新曜社）という、戦後文学のなかの動物の表象に関する研究書において、「飼育」の新たな読み方を提示している。村上はそこで、「他者受容のための小説として読む可能性」を探ろうとしていた。語り手の「僕」は、子どもの視線ではなく、大人になってから、幼い日の黒人兵をめぐるできごとを語り直そうとしている。動植物の比喩が多用されるが、それは植物／動物／人間といった境界線を攪乱し、そこにあったはずのヒエラルキーを無効化する。そうして人間と動物の境界線が多重に設定されることによって、「《動物》として差別されたものは、より劣位の《動物》を作り出し、《人間》としての地位を享受しようとすることを示すための物語の構造」をもつことになった、という。

語り手は、極めて意識的に、黒人兵と「僕」の軌跡を重ね合わせ、「僕」の《動物》化を描き出す。ここには（略）、《人間》の《動物》への変身の主題が表われている。この変身を通じて、「僕」は初めて、一人勝手な共感のなかで作り上げていた物語を、黒人兵の側から読み直す可能性に開かれるのである。

三島のいう、人間の擬動物化、または人間そのものの動物的奴隷化といったテーマが、より精緻にたどりなおされている。「飼育」とはまさに、動物を人間に擬《なぞら》えた物語ではなく、人間に飼われて、耐えがたい体臭を放つ家畜へと変貌させられた人間の物語なのである。大人になった語り部が、いま、黒人兵という他者の側から幼年期のできごとを読みなおす試みに手を染めていたのだ。そう、村上は指摘している。

黒人兵にまつわる動物の喩へと立ち返ってみようか。黒人兵は次々にメタモルフォーゼを遂げていった。山野の獣から、狩りの獲物に、家畜に、それゆえ優しい動物、鈍重な獣に変わってゆく。そして、犬や鶏、黒い馬のように美しく輝くからだをもった、すばらしい家畜から、一気に、黒い野獣へと転落し、僕に跳びかかり、僕を捕虜にする。ついには、僕が鼬猟で捕えられた鼬のように見棄てられ、孤独に、絶望へと追いこまれるのだ。まさしく人間の擬獣化がたえまなく反復されて、黒人兵は野生の獣／狩りの獲物／家畜のあいだを往還しながら、ついに、かれを人間的な絆で愛玩していた僕を捕虜にして、動物的な奴隷へと貶めるのである。

なぜ、墜落した飛行機から脱出して助かり、それゆえに捕えられたのが黒い人であり、白や黄色の人ではなかったのか、という問いは残る。その意味では、人間そのものの動物的奴隷化とか、人間の動物への変身の主題といった、「一般概念としての人間」に真っすぐに還元することには、留保が必要とされるかもしれない。そこに黒い人が登場したことは、偶然であったはずはない。

そういえば、宮沢賢治にも動物の擬人化に根ざした童話作品が数多く見られるが、同時に、人間の擬獣化にもとづく描写や表現技法が散見されるような気がする。賢治には、食べられる豚や魚になってみる、という独特の観想の技法があって、それは輪廻転生観を背景として人間／豚や魚の境界を曖昧化し超えてゆくような表現を産みだしている。たとえば、「フランドン農学校の豚」の終わりに近く、いましも屠殺されようとしている豚のなかに人が宿っているような感覚を呼び覚ます場面があった。豚になった賢治がいましも鉄槌を振り下ろされる、その恐怖がふつふつと湧いて起こる。豚を人に擬えているというよりも、言葉なき豚に言葉をあたえるために、人が豚の体内に這入りこんでいるかのようだ。とりあえず、それを野生の擬人法と名づけておいたが、いくらか心もとなく感じられる。

ところで、「飼育」はその題名に反して、野生動物としての黒人兵を狩りによって捕獲し、それを家畜として飼育することをめざして失敗した物語であったかもしれない。すなわち、黒人兵を暴力によって動物的な奴隷状態へと追いこむことはできても、それを飼い馴らして役に立つ家畜へと仕立てることは、それほどたやすくはない。家畜とは、何世代にもわたって人の管理下で繁殖をくりかえし、有用性を高めるための選抜・育種をおこなってはじめて可能となる、「気の遠くなるような大事業」（正田陽一『家畜という名の動物たち』）の成果なのである。黒人兵はおとなしい家畜や愛玩動物に変身することはかなわず、一気に黒い野獣へと反転して、つかの間成立しているかに見えた予定調和の関係を裏切り、逆に、少年を動物的な奴隷に貶めてみせるのだ。ともあれ、家畜／奴隷のあいだには不可視の境界が引かれていることを忘れてはならない。

3

三島が大江の動物文学として指し示したのは、「飼育」(『文學界』一九五八年一月号)と「人間の羊」(『新潮』一九五八年二月号)であった。ここでは「人間の羊」という短編小説に眼を凝らしてみたい。「飼育」から二カ月を経て発表された、あきらかに対をなす作品である。敗戦をはさんで、勝者と敗者、加害者と被害者は劇的に入れ替わった。「飼育」の終わり近く、父による鉈の一撃は、僕の左掌と黒人兵の頭蓋を打ち砕いた。その夜、僕は「早産した羊の仔のように、ねとねと指にからむ袋に」包まれて、ただ転がっていた。確実に、この産まれることのなかった羊の仔のような僕は、外国兵によって尻を剥《む》かれ、羊になることを強いられた「人間の羊」の僕に繋がっている。

「飼育」には戦時下のムラを舞台として、黒人兵を生け贄とするどこかムラ祭りのような光景が描かれている。僕はほかの子どもらといっしょに、家畜の黒人兵を愛玩し、最後には裏切られて、黒人兵の捕虜にされた。鼬罠に捕えられた鼬のように見棄てられて、僕はひとりぼっちで絶望したのだった。いわば、その場面が間歇泉のように、構図をずらしながら「人間の羊」のなかに反復されることになる。

「人間の羊」では、敗戦後の、占領軍の統治下に置かれた日本のどこか郊外を走る乗り合いバスのなかで、小さな恥辱に彩られた事件が起こる。荒ぶる酔った外国兵が主催する祭りの庭に、突然、僕は外国兵の膝のうえにいた女によって誘いこまれ、生け贄とされるのだ。外国兵にうしろを向けと命じられる。動物の毛皮を剥ぐように外套をむしり取られ、ズボンと下ばきを引き降ろされる。

四つ足の獣のように背を折り曲げて、裸の尻を外国兵たちの喚声にさらしながら、うなだれることしかできない。尻は冷たく鳥肌だち、尾骶骨のうえにはナイフの背が押し当てられていた。

捩じまげられた額のすぐ前には、寒さにかじかんだセクスがあった。狼狽から、焼けつく羞恥が僕を浸していった。そこに、「子供の時のように」という言葉がいくらか唐突に挿入されてあったのは、偶然ではあるまい。それはあるいは、「飼育」の、黒人兵がズボンをずり下げ黒く光る尻を突きだし、交尾する犬のような姿勢で小さな樽にまたがり、排泄する場面の変奏であったかもしれない。そこでは畏敬の念と驚きに打たれて、夢見るような眼をした子どもたちが観客であったが、いま、観客はそんな無邪気さとは無縁な外国兵と日本人の乗客たちであった。

外国兵が童謡のように単純な歌を歌いはじめた。「羊撃ち、羊撃ち、パン　パン」。バスの前部の乗客のなかから、あらたな羊たちが徴集された。裸の尻を剝きだして背を屈めた羊たちが並んでいた。僕はその最後に連なる羊だった。運転手が丸々と太った大きい尻を剝きだした。冷たい空気に裸の尻をさらして、長いあいだ羊だった。歌い疲れた外国兵たちが女を連れて降りてゆくと、ようやく生け贄の祭りは果てた。

《羊》にされた人間たちは、みんなのろのろとズボンをずりあげ、ベルトをしめて座席に戻った。《羊たち》はうなだれ、血色の悪くなった脣を噛んで身震いしていた。そして《羊》にされなかった者たちは、逆に上気した頰を指でふれたりしながら《羊たち》を見まもった。みんな黙りこんでいた。

被害を受けなかった者たちは、僕らを「兎狩りで兎を追いつめる犬たちのように」囲んで、怒りの声をあげた。教員は堂々として熱情的に、人間のすることじゃない、日本人を獣あつかいにして楽しむのは正常だとは思えない、と訴える。羊たちはみな、「不意の唖」になってしまった。「恥をかかされたもの、はずかしめを受けた者は、団結しなければいけません」。羊の一人が教員に殴りかかった。ふたたび、羊たちは「疲れきった小動物のように」ひっそりうなだれてしまう。その後の、恥と正義を楯にした教員に追及される僕の姿は、読んでいるだけでつらくなる。混雑するバスのなかで、裸の尻を剝きだして犬のように屈まされたと、羊になる罰をたまたま免れた教員が交番の警官に訴えている。まるでセカンドレイプのように、僕はふたたび、ズボンをずり下げられて、「鳥のそれのように毛穴のぶつぶつふき出た裸の尻」を捧げ、屈みこまされるのを感じる。

裸の尻をぱたぱた叩く、そして歌う。羊たちの、不意の沈黙。犠牲の羊として声をあげることを、執念深く要求して追いかけ回す教員。犬が激しく吠えたてる。敗北感と哀しみ。なんとも無惨な、敗戦を舐めた日本人の自画像であったか。ムラに生きる人々は、黒人兵を殺したことをなかったかのように忘却して、ただちに沈黙の共同体の内側に身を潜めてみせた。そのムラを出郷して、大都市の片隅でつましい大学生活を送っている僕は、まるであの日々の復讐を引き受けさせられるかのように、不意の羊となる。そこには犠牲の羊に選ばれてしまった者たちを執拗に追いつめる、恥知らずな正義の声がこだましている。それは、加害者の外国兵には向かわず、サディスティックに犠牲の羊を痛ぶることしかできない。

そういえば、「飼育」の黒人兵は暗い地下倉で、膝を抱えこんで低く歌っていた。その歌う声の広がり、海のように重おもしく荘重な歌に、僕ら子どもたちは洗い流された。ただ不条理に耐えるために口ずさまれた故郷の歌であったのか、なにか聖歌のようなものであったのか。それと比べれば、外国兵、おそらくはあの黒人と同じ米兵たちが、日本人の男たちの裸の尻を叩き、笑いさざめきながら、ただ羊を苛むためのスケープゴート儀礼を寿《ことほ》ぐように歌った、童謡のようなはやし歌の、なんと野卑な暴力に満ちたものであったことか。

第二章

奴隷農場は愛とともに昏れて

1

『マンディンゴ』という映画は最近になって、ＤＶＤで観ることになった。じつは、安部公房の『内なる辺境』（中央公論社、一九七一）という著書のなかに、『マンディンゴ』という小説に触れた一節があったのだ。「内なる辺境」というエッセイの初出は『中央公論』一九六八年一一・一二月号であり、映画は一九七五年製作であるから、映画版を知らずに、小説の『マンディンゴ』（原典は一九五七）について語ったものだ。安部が読んだテクストは一九六八年の邦訳初版（全二巻、カイル・オンストット著、小野寺健訳、河出書房新社）であったが、これは広い関心を呼び起こすにはいたらなかったらしい。安部はけっして多くはない読者の一人であったことになる。ちなみに、わたしの手元にあるのは河出書房新社から刊行された新装版（一九七五）である。表紙や裏表紙は映画から取られており、映画化をきっかけとした再刊であったことがわかる。

「内なる辺境」というエッセイでは、ユダヤ系作家のなかに、「内なる辺境」という思想を探る手がかりが求められている。そこから脱線するかたちで、最近読んだ小説として『マンディンゴ』への言及がなされた個所があった。安部はそこに、黒人にたいする偏見には反ユダヤ主義よりも「はるかに激しい、虚無的なもの」が潜んでいる、ナチスはユダヤ人を殺さねばならなかったが、アメリカの農場主たちは黒人を「殺す必要さえ認めなかった」と書きつけている。『マンディンゴ』という小説は、そうした意味で「すこぶる不吉な、恐ろしいもの」であった、という。その衝撃の一端が語られていた。

彼等は清潔に、合理的に、しかも注意深い愛情をもって飼育されている。また彼等の方でも、主人たちに、忠実な犬にも劣らぬ愛と恐れをもって報いている。むろん彼等は犬なんかではない。ここは黒人奴隷の飼育を専門にしている農場なのだ。純血種の立派な女が手に入れば、同族の男がいる他の農場まで連れて行って、種つけをする。多産系の女には、適当な管理によって、休みなく産ませつづける。まれに鞭をふるうことがあっても、けっして傷が残るような打ちかたはしない。ちょっとでも具合の悪い者が出れば、すぐに獣医を呼ぶ。こうして、じゅうぶんな高値をよぶ年頃になるまで、慎重に保護し、育ててやるというわけだ。

いくらか注釈的に、安部公房と『マンディンゴ』を繋いでおきたい。

たとえば、ファルコンハースト・ファームは棉花栽培のための農場ではなく奴隷農場、奴隷生産農場だと、農場主のマクスウェルはくりかえす。この農場では「食うことと乱交」が黒人奴隷の生活であり仕事だ、という。年老いた農場主は、黒人たちをやさしく大事にあつかう。「食いたいだけ食わせ、小屋と着物をあたえ、発育をさまたげるような重労働はさせず、いつも幸福にしてやって干渉しない」ことを基本とする。むろん、黒人は黒人であり、黒人以上のものにならないように管理されなければならない。だから、黒人が字を覚えることは禁止されている。奴隷という現実を神の導きによって安らかに受容させるために、宗教は有効な道具であったから許されていた。

ともあれ、この食べ物の安い土地で、買い集めた幼い奴隷を飼育し、やがて大きくなり成熟したところで奴隷商人に買い取らせたり、市場に出荷する。意味のない鞭打ちで傷つけることを避け、病気になれば獣医を呼んで手当てをほどこし、とりわけ感染症の蔓延には注意を怠らない。こうして、この農場では黒人が反乱を起こすことはありえない。ほかの農場では、厄介者になった老人に、本人にもほかの奴隷にも知られずに毒を盛って片づけるらしいが、そんなこともない。

とはいえ、例外はやはりある。農場主の一人息子のハモンドがどれだけ、ファルコンハーストの黒人は無傷でなくてはいけない、それが自慢なのだというにせよ、奴隷への鞭打ちがないわけではない。鞭打ちをするとなれば、たっぷり恐怖と痛みを味わわせる。しかし、そのときにも、鞭で痛めつけすぎたり、肉を削ぎとるといった、奴隷としての価値を減じるような不作法はしない。ハマンドは心ならずも、嘔吐をくり返しながら鞭打ちの務めを果たした。尻の皮が破れて、そこに塩とキニーネとレモン・ジュースを混ぜて作られた、よく沁みて強烈な痛みをもたらす特効薬を擦りこまれた奴隷は、それっきり従順な召使いとなる。二度とこんな仕置きを受けようと思う奴隷はいない。しかも傷痕は残らない。恐怖が奴隷たちの記憶に刷りこまれればいい。奴隷の商品価値を落とすような野蛮な痛めつけ方は、この農場には存在しない。すべてが合理的に、野蛮でありながら洗練されているのである。

ハモンドは思う、うちの奴隷たちはわたしたちを所有し、わたしたちも彼らを所有している、と。「彼らがわれわれを食わせ、われわれが彼らを食わせる」、いわばたがいに補い合う関係であり、奴隷たちが「よく太って、丈夫で、幸福」であることが、農場にとっての幸福であった。この奴隷農場はまさに、「美しい手足、健全な肉体をもった人間四足獣という家畜」の飼育と生産のための場所だったのである。「清潔に、合理的に、しかも注意深い愛情をもって飼育されている」という、安部公房の言葉そのままに。

2

そうした主人にたいして、黒人奴隷たちは忠実な飼い犬のように「愛と恐れ」をもって仕えている。たとえば、メグ少年はハマンドに向けて、「旦那だけの小さな奴隷なんだよ」「旦那さまはほんとうにすばらしい人、きれいな人だ。おいら旦那さまが大好きだ」とあられもなく訴え、この若旦那にぶたれることを請い願い、「愛と恐れ」に身悶えしている

あるいは、アメリカ南部の農場主には、中世ヨーロッパの領主のごとく初夜権が帰属していたらしい。いや、結婚制度の一環をなしていた初夜権といったものではなく、はるかに粗雑にして野蛮な慣習であったか。「あいつらはみんなご主人にかわいがられるのを楽しみにしてるんだぞ。とにかくいちばん最初はな」とか、「自分とこの女奴隷をよろこばせるのは主人のつとめだぞ――最初

のはな」といったセリフを拾うことができる。奴隷の女をはじめに犯すこと、それが奴隷所有者の特権であり義務でもある、ということだ。「若旦那と一つベッドに寝たという特権」は、いつになっても消えることはない。ここでの奴隷／主人は、「愛と恐れ」が巧妙にからまり合う関係に呪縛されている。

農場の若き後継者であるハマンドには、この慣習らしきものが複雑によじれた感情の源になっている。農場には、すばらしい純血のマンディンゴの、「ゴシックの大伽藍の美しさそのもの」のような娘がいた。すでに婚期に達するかいなかという年ごろになり、詐病を装ってまでハマンドに抱かれることを願っていた。

美しい動物の鑑識家としての彼にとってはビッグ・パールは自慢の種で、非の打ちどころのないこの黒人の美しい身体を白人たちに見せてほめ言葉をきくのは楽しみだったし、彼女がゆったりと歩くところを見せ、その力を誇らしげに見せびらかすのも好きなら、まるで特選の雌馬でもいじるように彼女のすべすべとはりきった脇腹を撫でるのにも快感をおぼえた。しかし、彼女を人間と思ったことは一度としてなかったのである。この仕事はいささか動物的だった。彼はこれから、ただ雌をしずめる雄ロバの役を、まるで種牡奴隷の役目を果たすのだ。（略）ほかの奴隷たちもそれを当然主人の権利と考えている。それに主人が奴隷に対して果たすべき義務があるとするなら、これこそ第一の義務だった。（傍点は引用者）

あちこちの茂みや小屋の蔭から、黒い顔がいくつも覗いており、だれもがこれから小屋でなにがおこなわれるのかを知っていた。若旦那に名誉を授けられる娘を羨んでいたのである。そして、ハマンドはとにかく義務を果たした。まるで、奴隷の主人は種付け用の雄ロバのような、種牡奴隷と変わらぬ存在だと感じはしたが……。念のために、この小説にはセックスにまつわる具体的な場面は、禁欲的なほどに描かれていない。

ところで、マンディンゴとはなにか。容姿や体格において優れた血統書付きの黒人奴隷を指していたらしい。純血が少なくなった、と農場主は嘆いている。ハマンドがマンディンゴの男のミードに出会う場面に眼を凝らしてみる。

所有者の老人がいう、着ているものを脱いで、お前の持ちものをお目にかけなさい、と。ハマンドは優秀な黒人がひと目でわかる、手で触ってみるまでもない、しかし、両手でそのすばらしい肉体を確かめてみたかった。そこで、ためしにその肩から腕へと手を滑らせ、両腿を撫で、睾丸を持ちあげてみた。感歎の微笑が浮かんだ。「すばらしい動物を見た」歓びに浸っていたのだ。完全無欠の肉体、その力、美しさ、ミードはそれを誇示してみせた。巨根の持ち主であった。まだ一度も女とうまくいったことがない。ハマンドはこの黒人をレスラーにしたかった。値段の交渉。引き寄せて、膝をつかせた。歯を調べるのを忘れていた。また黒い肩を撫でた。ミードはむせび泣きながら、やさしかった主人にしがみつき、行きてえだ、女が欲しいだ、レスラーになりてえだ、旦那が好きだ、と別れを惜しんだ。このマンディンゴの若者は、種つけ用として黒人女をはらませ、レスラーとして格闘に使われることになる。

奴隷商人の身体検査はもっと露骨だった。手を伸ばして脚をぐっとつかみ、筋肉に触れてみる、膝をつかせ両手を肩に滑らせる、口を開けさせて健康な歯に指で触れる。少年を抱きかかえ、たっぷり時間をかけて、口のなかを調べる、ズボンの穴に手をつっこんで撫でながら、生殖器がぐにゃりとしているのに失望する。さらに、別の少年を床の上へ俯向けにして、やせた尻をひろげて、痔はないかと肛門を調べる、ひざまずかせ、顔を仰向けにして歯に指を当てる、指を引っぱって折れたりねじれたりしていないか確かめる、ふくらはぎをつかんで脚の指先を調べる。なにかに似ている、ペットショップのオーナーが犬の検分をするときには、きっとこんなことをしているはずだ。

ところで、黒人の生活は「食うことと乱交」に凝縮されているとは、いったいなにを意味していたのか。じつは、この奴隷農場では、いっさい家族単位の生活は認められず、乱交を奨励して、次から次へと奴隷たちに子どもを産ませていた。子どもたちはまとめて家畜小屋で飼育され、成熟を待って売りに出されるのだ。女奴隷に子どもを産ませるのは男の奴隷だけではなく、すでに触れたように農場主の父と子にもその務めがあった。夜ごと、好みの女奴隷が主人のベッドに呼び入れられた。あるいは、別の農場で客人として迎えられるときには、決まってかしずく黒人の娘が用意されてあった。

老農場主のマクスウェルは、優秀な血統の奴隷としてのマンディンゴに執着があった。ビッグ・パールをその父でもあり祖父でもある男と、いわば「父と娘と孫娘との相姦」を承知のうえで掛け合わせようと企んでいたが、その男はすでに亡くなっていた。馬・牛・豚あるいは犬の場合であれば、近親相姦でもうまくいく、黒人だけ失敗するわけがないと考えている。結局、買い取られた若きマンディンゴのミードが、それとは知らずに、みずからの母と妹のビッグ・パールと掛け合わされることになったのだ。頑なな奴隷をめぐる優生思想が、近親相姦のタブーを侵犯させていたという、もうひとつの現実が転がっていた。

3

これはあくまで一九七五年に刊行された小説の世界である。とはいえ、訳者の小野寺健の「解説」によれば、これはけっして、たんなる空想的な物語ではなかった。レオ・ヒューバーマンの『アメリカ人民の歴史』(岩波新書、一九五四)の記述が例証として挙げられていた。『アメリカ人民の歴史』の第九章から引用してみる。

ニグロの価格がこんな工合にはね上ると、ヴァージニアやメリーゴーランドでは、棉花や煙草を栽培するよりも、ニグロを飼育する方が儲かるようになった。以前に奴隷を使役していた州は、奴隷を飼育する州になった。「だから、これらの諸州では、作物を栽培するために奴隷を所有することはめったになくて、しばしば奴隷を飼育するために作物を栽培した。……(略)ニグロの生活費をつぐなうだけの儲けで、ニグロに軽い仕事をさせておき、彼らが充分に成人すると、商人に売り渡したが、商人たちは彼らを南方につれて行った。」

一九五〇年代に南部を旅行したフレデリック・オルムステッドは、一人の南部人から手紙をうけとったが、それには奴隷の飼育について次のようにかかれていた。「(略)奴隷の飼育については馬やロバの飼育についてと同じ注意がはらわれている。もっと南方では、われわれは、自家用と販売用のふたつの目的で奴隷を飼育する。植栽業者たちは、奴隷の娘っ子や婦人（既婚者でも未婚者でも）に命令して子供を産ませる（略）」

実際にも、一九世紀半ばのアメリカ南部のいくつかの州では、黒人奴隷の処遇は使役から飼育へと転換していたのだ。棉花栽培は黒人を養い食わせる収入を得るためにおこなわれていた。だから、朝から晩まで肉体を酷使する労働が強いられることはなく、黒人奴隷の飼育には馬やロバの飼育と同じように細心の注意が払われた。黒人の女たちには子どもを産むことが命じられ、やがてその子どもが成人すると売られたのである。奴隷は所有者に富をもたらす、生ける財物であった。『マンディンゴ』という小説が、たんなる妄想やでっち上げの類でなかったことは、とりあえず確認されるはずだ。

小野寺によれば、著者のカイル・オンストットは職業作家ではなかった。『優秀な犬の育て方』という著作もある畜犬業をなりわいとする人物だった。どうやら、犬の飼育という仕事と奴隷飼育のテーマとのあいだには、関連があるらしい。奴隷制度を人類の恥と考え、それを追求する作品を書くために若いころから資料を集めてきた、という。『マンディンゴ』を読むための重要な示唆が、ここには語られていたのではなかったか。『マンディンゴ』の生々しいまでのリアリズムはきっと、畜犬業にかかわる豊かな経験知に支えられている。

安部公房は書いている、「どんな憎悪よりも、どんな大量虐殺よりも、この冷やかで非人間的な相互依存は、はるかに無残で残酷だ」と。たしかに、つかの間噴出するヘイトクライムや、組織的かつ制度的におこなわれるジェノサイドとは、根源的に肌触りが異なっている。この冷やかで（いて、どこか抗いがたく）非人間的（でありながら、どこか人間臭くもあるよう）な相互依存のあり方は、なかなか手ごわいものに感じられる。自発的な隷従と呼ばれるべきものかもしれない。そこに絡みつく「愛と恐れ」からは、あらかじめ可視化された殺害や死体は遠ざけられており、残酷もまた透明で見えにくい。この残酷にはなにか未来的な匂いがする、そう、わたしは呟くように、いや呻くように思う。

それにしても、奴隷農場は愛によって崩壊へと誘《いざ》なわれてゆく。ドイツの収容所においても強制性労働が存在したらしいが、はたして愛と交叉する場面はありえたか。それはしかし、『マンディンゴ』にとっては避けがたい必然であったかもしれない。黒人女は必要なときにベッドに呼び寄せて、白人が使う「ただの物」であり、すくなくとも愛情の対象ではなかった。命令するものであって、甘い言葉で誘うものではなかった。だから、奴隷農場のあとを継がねばならないハマンドによる、黒人女のエレンへの愛は異様なできごととなった。

エレンは清潔な、かすかに鼻をつく女性的な匂いがした。ハモンドはエレンを両腕に抱きあげ、憐れむようにキスをした。黒人の女は犯すためのもので、恋の戯れの対象ではない。ところが、キスをしたとたんに、血が逆流した。エレンは望んだが、急がなかった。彼女を、そのすべてを自分のものにしたい、と願った……。ハマンドはエレンを引き寄せて、粗末な衣服の下に手をさしこみ、その胸に触れた。離れようとする彼女をやさしいことばで叱った。「逃げるんじゃない。おまえはもうぼくの女なんだ。おまえのおっぱいをいじりたいときにいじったっていいじゃないか」。エレンは「はい、旦那さま」とこたえた。首をかしげさせてキスをすると、泣きだした。「旦那さま、あたし旦那さまを愛しています」。奴隷のかすかな女の匂いが心地よく感じられるのに気づいて、当惑した。かたく抱きしめているだけで満足して眠った……。まだ抱いていなかった。父親にいう、「ぼくの女として買ったんです、いつまでも僕の女として置いとくんです。好きなんです。おそらく、いくらか愛しているんです」と。娘の顔に紅がさすと、それが胸まで広がっていった。エレンはみずからの主人を見て、ほほえんだ。ハマンドが愛を口にすると、おとなしい彼女の気持ちは動揺し、血を掻き立てられるのだった……。

とても大事な場面ではなかったか。主人と奴隷のあいだに、愛が生まれたのだ。許しがたい例外の露出であった。制度は根底から揺さぶられる。この小説では、黒人奴隷にたいする非人間的な、いや動物的な処遇の網の目がほどけて、つかの間、愛玩動物として飼われるべき女への愛がこぼれた。それが奴隷農場の若者の精神を苛《さいな》み、切り裂いてゆき、ついには奴隷という制度そのものが破綻へと追いこまれてゆく。そんなありがたい道行きが描かれていた。

忘れてならないのは、ハマンドが妻になった白人女の肉体を、「まるでレプラででもあるかのよう」に嫌悪していたことだ。妻が処女ではなかったことから亀裂が生じた。白人のあと継ぎを産むだけの道具のように扱われ、セックスも忌避される。そうして白い妻の心は、夫の愛する黒い愛人への嫉妬によって壊れてゆく。妻はマンディンゴの黒い美しい男をベッドに引きずり込み、それが発覚して、ついには夫の手で毒殺される。マンディンゴの男もまた殺された。この小説『マンディンゴ』は、美しく健康な黒人たちを奴隷として飼育する農場のなかで、白人の男たちの共犯者であったはずの白人の女が孤立し、破滅へと追いつめられてゆく姿を無残なまでにむき出しにしている。ある社会のなかで、ひとつの犠牲や暴力や差別はそこに閉じられて完結するわけではなく、避けがたく社会の全体を蝕んでいる。

ナチスに象徴されるような、民族的な抹殺を最終目的とするジェノサイドの非人間的かつ無機質な印象からすれば、安部の言葉に反して、『マンディンゴ』の奴隷農場はむしろ人間臭いというべきかもしれない。食や性にまつわる野性的な、また動物的な欲望にたいして、どこか荒っぽい寛容なまなざしがあり、その認識のうえにこそ奴隷農場が経営されている。それはいわば、かぎりなく動物的な、それゆえに人間的でもある相互依存の場であった。奴隷制度それ自体は、いかにも野蛮きわまりない非人間的な搾取のシステムである。黒人奴隷とは、「いっさいの権利を剥奪され、獣の水準に引き下げられて、法律上はたんなる動産にすぎず、人類の同胞関係の圏外におかれ、人間族から切りはなされた人間存在である」（本田創造『アメリカ黒人の歴史 新版』岩波新書、一九九一）という定義づけには、異論の挟みようがない。ガス室に送りこまれた人間たちは、「獣の水準に引き下げられ」たわけではなく、売買される動産でもなく、法制度とは無縁な荒野に打ち棄てられたモノでしかない。ジェノサイドよりも奴隷農場のほうが「はるかに無残で残酷」だという安部公房の言葉には、留保が求められるはずだ。

南部の白人の男たちは狩猟を好んだらしい。『マンディンゴ』にはこんな会話があった。

給仕「すぐにご夕食でございます。鹿の尻と脚の肉がめしあがれます。あのフランクじいやが森のところで射とめた若い雌鹿です」

主人「雌鹿を射つんじゃない。生かしておいて子を生ませてやれ。フランクに雌鹿を射つなと言いなさい」

むろん比喩としてではあるが、奴隷は食べるものではない、というセリフがどこかにあった。奴隷は食べる（それゆえに、殺す）のではなく、生かしておいてたっぷり喰わせ、生殖を管理して増やしてやるほうがいい。奴隷を獣のように扱う、という。それはしかし、その獣は野生なのか、家畜なのか、を分岐点として大きく分かれる。野生動物の狩猟から、人間の生殖管理にもとづく家畜としての飼育へ、その文化的・経済的な優越性が示唆されている。アメリカの奴隷制度はおそらく、狩猟的思考から家畜的思考への転換の渦中に壊れていったのだ。奴隷生産農場は家畜の飼育という、野生から文化への過渡的な生けるシステムをモデルとしながら、それゆえに不意の愛の顕現によって瓦解へと向かったのかもしれない。

猿の惑星からの伝言

1

『猿の惑星』という映画は気になってはいたが、特別な関心があったわけではない。それが最近になって、家畜や奴隷といったテーマとの思いがけぬ邂逅を果たしてからは、関わりのありそうな小説や映画などにも怖ず怖ずと触手を伸ばすことになった。

『猿の惑星』は第一作の興業的な成功のあとで、次々に制作スタッフが変わりながら続編が作られて、シリーズ化がおこなわれてきた。ウィキペディアを参照すれば、すくなくともオリジナル・シリーズとして五本、リブート・シリーズとして三本があり、ほかにリ・イマジネーション版、テレビ版やマンガ版もあるようだ。『猿の惑星』サーガと呼ぶ人もいて、最初の『猿の惑星』だけでは論じきれないことに気づかされて、いくらか途方に暮れた。

この壮大な『猿の惑星』サーガの全貌などつかめるはずもない。ひとつの作品ごとに制作意図や映像の肌触りが違っており、はたしてサーガと呼べるのかも心もとない。むろん、『猿の惑星』シリーズの全体像を論じようとは考えていない。おのずとテーマは絞りこまれている。人間と猿との複雑にねじれた関係において、その支配と従属のせめぎ合いのなかに見え隠れしている、家畜や奴隷とはなにか、人間／動物の境界とはなにか、といったテーマ群である。

まず、すべての起点となった『猿の惑星』（ピエール・ブール著、大久保輝臣訳、創元ＳＦ文庫、一九六八）という小説を読むことから始める。フランスの作家ピエール・ブールが『猿の惑星』を刊行したのは一九六三年である。ＳＦ小説の体裁は取っているが、「スイフト風社会風刺をからめた思索小説」（エリック・グリーン『《猿の惑星》隠された真実』尾之上浩司・本間有訳、扶桑社、二〇〇一）といった趣きが強い。ジョナサン・スウィフトの『ガリヴァー旅行記』の影響があり、その根底には「人間の知性は固定されて備わっているものではなく、知性がなくなれば動物と変わりがない」というメッセージがこめられている、という（ウィキペディア「猿の惑星シリーズ」の項による）。

たしかにそこには、『ガリヴァー旅行記』のように、猿が人間を支配する、地球にそっくりな惑星ソロールに降り立った地球人の男が体験した、まさしく逆しまの世界が描かれていた。それはまるで瓶に詰めて海に流された、だれか遠い見知らぬ人への手紙のように、宇宙空間を浮遊していた瓶のなかから出てきた手記であった。地球の言葉で書かれてあった。その語り手はユリッス・メルーという名の人類に属する男であり、その男＝「わたし」の冒険物語として提示されてあった。最後になって、この手記を読んでいるのがチンパンジーであることが、そっと明かされる。

はじめに水辺で遭遇した裸の娘は、通りかかった小猿に飛びかかり、股のあいだにしっかり挟みつけると、両手で首を絞めて殺した。その眩しいほどに美しい娘を、語り手のわたしは新星＝ノヴァと名づけた。女は言葉がしゃべれなかった。ノヴァの種族の人間たちはやはり裸で、武器はもたずに、三人の地球人を「虫けら同然のまっ裸」にして、「アフリカのジャングルにいる大型の猿がつくる巣」のような数本の木で組んだ寝ぐらに連れていった。かれらは道具をひとつも使わずに、鹿によく似たかなり大きな獣の生肉を爪と歯で食いちぎり、皮を剝がすだけでかぶりついていた。近くにカマドの形跡もなかった。つまり、この惑星に生きる人間たちは裸で暮らし、道具を知らず、家も作らず、火の使用以前の段階に留まっていたわけだ。だから、わたしは寄り添って寝ているノヴァを、女として見ることはなかった。すくなくとも、しばらくのあいだは……。

次のシーンでは、裸の人間たちは大規模の狩猟によって野獣のように追いこまれ、銃で次々と殺されてゆく。途方もない狩りだった。猟師のほうが猿で、狙われる獲物のほうが人間だったのだ。そして、狩人のゴリラも、勢子役や召使いのチンパンジーもみな、きちんと服を着ており、その表情は人間らしく知性のひらめきが感じられた。わたしは狩りで射殺されることからは逃れたが、茂みの蔭の大きな袋網に引っかかって、捕虜とされる。そうして首府の町にある生物学研究所に連れていかれ、檻に押しこまれることになった。やがて、あきらかになるが、この生物学研究所や脳研などにおいて、森で捕獲された人間たちは実験材料として使われ、脳をいじられ摘出されていた。まさにそれは、われわれの世界のあらゆる場面で生体実験に使われている動物の運命に重なっている。

確認しておくことにしよう。この猿の惑星では生物学が盛んであり、野生の人間たちが狩猟の獲物として殺されたり、動物実験に提供されたりしている。おそらく、狩猟はゴリラの遊びやレジャーであって、狩りの獲物とされた人間の肉が猿たちの食料とされているわけではない。すなわち、猿に支配された惑星では人間たちは野生動物に分類されており、家畜として飼育されたり、奴隷として苛酷な労働に使役されたりといったことはない。実験動物としての人間の補給には、ゴリラを管理者とする企業組織があって、人間はとても高値で取り引きされているらしい。いわば、人間という動物は猿にとっては生ける道具や資財であり、また交換される商品であったことになる。あるいは、人間たちが動物園の檻のなかで飼われて、物見高い猿たちを喜ばせる見世物の動物であったことも忘れてはならない。動物としての人間が描かれている。

雌のチンパンジーの研究者ジラにとっては、猿こそが「進化の頂点にある高等な生物」であり、人間はいくらか模倣の才能はあり、「解剖学的には猿と類似しているが、精神的にはまったく未開で、思考力に欠けた動物」を意味していた。進化の極点としてのシミウス・サピエンス（知性猿）に含まれるのは、チンパンジーとゴリラとオランウータンの三種である。昔はその種属のあいだに差別があったが、いまはない。手が四本あったことが知性の獲得に繋がった、と考えられている。チンパンジーの学者たちは、この星では猿の時代の以前に人間の時代があったという仮説を実証しつつあった。人間の文明は猿によって乗っ取られ、みごとに模倣されてしまったのだ。

かれらが生物学の研究を重視することには、なにか隠された意味がある。いまの地球と同様に、「昔はたくさんの猿が人間の実験材料となっていたにちがいない。そしてその連中がまっさきに反逆ののろしをあげ、そいつらが革命の先駆者となったのだ」と、語り手のわたしは想像している。あるいは、ノヴァがわたしの息子を生んだが、この赤ん坊はまるでキリストの再来のように薹のうえに寝て、母親の胸に寄り添っていた。この子は三カ月で話しはじめた。あらたな人類の始祖となるだろう。このあたりの物語の種子は、『新・猿の惑星』以後に思いも寄らぬかたちで芽吹くはずだ。

2

映画『猿の惑星』シリーズのなかで、人間と猿の関係は逡巡と蛇行をくりかえしてゆく。人間と猿は入れ子細工のように、支配と従属の糸を縒《よ》りあわせ、動物とはなにか、動物的とはなにか、という問いを観る者たちに畳みかけてくる。それは家畜か、ペットか、奴隷か、実験動物か、見世物か……。そうしたテーマはたしかに、かならずしも『猿の惑星』サーガの主旋律ではないかもしれないが、そこかしこに物語の鉱脈として露頭をさらしている。

たとえば、エリック・グリーンは『《猿の惑星》隠された真実』のなかで、『猿の惑星』オリジナル・シリーズの五作品が「どのようにして人種間の対立を寓話として描いたか」を真っすぐに追究している。ベトナム戦争と黒人暴動に彩られた時代を背景に見透かすとき、この本には豊かな説得力を感じざるをえない。『猿の惑星』サーガについての、「人種対立とベトナム戦争を示唆した寓話」といった評価には、一定の共感を覚えはする。とはいえ、「白人はテイラーなどの現代の白人を暗示し、猿は黒人を暗示していた」などと言い切られてしまうと、もうすこし物語には寛容な読み方が必要ではないかと思わずにはいられない。

『猿の惑星』(一九六七)には二〇〇〇年後の地球、いまのアメリカ合衆国のニューヨーク近辺を舞台として、猿が人間に取って代わって支配者となっている世界が描かれている。そこでは、人間狩りによって山野に暮らす野蛮な人間たちを捕獲し、檻に閉じこめて虐待している。モルモットのように生体解剖などもされているようだ。子どもを産ませるために、男と女をひとつの檻に入れている場面もあった。かれらは言葉を失っている。猿たちは英語を共通語としているが、その言葉が獲得された由来はわからない。

猿は神の似姿として造られたことが、かれらの聖典には語られており、人間から猿へと進化したという仮説は異端として排斥されている。興味深いことには、猿たちは人間を家畜として使おうとしたが、どうやら失敗したらしい。家畜として猿に奉仕させる、つまり文化的なコントロールのための訓育ができなかったのだ。いわば、猿は人間を馴《な》らすことができなかったのである。

猿社会には種属間の差別はあったが、暴力的な支配によって同胞の猿を奴隷にすることはないし、猿が猿を殺すことはなかった。猿の聖典には、こんなふうに語られていた。

獣の人間に用心しろ、彼らは悪魔の手先だ。競技や娯楽や欲望のために、神が創った霊長類を殺すのは、彼らだけだ。さらに、人間は土地を奪うために同胞を殺す。彼らが自分やみんなの土地を砂漠に変えてしまうくらい増えないようにしろ。気をつけろ。彼らをジャングルの巣窟に追い返せ。なぜなら、人間は死の前兆だからだ。

(『《猿の惑星》隠された真実』による)

ジーラの夫のコーネリアスは主張していた、「人間が破滅した根本的な理由のひとつは、彼らだけが同胞を殺すことにあった。人間は人間を滅ぼすが、猿は猿を滅ぼさない」と。猿の人間にたいする道義的な優位性。たしかに『猿の惑星』シリーズを通奏低音のように覆っているのは、殺しあいをする人間たちへの不信と憎悪であり、根深いニヒリズムであった。人間の愚かさ、知性にたいする蔑みといったものこそが、猿の惑星を誕生させたのだ。原作にあった、スウィフト風の社会諷刺は濃淡はあれ、『猿の惑星』サーガの全体を見えない被膜のように覆っている。第一作である『猿の惑星』の最後に、自由の女神像を目撃するシーンは忘れがたいものだ。

『続・猿の惑星』(一九六九)では、禁止地帯とされるエリアの廃墟の町の地下深くに、ミュータント化した人類が身を隠し、核爆弾を平和のための大神として崇め祀りながら、かろうじて暮らしていた。好戦的なゴリラの将軍にひきいられた猿の軍隊に攻撃されて、ミュータントたちは次々に殺されてゆく。ついに核爆弾は猿たちによって引き倒される。ノヴァが死んで、銃で撃たれたテイラーが最期にそれを起動させる。地球はこうして、惑星としての消滅を迎えた。いま、この時代に、そうして地球滅亡のスイッチを押すことを許されているのが、アメリカ合衆国大統領であることを、小さな戦慄とともに思う。

原作はこうして裏切られた。テイラーとノヴァはついに、人類の再生のきっかけとなるアダムとイブの役割を演じることはなかった。ノヴァは外見は人間でも中身は動物であったから、もしテイラーがノヴァと交われば「獣姦」になってしまうからだ、という解釈もあったようだ。そもそも地球の滅亡というエンディングを選んだ以上、再生への希望を託された子どもの誕生とは両立しようがない。その代わりに、このキリスト誕生のテーマは変奏されて、猿のジーラとコーネリアスの交わりがもたらした子ども、シーザーが救世主として猿の惑星を誕生させることになる。

そういえば、『猿の惑星』シリーズ全編のなかに、人間／動物を隔てる異類の境界を超えて、人と猿とがキスを交わし、裸で抱擁しあい、セックスをして、雑種交配の子どもを産み落とす姿は、どこにも描かれていない。むろん、わずかにジーラが二人の男たちと唇を重ねているが、性愛からはははるかに遠い。これをたとえば人種対立をめぐる寓話というならば、『マンディンゴ』に描かれていたような白人と黒人との性愛は秘められたタブーとして描くことができなかった、ということか。異類と異種のあいだに覗けている裂け目に、眼を凝らさねばならない。

『新・猿の惑星』（一九七一）では、滅亡した猿の惑星を脱出した宇宙船が、現代の地球に不時着するところから始まる。そこに姿を現わしたのは、ジーラとコーネリアスら猿の科学者たちだった。そのチンパンジー夫妻が、二〇〇〇年後には地球は猿が人間を支配する惑星となっており、それがついに滅亡にいたったことを人間たちに語る。宇宙船の窓から、地球にキノコ雲がたちのぼるのを見た、と。そして、ジーラが妊娠していることが知られると、その将来を怖れた人間たちによって、知性あるチンパンジーは追いつめられ殺されてしまう。生まれたばかりの子どもは海に捨てられ、どうやらサーカスの男に拾われて、生き延びる。まだ幼い子猿が「マンマ、マンマ」とくりかえす姿とともに、三作目は幕を閉じるのだ。そのマイロと名付けられた赤ん坊は、サーカスの藁を敷いた檻のなかで生まれている。イエスの誕生の再演であった。

審問のなかで、ジーラとコーネリアスが猿による人間の支配が始まった歴史的な経緯を明らかにしていた。猿の奴隷化を契機としてひき起こされた、まさしく猿の革命が描かれるのは、第四作目の『猿の惑星・征服』（一九七二）である。そこでは、一九九一年の北アメリカのある州を舞台として、シーザーと名告《の》りするジーラの産み落とした息子が猿たちをひきいて革命を起こした。ついに人類は地球の支配者の座から追い落とされ、猿の惑星の誕生へと向かう。

その八年前に、宇宙からもたらされたウイルスによってペットの犬や猫が死滅した。その代用品のように新たなペットに選ばれた猿たちは、やがて労働力として再発見されて、奴隷として酷使されるようになる。猿は訓練さえ施せば使えるとわかってから、奴隷化が推し進められたのだ。掃除・靴磨き・ペンキ塗り・窓ガラス拭き・ベッドメイク・図書館司書・レストランの給仕・美容師など、あらゆる仕事に使われていた。都市部の「使役猿」のなかには不満や怒りが堆積していた。奴隷市場では、競売によって猿の奴隷が売買されている。繁殖用のメス猿もいて、シーザーが種付け用にあてがわれる。あきらかに、猿の奴隷の姿は一九世紀アメリカの黒人奴隷を範型として描かれている。奴隷にたいする規律と訓練が、武力をもって大がかりに組織化・制度化されていることにも関心を惹かれる。

やがて人間の奴隷という立場に苛立った猿たちが、奴隷の身から逃れるために仲間と結託し、行動に訴えるようになった。ついに、猿は「ノー」という言葉を発して、人間に反旗をひるがえした。まさに猿の革命は、猿の奴隷化を契機としてひき起こされたのである。この革命のリーダーとなったのが、サーカス小屋の主人に助けられて、聡明な言葉をしゃべるチンパンジーへと成長していたジーラの息子である。奴隷として知事に飼われていたが、ほんの偶然からシーザーの名を授けられ、ついには真性の大王へと成りあがるにいたる。

副知事の黒人が殺されようとしていたシーザーを助けて、逃がした。そのとき、シーザーは奴隷が権力を握るために革命を起こす、と副知事に伝える。シーザーと知事の対決。召使い・奴隷・野蛮を刻印された猿のシーザーが、知事にいう、かわいがった犬や猫と、われわれはどう違うのか、と。知事は答える、おまえたちは祖先だからだ、人類は猿から生まれた、猿の部分がいまだに残っている、獣は鞭で屈服させ、鎖で繋ぎとめるべきだ、おまえは獣だ、おまえを憎むのは、自分のなかの醜い獣性を憎むのと同じことだ、と。シーザーは、猿に支配されるのが人類の未来だ、わたしの子孫が地球を支配すると宣言して、知事を殺そうとする。それをぎりぎりのところで黒人の副知事が止めた、奴隷の子孫であるわたしが慈悲を求める、という。シーザーは怒りをこらえて、知事殺しを猿たちにやめさせる。猿の惑星がそこに誕生した。

『猿の惑星・征服』はおそらく、ベトナム戦争から黒人暴動へと比重を移しながら、『猿の惑星』サーガで描かれる人種寓話のクライマックスとなった（『《猿の惑星》隠された真実』）。シリーズ最終章である『最後の猿の惑星』では、シーザーの死から七百年を経た世界における神話語りである。シーザーは猿の神話のなかで、神に遣わされた救世主として語り継がれている。ラストシーンに登場するシーザーの彫像が一筋の涙を流している。奴隷の身分から猿たちを解放するための反乱をひきいたシーザーは、ここでもキリストの元型的なイメージと無縁ではなかった。

3

リブート・シリーズは『猿の惑星・征服』で猿の革命を成就させたシーザーの物語を再構成して、

新しいシリーズ化をめざしたものである。異伝の試みといったところで、これまでのシーザーをめぐる物語が大きく編みなおされている。

『猿の惑星：創世記（ジェネシス）』（二〇一一）。新薬の開発のなかで、脳の活性化を促すワクチンを投与されたチンパンジーが知能を飛躍的に増進させて、はらんでいた子どもを守るために暴れて、殺害される。子どもは開発者の男に助けられ、シーザーの名前で育てられるが、事故を起こして霊長類保護センターに収容される。そこで、シーザーは人間たちへの反乱を開始する。センターや製薬会社、動物園に収容・監禁されていた猿たちを解放しながら、都市近郊に広がるアメリカ杉の巨木の森に猿たちの家（ホーム）を創りだす。

その十年後、猿ウイルスの蔓延によって大半の人間たちが死に絶えた世界、それが『猿の惑星：新世紀（ライジング）』（二〇一四）の舞台である。わずかに免疫をもって生き延びた人間たちは、町の隔離エリアに住んでいる。かれらと森の家に暮らすシーザーたちが遭遇したことで、ついに戦争が始まる。シーザーは人間にたいする憎悪ゆえに叛旗を翻したコバを、力で制圧して殺害する。猿は猿を殺さない、という禁忌が違背へと追いこまれた瞬間であった。王殺しを乗り越えて、最後に、シーザーは王として猿たちのもとに降りてゆく。

さて、リブート第三作目の『猿の惑星：聖戦記（グレートウォー）』（二〇一七）は、シーザーという王の死と、猿の惑星の誕生をめぐる物語の最終章であった。『猿の惑星：新世紀』の二年後である。猿たちが暮らす森の秘密基地が、大佐の率いる米軍特殊部隊によって襲撃される。妻子を殺されたシーザーは大佐を追いかけるが、逆に捕われの身となる。ほかの猿たちも捕囚となり、壁造りのための奴隷労働に水も食料もなしに使われている。猿たちは力を合わせて脱獄を果たす。やがて、大佐を掃討するために送りこまれた米軍の戦闘部隊が現われ、大佐とその兵士たちは戦いに敗れる。しかし、巨大な雪崩が押し寄せて、マッチョな男たちは一人残らず潰滅させられる。猿たちは山に逃れ、さらに高い樹の幹にしがみついて、生き延びる。そして、猿たちは家族とともに森と湖のある新天地にたどり着き、あらたなホームが築かれることになる。それを見届けてから、シーザーは静かに、猿の救世主にして王たる生涯を閉じたのである。

猿の群れのなかに、たった一人の勇敢な人間の少女がいた。言葉をしゃべることができない。知恵者のマントヒヒのモーリスに手話で問いかける、わたしは猿なの？　いや、ノヴァだ、とモーリスが答える。人間でもない、猿でもない、新しい未来への種子。『猿の惑星』の原作小説に登場して、くりかえし再生を果たしてきたノヴァが招喚されていたのだった。サーガの円環がこうして閉じられた。

地下通路の壁には、「猿の黙示録」と落書きされてあった。『猿の惑星』サーガはいわば、唯一絶対の神にいだかれた人間と猿の神話的世界だった。西洋のサーカスのなかの猿は鞭と食べ物でコントロールされるが、日本の猿まわしの芸においては、猿と人間とがある種の愛と信頼によって結ばれていることを、想起しておくのもいい。シーザーという裏返されたヒーローを産み落としたことも、あくまでアメリカ的であったかと思う。多神教の、異類婚姻譚がどこにでも転がっている精神風土のもとでは、まったく異なる『猿の惑星』が構想されるのかもしれない。

人力車には植民地の影が射す

1

『賭ケグルイ』（原作・河本ほむら、作画・尚村透、ガンガンコミックスJOKER）というマンガを知ったのは、ほんの偶然だった。すぐにネットで買い求めたが、第一巻だけだ。奇妙な予感があった。やはり、そこには「家畜」や「奴隷」といった言葉がむきだしに転がっていた。

舞台となる政財界の有力者の子女が通う学園には、奇妙な階級制度が存在する。生徒会を頂点とする学園は、ギャンブルに支配されている。勝てば天国、負ければ地獄だ。生徒会が学園のギャンブルを一元的に管理しており、強力な権限をもって生徒たちから上納金を集めている。この上納金が全生徒三千人中、下から百位以下になると「非協力傾向生徒」、通称で「家畜」と認定され、男ならポチ、女ならミケと呼ばれる。この家畜認定の解除のためには一律百万円の特別上納金が必要だが、それを揃えるのは無理だから、ほぼ「詰み」であり、這いあがるのはきわめて困難だった。かれらは使い走りなど、「奴隷」同然に扱われることになる。

まるで現代社会の縮図のようだ。ほんのひと握りの超富裕層が世界の富の過半を抱えこみ、日々格差が加速度的に広がってゆく、このグロテスクな資本主義社会全体をつらぬくルール、いわば金の多寡が最終的な勝者を決定するという原則が、学園を支配している。そこに書きつけられた『新約聖書』「マタイによる福音書」にある（とされる）、「持っている人は更に与えられて豊かになるが、持っていない人は持っているものまでも取りあげられる」という言葉そのままに。

念のために、わたしはまだ第一巻しか読んでいない。そこに姿を顕わした家畜や奴隷をめぐる表象に関心をそそられる。この時代には、かつてロスジェネ世代によって小林多喜二の『蟹工船』が発見されたように、沼正三の『家畜人ヤプー』という奇書が再発見されることになるのかもしれない。そんな唐突な予感をいだいている。たとえば、子どもたちの学校や、非正規雇用の不安定な工場といった場所とはかぎらず、いたるところに奴隷や家畜という異形のテーマが暗い裂け目を覗かせている。「その日から　僕は人でなくなった」という、『賭ケグルイ』の主人公の呟きは、ほんの身近に転がっているのかもしれない。

ところで、わたしはいま、奴隷と家畜のちがいというテーマの前で立ち竦んでいる。なんとなく比喩的にからみあって論じられるが、いつしか違和感を覚えるようになった。人を奴隷のように扱うことと、人を家畜に貶めることとは、どのように重なりあい、どのように別れてゆくのか。

思えば、『マンディンゴ』は黒人という奴隷を家畜として飼育する試みのなかで、黒人がいかに否定しても人間であるがゆえに芽生えてしまう愛という不条理なるものに翻弄されて、ついには奴隷制度そのものが瓦解してゆく物語であった。大江健三郎の「飼育」などは、やはり少年たちの黒人兵にたいする憧れと愛が、かれを家畜として飼育することの困難さとからまりながら、破綻へと追いこまれていった。『猿の惑星』サーガとしてくくられる一群の映画では、人間と猿とがたがいに奴隷化／家畜化をめぐって暗闘をくりかえしている。反転しつつたがいをむきだしにする、どこか鏡像のように、相互補完のなかで破滅へと向かっていった。

ふと気がついてみると、動物は野生か、家畜やペットかに分類されるが、奴隷という存在のかたちはない。人間の隷属にかぎって、野生状態で檻のなかに閉じこめておくか、奴隷として足枷をはめて鞭で暴力的に支配するか、それとも、手間ひまかけて抵抗の意志を奪いながら家畜へと去勢・訓育するか、といった分類がすくなくとも論理的には可能となる。おそらく、家畜は思いがけず、高度に文化的な被造物として創造されるものであるから、ひと筋縄では理解がむずかしい存在であり、厄介なテーマなのである。奴隷はむしろ、野蛮状態を暴力的に強いられた、わかりやすい存在といえるかもしれない。

くりかえすが、動物は奴隷にはなれない。そして、人間は奴隷にはなれるが、家畜にはなれない。そのはずであった。むろん、家畜化の試みは存在したが、きまって中途で挫折する。だからこそ、家畜化というテーマが見いだされない『猿の惑星』には、マゾヒズムというテーマが稀薄であったことを想起しておくのもいい。人間の家畜化は、このマゾヒズムを表裏一体のものとして想定することなしには成立しがたい。ここに、「家畜人」という沼正三の綺想が交叉してくる。

2

かくして、沼正三の『家畜人ヤプー』という小説を取りあげることになる。しかし、とても気が重い。これはとうてい飼い馴らすことの不可能な小説である。助走が必要だ。迂回することにしようか。

唐突ではあるが、最近は折りに触れて紀行文漁りをしている。詩人の金子光晴のアジアを舞台とした紀行を読む機会に恵まれた。手が合わない予感があって避けていたところがある。芥川龍之介の「上海游記」（『上海游記 江南游記』講談社文芸文庫）を読んだあとでは、金子の上海紀行はなんとも生々しく、この放浪の詩人への関心があらたに生まれた。ともに一九二〇年代の上海体験が綴られている。

人力車がふたつの上海紀行を暗黙のうちに繋いでいる。芥川の一行が埠頭の外へ出ると、何十人とも知れぬ車屋に包囲されてしまった。この「不潔それ自身と云っても誇張じゃない。その上ざっと見渡した所、どれも皆怪しげな人相をしている」車屋の男たちの包囲を切り抜けてから、やっとのことで馬車のうえの客になった。新聞社から海外視察員として派遣されていた芥川は、人力車ではなく馬車を選んだのである。これにたいして、「しょびたれたコキュとその妻」と連れ立っての、しかもほとんど無銭旅行にひとしい放浪の人である金子は、迷わずに黄包車《ワンポツオ》に乗っている。これを引くのが車屋であり、苦力《クーリー》と呼ばれる男たちであった。

そもそも苦力は、金子にとって「渦の渦たる都上海」（「渦」、以下、詩の引用は『金子光晴詩集』による）を最底辺から照射する存在であった、それゆえに心惹かれてきた。「門石のうへを、黄包車苦力の銅貨が、賭でころがる」（「饑沈む」）といい、「その銅貨よりも汚れて夥しくて／苦力どもが氾濫してひもじ腹をいだくところ／苦力どものはなや唾、痰でよごれてゐるところ／苦力どもの粥のゆげで船渠《せんきょ》がきえてゆくところ」（「渦」）、そして、「苦力たちを満載して／漂流する便器たち」（「太沽バーの歌」）という。金子の上海はまさに苦力とともにあったのだ。ここでは、「上海灘」（『どくろ杯』中公文庫）という自伝的な紀行に眼を凝らすことにする。

金子は何度も上海を訪れていたから、苦力のことをよく知っていた。上海の苦力たちは、寧波《ニンポオ》あたりから出てきた出稼ぎの細民であったが、師走の前には梶棒を捨てて、裸のからだに泥を塗って強盗を働いたり、青幇党《チンパンタン》の杯をもらい、博奕や悪稼ぎに足を突っ込んだりしていた。

客をのせればゆく先もきかず、暗雲《あんうん》に走りだす。文字通り彼らは、じぶんのいのちを削って生きる。厳寒でも裸足で、腫物のつぶれたきたない背中を、雨に洗わせて走る。客は、その河童あたまを靴の先で蹴りながら、ゆく方向を教える。人力車は、もとは日本からわたったものであるが、日本の車夫のようなきれいごとでは立ちゆかぬほど、たった二十枚の銅貨《ドンペ》を稼ぐことがむずかしいのだ。

日本の人力車夫の生態はよくわからない。差別される下層民が多かったとも、苛酷な労働ゆえに寿命を縮めたともいわれる。イザベラ・バードの『日本奥地紀行』に登場する車夫は、全身に入れ墨を彫ったいかつい男たちだったが、異邦人の女にたいしてかぎりなく丁寧で親切であり、契約以上に金を請求することもなかった。しかし、上海の苦力たちにはそんな日本的きれいごとは通用しない。乗せた客には頭を蹴られ、つきまとうと言っては犬でも追い払うように蹴散らされた。苦力には金への執着と、食欲しかなく、性欲などは贅沢の沙汰だった。旧城の外にあった、苦力相手のいかがわしい覗きからくりで手淫をするしかなかった。

その苦力たちによって、日本の銀行員の若妻が手籠めにされた話にざわついたことがあった。女に触れることもできない惨めさを味わいつづけてきた苦力が、その機会を狙っていたとしても、不思議はないと、金子は書いた。犯された妻を不潔と呼んで離別し、日本に追い返した銀行員の夫、その背後にあって、好んでやりでもしたかのように女をむげに断罪する社会にこそ、金子の批判のまなざしは突き刺さっていた。それではまるで、時代浄瑠璃の主人公にたいするような「無惨唐突な仕打ち」ではないか。こんな呟きの言葉が痛い、「私たちの血のなかに、そうした同情や理解のない非人間的な感情の破片《かけら》が流れていて、不測なときに、言葉や、行為になって現われるかもしれないことを、これからの日本人もよく吟味してかからねばなるまい」と。金子は日本人を、民衆を骨身に沁みて知っていた。

たしかに苦力たちは、欲望の世界で、欲望を抑圧された危険なかたまりで、その発火を、自然発火にしろ、放火にしろ、おそるるあまり、周囲の人たちは、彼らがじぶんたちと同等の人間であることを意識して不逞な観念を抱くようなことのないように、人間以下のものであるらしく、ぞんざいに、冷酷に、非道にあつかって、そうあってふしぎはないものと本人が進んでおもいこむようにしむけた。そういう変質的なまであくどいことに就いては、中国人は天才であった。

これはきっと、苦力という存在の深みに届いている言葉だ。人間的な欲望そのものを最低レヴェルに抑圧された苦力たちが、叛乱など起こすことがないように、人間という意識の芽生えを不逞観念として摘み取っておかねばならない。あくまで「人間以下のもの」として、冷酷非道に扱い、それを当然なことと苦力自身が進んで思いこむように仕向けるのだ。そうして自発的な隷従へと追いこんでゆく。だから、あえて言語的なコミュニケーションを不在なままにしておく。言葉を使わずに、苦力の頭を靴の先で蹴り、ゆくべき方向を指示するのである。

そこには、マゾヒズムという問題が透けて見える。それを「変質的なまであくどいこと」と感受するのは、おそらく日本社会が中国や西欧のような帝国的秩序のもとでの階級や身分制度を知らないためではなかったか、そう、わたしは想像を巡らす。一九三〇年代の上海について、「イギリスの植民地主義が、支那東岸に侵略の足場を求めて、この最良の投錨地をさがしあて、湊づくりをはじめて」以降に生まれた、百年足らずの歴史しかもたぬ混沌《カオス》を抱いた大都市であることを、金子は周到にも指摘していた。人力車夫と植民地主義とマゾヒズムは魔都・上海の暗がりに、のたうち、からまり合う欲望の地政学のマンダラ図を描いていたにちがいない。

喩としての上海はまさしく、「苦力たちを満載して／漂流する便器たち」によってこそ真っすぐに浮き彫りにされていた。苦力は糞尿と、鼻水と唾と痰とで汚れていた。それにしても、金子の上海紀行がいたるところ、糞尿にまみれているのは、むろん偶然ではありえない。金子たちが滞在した路地裏の二階建て長屋では、二階にあがる階段の横に、紅漆塗りの花模様のついた糞槽《モウドン》が置いてあった。毎朝、その槽《ふね》を裏口に出しておくと、モウドン掃除夫がやって来て、糞尿をもってゆき、槽を洗い流した。だから、その時刻になると、どこの家の裏の水はけ口にも黄色い尿が溜まっていた。そんなふうに、金子はどことなく愉しげに、糞尿譚を語るのである。いや、ときには「女ぢゃねえ。いや人間でもねえ。あれは、糞壺なんだ」（「どぶ」）といい、ときには金子光晴その人が糞便になった。

恋人よ。
たうとう僕は
あなたのうんこになりました。

そして狭い糞壺のなかで
ほかのうんこといっしょに
蝿がうみつけた幼虫どもに
くすぐられてゐる。

あなたにのこりなく消化され、

あなたの滓になって
あなたからおし出されたことに
つゆほどの怨みもありません。

うきながら、しづみながら
あなたをみあげてよびかけても
恋人よ。あなたは、もはや
うんことなった僕に気づくよしなく
ぎい、ばたんと出ていってしまった。

（「もう一篇の詩」）

マゾヒズムの悲哀と快楽にみちた詩篇ではなかったか。舞台はどこかアジアの、汲み取り便所である。恋人の女に呑みこまれ、喰われ、すっかり消化されて、いましも肛門から排泄される。糞の壺に浮きつ沈みつ、それを見あげている。そんな、うんこになった僕の詩《うた》だ。「聡明で／すこしの淫《みだ》らさもなくて、／すさまじいほど清らかな」（「ニッパ椰子の唄」）、この詩人はいい。真っすぐで、じつに清潔だ。苦力たちに犯された妻を不潔と罵り、離縁した、あの男の、日本人の不潔さを思えば……。こんな恋文はしかし、恋する人に捧げるわけにはいかない。

3

さて、沼正三の『集成「ある夢想家の手帖から」』(太田出版)には、人力車夫に触れた一章があった。その前段には、輓奴《ばんど》という、馬の代わりに馬車に繋がれる奴隷についての章が置かれてある。白人が有色人種にたいして対等な人格を否定する思想を象徴的に具現化するものの一例として、奴隷制のもとにあったアメリカ南部の輓奴が挙げられていた。それには「馬と並ぶ輓曳《ばんえい》の動力としてのみ有用な新種の家畜」という説明が施されている。「黒人輓奴」(F・クルト筆)と題された、ドイツ奴隷小説の挿画にそそられる。二人の黒人奴隷がうしろ手に軽馬車を曳いているが、その首には縄がかけられ、それは車上で鞭をふるう貴婦人によって手綱とされている。そのわきから犬が吠え立てている。

こうした輓奴車の公然たる使用があったことが想定されていた。それはたんなる妄想の類ではない。そもそも人類の文明史がそのはじまりから、捕虜をつねに輓奴として使用してきたことは、エジプトの壁画に語られている。「西欧人の伝統的観念としての捕虜輓奴思想」と、沼はいう。この伝統のもとで、奴隷制は輓奴車を生んだし、西欧の植民地ではそれが人力車に身をやつして再現された。有色の原住民たちを馬の代わりに調教するのはたやすいことだった。輓奴の延長上に人力車が登場してきたのである。

すでにアジアには見られたはずだが、明治の開国とともに日本にも輸入された。たちまち流行の風俗と化して、明治一〇年代には、車体を改良して国外に輸出するにいたった。リキシャ、リキシャマンの名前は世界に広まった。西欧人の眼には、人力車夫は奴隷制下の輓奴と異なるものではなかった。そこには東洋人の車夫／白人の乗客という構図が厳然と見え隠れしている。白人の車夫は想定されていない。人力車に乗ることは、「植民地気分を満喫し得る愉快な行為であったに違いない」と、沼は指摘している。いずれにせよ、人力車を発明したのは、「有色人を家畜視する白人の精神」であった。それがまったく日本的な風俗に成りあがると、日本の支配階級にとっても便利な乗り物と化していった。かれらはお抱え車夫を一家眷属もろとも、丸抱えで長屋に住まわせていたのだった。

これは輓奴に近い存在であった、そう、みずからの祖父がM伯爵家のお抱え車夫であったことを明かしながら、沼はいう。岩崎弥太郎は二人曳きの車を愛用したが、急ぐと車上からステッキでピシピシ殴って走らせたので、恨みを受けたことがあった、という。あるいは、皇后（昭和天皇の妻）がまだ宮家にあって、女子学習院に通学していた頃、おそらくは大正時代であったか、三年間にわたって、毎日その人力車の後押しをして、乗降に侍って膝に毛布をかけたりした男の思い出話から、その間ただの一度も声を掛けられたことがなかった、というエピソードが拾われている。沼はそこに、マゾヒストとしての貴婦人崇拝心を刺戟されながら、「彼女にとっては、車夫は全く人力車という車体の一部だったので、声を掛けてやる、すなわち独立の人間として認めてやるという気持が、全然念頭に浮かばなかったのであろう」という注釈を施している。

はたして車夫は人力車の一部であったのか。また、人力車夫とのちの高級自動車のお抱え運転手とのあいだには、切断線はあったのか。やはり、人力車が馬の代わりに人間が曳く乗り物であったことこそが、無視しがたい条件だったのではないか。すくなくとも、岩崎弥太郎にステッキで叩かれる車夫は、上海の、客から後頭部を靴先で蹴られて行き先を指示される苦力と、どれほどの隔たりがあったことか。人力車夫と植民地主義とマゾヒズムの秘められた関係に、さらに眼を凝らさねばならない。

家畜人は知性ある猿だ（上）

1

思いがけず、金子光晴の上海紀行や詩に触れることになった。無駄な迂回ではなかった。黄包車《ワンポツオ》を曳く苦力《クーリー》、そして、その苦力たちを乗せて漂流してゆく便器の群れは、きっと偶然の巡り合わせではない。「上海灘」の片隅に、すでに上海でも禁制になっていたグロテスクな見世物として、「人間の皮膚をすこしずつ剝いでそのあとに動物の毛皮を植えつけた熊男」や、「生れるとすぐ嬰児を箱に入れ、十年、十五年育てた小男の背に、つくりものの羽をつけた「蝙蝠」」の姿がひっそり描きこまれてあったことも、なにかの予兆のごとくに感じられる。

それにしても逡巡があった。わたしはじつは、二カ月あまり、この連載を一行も書けずに立ち竦んでいたのだった。金子光晴の言葉に助けられて、ようやく、沼正三の『家畜人ヤプー』（幻冬舎アウトロー文庫）のかたわらにたどり着いたようだ。この奇怪なマゾヒズム小説（などと、気恥ずかしくも呼んでおく……）が、その冒頭に「家畜調教問答」という一節を配しているのは、あまりにわかりやすい伏線ないし予告編ではあった。なにより登場人物は、白人の女と日本人の男である。二人は山腹を騎馬で登りながら、家畜をめぐる問答を交わしている。女は、男が鞭や拍車を使うのはかわいそうで、同情を感じるというのにたいして、馬に同情するのは調教には禁物だと諭している。かたわらを駆ける犬についても、おどおどして卑屈に見えるが、それが飼主にたいする家畜本来のあり方であり、鞭の怖さを教えこんで、こちらが専制君主だということをわからせたから、家畜にふさわしい卑屈さが身についたのだ、そう、女はさらりと言ってのける。

沼正三は『集成「ある夢想家の手帖から」』(太田出版)の一節で、みずからの『家畜人ヤプー』について、こんな注釈を施している。すなわち、「汚物愛好と下部願望とを主要表現とする各種マゾ願望」を緯糸として、これを「信仰化した白人崇拝思想」という経糸によって貫いた小説である、と。そして、馬や犬へと転身する空想に食い足りぬマゾヒストは、結局、「人間の肉体を備えつつ、しかも家畜と同様に取り扱われる存在」、それゆえ人間家畜こそを理想とせざるをえない、という。この家畜人がヤプーと名づけられるところに、白人崇拝と植民地主義の濃密な影が射している。

この綺想に満ちて蛇行をくりかえす長編小説はそもそも、あらすじを示すことなどできそうにない。SF的な想像力に裏打ちされた思考実験が極限まで追求されている。綺想の細部をいかにリアルに、避けがたいものとして合理的に説明するかに、著者の執念は差し向けられている。たとえば、肉便器や舌人形といった、超現実的にありえない存在をもうひとつの、ありえるかもしれぬ仮想現実として生々しく提示してみせることが肝であったか。

第一巻のあらすじが、文庫版の第二巻の冒頭に示されている。物語の背景をなす「イース帝国」

にかかわる一節を引いてみる。

終末戦争により人類滅亡の危機を迎えたとき地球を脱出した白人たちが築いた帝国は、英国王室の流れをくむ女系の子孫が女王として君臨する専制社会で、男性は女性に従属する存在とみなされていた。また、厳格な階級制がしかれ、白人（大貴族、小貴族、平民に分かれる）の下位には黒人奴隷階級が存在する。そして最下層にいるのが「家畜人ヤプー」こと旧日本人であった。「ヤプー」はイースの高度な科学技術によって、その肉体を加工され、様々な用途に従事していた。女性の自慰行為に奉仕する舌人形、排泄物を処理する肉便器、さらには人間椅子などの家具のほか、娯楽用の矮人や乗物代りの畜犬馬、狩猟犬としての畜人犬など……。

あの犬や馬の調教について懐疑を漏らした日本人青年は、航時艇と呼ばれるタイムマシンで、二千年後の未来世界を支配する宇宙帝国イースに到着する。かれはヤプーと間違えられて、知らぬ間に家畜となるべく肉体の処理を施されてしまう。白人の恋人は戸惑いながらも、女主人へと成りあがりの道をたどり、青年を家畜人として使役することになる。その残酷にして哀れな物語を追いかけることはしない。

家畜化はたんなる奴隷状態に貶められることではない。野生動物の家畜化のプロセスには、気の遠くなるほど長い時間、経験と試行錯誤が必要とされたという。それが人間の家畜化であれば、文化から野生への後退という現実がともない、さらにひと筋縄ではいかないだろう。そこに唐突に、家畜人という綺想が姿を現わした。ここでは、家畜とはなにか、人間の家畜化とはなにか、家畜人は存在論的に可能か……といった問われることの稀れな問いが、大真面目に、真っすぐに追求されている。くりかえすが、そこはまさしく思考実験の現場である。わたしにできるのはただ、その実験の跡のいく筋かに眼を凝らしてみることだ。

2

はじめに、家畜人ヤプーとはだれか、また、家畜人ヤプーの源郷としてのヤプン島とはなにか、といった問いを押さえておきたい。第二章には、こんなことが投げだされるように語られていた。

前史時代に旧ヤプーが人類と並んで――いや、人類を僭称して――ヤプン諸島において国家を形成し、人間並の衣食住生活を営んでいたばかりか人間国家と戦争を試みるほど発達していたこと、『テラ・ノヴァ女帝国』による地球再占領後も、原ヤプーの供給源として、人間意識を備えた土着ヤプーの繁殖をはかるために、そのヤプーたちの国家『邪蛮《ジャバン》』がヤプン諸島において形式的に存続を許され、傘状の閉鎖空間の中で、公式には「土着畜人飼育地域」として畜人省土着畜人局畜政課の保護育成に付託せられ、そこにジャップ（邪蛮国のヤプー、Jaban ＋ yapoo ∧ Jap）たちが住んでいること……、これらは小学校の理科の課業で〝人間以外にも社会生活を営む動物がある〟という例として学ぶことで、イースの人間にとっては公知の事実だ。

（第一巻三二頁、以下、1-32と表記する）

宇宙帝国イースにとっては、人類発祥の故地「地球」はたんなる惑星以上のものではあるが、シリウス圏の中心本国星からすれば田舎にすぎなかった。前史時代には、その辺境のヤプン諸島に国家を形成し、人間を僭称して社会生活を営みながら、人間＝白人の国家に戦争を仕掛けた種族があった。第三次世界大戦ではアジアの黄色人種は潰滅状態となった。わずかに生き残った日本島の、ほかならぬ日本人の子孫が旧ヤプーと呼ばれている。かれら敗残の民の末裔たちは、原ヤプーとしてヤプン島に囲われて暮らし、やがて捕獲されて家畜人ヤプーとして残酷に消費される運命にあった。原ヤプーとはいわば、家畜人の原材料のようなものであったか。

地球が再占領されたあとにも、かれらヤプーの邪蛮国は「傘状の閉鎖空間」のなかで形式的な存続を許されてきた。太平洋戦争における無条件降伏、あるいは「核の傘」といった政治的な喩えを思えば、ヤプーが日本人であることが幾重にも生々しい植民地的な宿命のように感じられる。だから、「原ヤプーの供給源として、人間意識を備えた土着ヤプーの繁殖をはかるために」という、いかにもさりげなく挿入された文句に眼を奪われずにはいない。未来の白人たちが女王をいただいて支配する宇宙帝国のはるかな辺境の地球、そのさらに小さなヤプン諸島が、人間意識をもって生存する畜人集団、すなわち土着ヤプーの棲息地域であったことは、いったいなにを意味しているのか。

イース帝国は世襲制身分社会であった。女王を天のようにいただき、大貴族・小貴族という上流階級、そして平民階級まではすべて白人であり、その下位には黒人が奴隷階級として存在した。さらに最下層に置かれたのが家畜人ヤプーであった。興味深いことには、ここではあきらかに、奴隷と家畜が峻別されている。動物は奴隷にはなれないという峻厳なる事実が横たわる。

この帝国においては、奴隷は黒人と決まっていた。この黒奴は人間とは認められず、半人間として扱われる。肌が白くなければ人間ではない。黄色い人間も、黄色い奴隷も存在しない。黒奴は奴隷であるが、ヤプーは家畜であった。「ヤプーは類人猿《エイプ》よ。獣《ビースト》よ。動物《アニマル》よ。いくら知性《インテリジェンス》があっても、獣を奴隷《スレイブ》とはいわないわ、家畜《キャットル》だわ。ヤプーは知性ある家畜なのよ」（1-78）と、イースの貴族の女が断言する。

黄色人種は第三次大戦で全滅した。その唯一の生き残りのヤプーだけが、いつしか猿と比較されるようになった。旧ヤプーの正体を知性ある類人猿と知って、これを家畜に飼い馴らしたのがヤプーである。ヤプーは家畜だからこそ、黒奴と違っていろいろな用途に使える。ヤプーとはくりかえすが、「知性猿猴の家畜化されたもの」（2-118）である。前史時代には、日本人と称して人間の仲間入りをしていたが、第三次大戦を経て、紀元三〇七年（女王国の建国紀元、地球紀元では二一九九年にあたる）に、生物学者ローゼンバーグがヤプーの正体をあきらかにしたのだ、という。ヤプーが猿であることを発見したのだとか。白人が地球を揺るぎなく統治するために、ヤプーから人権を剝奪する理由を作りだす必要があった。このローゼンバークは前史時代の末期に『二十世紀の神話』をあらわした、ナチス戦犯哲学者アルフレート・ローゼンベルクの血を引く大生物学者であった。その大著『家畜人の起源』が、ヤプーを人間から猿へと貶めるためのアカデミックな根拠をあたえたのである。

それにしても、奴隷としての黒人／家畜人としてのヤプーの区別は、きわめて厳格なものであった。ヤプーにたいしては、黒奴と違ってまったく人権的な配慮が必要とされなかった。処罰というのは責任、つまり人格ある者の非行や違犯にかかわる概念である。白人と黒奴にはそれぞれに適用されるべき刑法があった。これに反して、人格のないヤプーは刑法の外部にあって、そもそも処罰ということがありえない。ヤプーについては、非行や違犯とは関係なしに、どれほど非道な取扱いでも許されるのだ。ヤプーの処分は飼主の専権事項に属していた。白人はこうして、法制度の外部にまさしく「非人」として家畜人ヤプーを位置づけることでルサンチマンを散らし、黒奴の抵抗や叛乱を抑止し、支配の安定化をはかっていたということか。「黒奴やヤプーを殺すことによって白人同士の殺し合いを防止しているのが、「イースの平和」なのだ」(1-254)ともいう。イース帝国では、黒奴の平均寿命は三十年であるが、白人は天寿をまっとうしてほぼ二百年を生きるらしい。ヤプーの平均寿命など、おそらくだれも知らない、われわれが豚の寿命を知らないように。

奴隷である黒奴は半人間とされ、一定の人権が認められているが、ヤプーは家畜人であり、知性ある猿ではあっても人格への配慮はいっさいおこなわれない。だから、まったく容赦なく制限もなく、身体のあらゆる部位が切り刻まれ、加工され、遺伝子操作で縮小・拡大されるなどの身体改造を施される。その生命への尊重はかけらも見いだされない。この世界では、アングロサクソン系の白人だけが人間であり、その最上層に君臨する王族や貴族たちは神として仰がれている。家畜化の蔭には白人崇拝思想が貼りついていた。

そうした哲学的な装いをもった「畜人論《ヤプーニズム》」が学界の定説として受け入れられ、畜人論者が増えると、ヤプーの非人間化が良心の曇りを感じさせずに遂行できるようになった。科学の分野から応用技術が次々に登場してくる。ヤプー文化史上の三代発明とされる、生体縮小機・読心装置・染色体手術といったものだ。蓄体循環装置の普及によって、肉便器などの生体家具が家庭ごとに常備されるようになる。そうして自由自在に、新種のヤプーが続々と作りだされ、皮革ヤプーや食用ヤプーが飼養され、畜体処理工業がおこり、生体彫画が新しい芸術として認められるにいたった。

もはやヤプーはたんなる家畜ではなく、器物でもあり、動力でもあった。「生体家具として生産されるものは生れながらにして器物性を帯びている。生体とはいっても本質は家具なのである。ヤプーの登場が家畜と家具との概念的区別を曖昧にしてしまったのだ」(1-82)。ヤプーが備える精神能力や自意識が、その生ける肉体とともに機械装置の一部に組みこまれることによって、ヤプーは二十世紀における電気のごとくに、新しい動力源と化していった、という。

ヤプーの非人間性はすでに、論議以前の科学的真理であった。どれだけヤプーの裸体が人間に酷似し、皮膚の色以外はほとんど区別がつかないとしても、かれらは類人猿にすぎない。それを批判する哲学も科学も存在しない。白人たちは矮人にされたヤプーが殺しあう決闘ゲームに興じ、畜人焼肉に舌鼓を打ち、精気吸引具を喫って若返りすることができる(1-83)。かくしてヤプーの将来には、ただひとつの道が続いている。これまでと同じように、これからも永遠に、人間を独占的に僭称する白人社会の維持と発展のために寄与すること、材料や道具として身を捧げることである(1-84)。

それにしても、なぜ、知性ある猿としてのヤプーが家畜人の原材料として選ばれたのか。なぜ、地球の辺境のヤプン諸島が、人間という意識をもって生存する土着ヤプーの棲息地域として囲いこまれ、認められていたのか。わずかな例外を除いて、人間つまり白人に劣らぬ知性を備えた動物といえば、ヤプーしか存在しない。ひとたび知性をもつ家畜を使用する便益に気づいた白人たちが、これまでさまざまな用途や場面において使われてきたあらゆる家畜たちを、ヤプーによって置き代えることを目指すようになったのも無理はない（2-110）。ヤプーのもと学者・教授たちの血統を交配して、わざわざＩＱの高い原ヤプーが繁殖生産され、血統書付きで読心家具用に市場で特別に売られている、といった現実もあった（1-37）。高い知性を有するヤプーの肉体を組みこんだ生体家具は、いわば高級な商品として流通していたのである。

しかし、おそらく、その根底に隠されていたのはそうした実利主義ではなく、帝国を思いのままに支配する貴族階層の白人たちを、もっとも深いところから浸していたサディズム的な欲望ではなかったか。それこそがあるいは、家畜人ヤプーを呪縛していた白人崇拝思想がもたらすマゾヒズムと補完しあって、家畜人という生きられた文化装置にして制度を構成・維持していたのではなかったか。これが植民地主義の極北をなす景観の、思いがけぬ顕現であり、ラフ・スケッチであったことは否定しがたい。

白人貴族の男が、こんなことを平然と語る場面が第十二章にあった。

ヤプーには自由意志を認めないこの世界に、ヤプン諸島一億の土着ヤプー――邪蛮国のヤプーだから「邪蛮畜人《ジャップ》」っていうことも多いんですがね――が人間意識を持つことを許されて生存しているのはなぜだと思います？　表面的には原ヤプーの補給源ということになっていますが、ジャップなしにだって、原ヤプーはいくらでも仔を作りますから、補給には事欠きません。実際は奴らの存在意義は――、（略）私たち貴族に洗脳手術の愉楽を与える材料たるにあるといえるのです。この地球まで捕獲《とり》に来るのが遠すぎる星の人々のためには、市場でわざわざジャップが売られているくらいです。商標は、〝貴女の鞭のお楽しみに〟というんですよ。わかるでしょう、鞭でジャップの自由意志を叩きこわし、服従本能を引き出して一匹前の原ヤプーに仕立て上げるまでの調教が、私たち貴族にとって、いかに愉快な精神的娯楽《レクリエーション》かということが――。（1-296-7）

ジャップ（邪蛮畜人）はまさしく、その知性と人間意識ゆえに、それを徹底して破壊し尽くし、服従させ、知性と人間意識を残したままに生ける肉便器や舌人形へと仕立てあげる調教の愉しみがあったということだ。この貴族はさらに、「ジャップは鞭打つために飼う家畜なんですよ」と追撃するかのように言い添えている。ヤプーの白人と変わらぬ知性こそが、鞭の快楽の源泉となる。だから、土着ヤプーは傘状に閉じられたヤプン島にそれと意識させずに囲いこまれ、知性と人間意識を養うことを、あえて許されていたのだ。

動物は奴隷にはなれないが、家畜にはなれる。家畜は野生からの離脱であり、それ自体が持続的な文化の仕掛けである。ヤプーはそれゆえ、知性ある猿と、イース帝国のアカデミズムによって公的に認定されてからは、人間という、また奴隷という範疇《カテゴリー》の外部へと永久追放され、ただ家畜になる道しか残されていなかった。しかも、そこには野生への退行というテーマがあらかじめ不在なのである。

奴隷も家畜も鞭で打たれる。鞭の痛みでつかの間の従順を強いられる。しかし、奴隷の叛乱は不可避である。サーカスの見世物ショーで芸を演じる「猛獣」たちが、鞭の痛みを超えて、反撃に転じる瞬間を捉えた映像をはじめて見たとき、言い知れぬ畏怖の念にからだが震えた。猛獣は家畜ではなく、野生と文化のはざまに滞留する存在であった。奴隷と家畜はあいまいに重なりながら、はるかな隔絶を生かされている。家畜は奴隷にはなれない。かれらには知性が不在だと信じられている。ならば、奴隷から家畜への越境は可能か。『マンディンゴ』のように、奴隷を家畜化する試みは失敗する。奴隷は肌の色はさまざまでも、人間意識をもつかぎり家畜という文化的な存在に転位することはむずかしい。知性というリミッターを外すことができない。

くりかえすが、ヤプーは人間というカテゴリーから排除され、奴隷に堕ちることも許されず、知性ある猿として家畜化されねばならなかった。そこでは逆に、知性というリミッターは外さずに、それを見えない駆動力に反転させている。野生への退行は周到に回避されているのだ。家畜化を避けがたい宿命として、みずから進んで受け容れる。そのために拝跪すべき神が見いだされる。この下降志向にはマゾヒズムという問題が絡みついている。おそらく、動物は神を知らず、マゾヒズムの快楽とは無縁な生き物である。人間だけが被虐の愉悦に、ときに震える、例外的な動物だ。ヤプーの家畜人としての存在論的な拠りどころに眼を凝らさねばならない。しかし、家畜人の存在論への階梯はかぎりなく遠いものに感じられる。あえて隠すことはしない。

家畜人は知性ある猿だ（下）

3

『家畜人ヤプー』は壮大な思考実験の書である。さまざまな種類の家畜人ヤプーが登場する。それが、食べる・排泄する・セックスする・出産する、といった人間の身体的な自然や野生にかかわる場面にとりわけ集中して見いだされることは、偶然ではない。イースの発達した育種学や肉体工学を背景としながら、あらたなテクノロジーを最大限に駆使しつつ、五百年、千年の時間を費やして、生活の隅々にまで多種多様な用途に特化した家畜人が創造されている。そこに賭ける執念とエネルギーは、どこからやって来るのか。それはむろん、『家畜人ヤプー』の作者である沼正三のきわめて特異なイマジネーションのあり方に、その多くを負っているはずだ。この書のもたらす異様な衝撃は、なにに由来するのか。

三島由紀夫が『小説とは何か』（新潮社）のなかで、以下のように『家畜人ヤプー』について述べていた。

> 愕くのはただその自由意志による壮大な構築性である。その世界は実にわれわれの社会と同じ支配被支配の論理に立ちつつ、ただそれを露骨千万に押しすすめただけであつて、この作品のアナロジーや諷刺を過大評価してはいけない。アナロジーや諷刺は遊びの部分である。瞠目させるのはただ、マゾヒズムといふ一つの倒錯が、自由意志と想像力によつて極度に押し進められるときには、何が起るかといふ徹底的実験が試みられてゐることである。一つの倒錯を是認したら、ここまで行かねばならぬ、といふ戦慄を読者に与へるこの小説は、小説の機能の本質に触れるものを持つてゐる。そこでどんな汚穢が美とされようと、その美はわれわれ各自の感受性が内包する美的範疇と次元において少しも変りはしないのである。

三島らしからぬ逡巡の痕か、短いなかに「ただ」が三か所も使われているのが、なにかおかしい。たしかに、グロテスクなまでに遊戯的な、また偏執的に先鋭化された描写に足をすくわれると、この小説は食当たりのように読み進められなくなる。そこではしかし、われわれの社会と変わらぬ支配／被支配の論理に立って、マゾヒズムという倒錯をめぐる徹底的な思考実験が試みられているにすぎない。たとえば、随所に見いだされるスカトロジー的な汚穢の美といったものは、小説の快楽として愉しむか、飛ばし読みすればいい。驚愕させられるのはただ、その「壮大な構築性」である、という三島の指摘には深い共感を覚える。妄想と毒にまみれながら、このSF的曼荼羅図はまさしく壮大にして、どこまでも構築的なのである。

さて、家畜人ヤプーの類型学の試みに手を染めてみようか。家具化や材料化はされずに、個体性と移動能力をもっている畜人系動物《ヤップ・アニマル》（原ヤプーを変形させて作りだした家畜の総称）を個畜《パーソナ》という。これをさらに、労役を主とする運搬畜などの役畜《サーバー》と、主人の身辺の雑務に侍らせる畜人犬のような従畜《パンチー》に分かつことができる。すこしだけ畜人犬に触れておく。これは短脚ヤプーから作られたが、さらに体軀の大小・被毛・有尾など、ヤプー育種学の進歩が幾十種もの変種を生んで、その優秀な能力ゆえに、たちまち愛玩動物界の王者となり、旧犬を動物園に駆逐してしまったらしい（1-48）。こうした個畜と家具との中間形態としては、肉椅子などの生体利用家具がある。生体家具からは個体意識がかならずしも失われていないが、さらに心身ともに個体性を奪ってしまったものが読心家具《テレパス》である、という（1-36）。

まず、生体家具《リビング・ファニチュア》一般について。ヤプーの肉体をそのまま材料にして家具にしたものが、そう呼ばれている。これを可能にしたのは、畜体循環装置の発明であった。ヤプーはみな、体内に天馬吸餌回虫という腸虫を寄生させており、その消化能力を借りて、もっとも下等の汚物からなる畜餌乳液《ヤップ・ミルク》をみずからの栄養分と化している。さらに給餌の煩わしさを除こうとして、畜体循環の思想や技術が生まれた。細かい説明は省くが、これによって、ヤプーの肉体は摂餌《せつじ》や排泄の必要がなくなり、口腔・舌・胃などを本来の用途からまったく切り離して別の機能に転用させるにいたったのである（1-35）。

舌人形《カニリンガ》はその一種である。独り寝の女性を慰めるのを唯一にして最高の任務としている生体家具である、という。既婚女性がひとり旅にこれを持参するのは、男が女に隷属している女権文明のイース社会では当たり前のことであった。独り寝の男には、唇人形《ペニリンガ》というものが用意されているが、その使用には後ろめたい気持ちがともなう。生体家具は生きているけれども、あくまで器物である。舌人形や唇人形は寝台の備品にすぎない。だから、これを使用するときには、けっして人間を相手にしている気持ちにはならず、たんに自慰《オナニー》の意識しかなく、欲望にゆったりと身を委ねることができる。

　たとえば、こんな綺想の極みのような情景を思い浮かべてみればいい。女主人が長椅子に腰をおろしている。欲望が芽生えると、舌人形《カンニー》が引き寄せられる。両腿でそのツルツルの頭部に触れて、挟みこむ。ほそく変形している顔の下半分が股間部に密着すると、左右から締めつける。花芯《クリトリス》をせせっていた舌人形のやわらかく長い舌先がしだいに太く固くなり、花びらを分けて奥へと進んでゆく。両腿の締めつけにしたがって、男根舌《ペニス・タング》は自在に伸縮して……、といった具合いだ（1-22）。生けるヤプーが身体加工を入念に施され、舌人形という生体家具と化して控えている。白人貴族の女の欲望をその読心能によって繊細に感受して、ただちに性的な奉仕に努める家畜人ヤプー。生体家具はいたってかぎられた用途のために加工・製作されているから、汎用性に乏しく、それ以上にも以下にも期待されるところがない。あきらかな奴隷との違いかもしれない。

　不浄畜《ラヴァタ》の一種で、肉便器《セッチン》と呼ばれる生体家具がある。厠畜《しちく》とも呼ばれる。不浄畜には、厠畜類のほかに、肉痰壺とか肉反吐盆とかがあるが、代表的な不浄畜はもちろんセッチンであった。これは、多くの生体家具と同じように雄ヤプーを材料として作られる。その機能は、ヤプーの口腔と内臓を人間（むろん、白人を指している）の排泄物の容器、つまり便器とすることである。おもに胃と右肺を使い、生きた先端器として白人の排泄のために奉仕し、その糞尿を区分けして体内に受容する。それを残らず分解し、吸収し尽くすわけだ。そうして、白人はもっとも快適にして安楽かつ清潔な排泄形式を享受することができる。かれらの主観においては、排泄とは厠畜にfoodとdrinkを与えることだと信じられている。前史時代の東洋のある地方では、豚を便所に飼って排泄物を飲食させたといわれる。イースの白人が厠畜を見る気分と変わらない（1-117-8）。

さて、ここにはまた、ある種の排泄と摂餌をめぐる循環構造が成立していた。いわば、白人の尿は黒奴のための酒になり、白人の便はヤプーのための薬になり、黒奴の屎尿はヤプーの飼料となった。そして、家畜人ヤプー自身は摂取のみで排泄をしないのである（1-120）。

> 白人のものが黒奴と黄畜《ヤプー》の口に、黒奴のものがすべて黄畜の肛門に、この三色逐次間の摂食連鎖《トリコロル・フッドチエーン》は、イースの社会構造を具象し、三色間の価値の序列を固定する作用を営むのみならず、排泄を知らぬヤプーにすべてを消化させることによって、イース世界を前史時代のような不便・不衛生な便所の使用とか、厄介至極な汚物処理・塵芥焼却の問題とかから完全に解放された「便所のない世界」にしている。このような重要な制度の生きたシンボルが不浄畜の代表たる厠畜セッチンなのである。聖水と聖体を直接に神々から受領する特権的存在として彼らがプライドを持つのも無理はない。（1-127-8）

イース帝国はかくして、不衛生かつ面倒きわまりない排泄物の処理や穢れの浄化といった問題から解き放たれた。そこに、便所のない世界が誕生した。白人は永遠の清潔を手に入れたのである。沼正三は『集成「ある夢想家の手帖から」』のなかで、マリー・アントワネットらの貴婦人たちが便器奴隷を使ったことに触れたうえで、かれらが「排泄物から、排泄動作から、なるべく遠ざかる」ことによって、みずからの高貴性を維持したことを指摘していた。そして、「排泄ということは、人間の属性中の最も動物的な面であって、人格の尊厳と相容れない」と書いていた。人格の尊厳にかかわるか否かは知らず、人間にとって排泄行為が生き物ゆえに避けがたく背負わざるをえない現実であり、ときに穢れの観念やイデオロギーなどが絡まりついてきたことは、否定しようがない。インドの不可触賤民などは、わざわざ素手による糞尿集めを強いられるという。

なんという残酷な逆説が語られていたことか。排泄を知らない、いや排泄する生き物としての権利やアイデンティティを剝奪された家畜人ヤプーが、肉便器という役割を神々への聖なる奉仕として引き受けることによって、そこに便所のない清潔なる世界が誕生している。日本の中世社会において、穢れの浄化を重役として担った非人身分の者たちがキヨメ（清目）と呼ばれていたことを思いだすのもいい。野生からの離脱、あるいは動物であることからの遁走というテーマが、まさしく『家畜人ヤプー』のなかであられもなく実験的に追求されていたことに、奇妙な愉悦を覚えている。

あるいは、イース社会には、白人女性の代理母として出産をおこなうための特別なヤプーが存在した。白い女神たちがこの子宮畜《ヤプム》を調達するために向かうのが、ヤプン島の邪蛮国だ。念のために、平民女性（これも白人だ）の身代わり子宮となるのは、アマゾン星にある、ヤプン諸島から移されて処女生殖によって繁殖させられた標準型のヤプムである。貴婦人たちからは「アマゾン物」として軽蔑されている。

ここでは貴族女性向けのヤプムの調達について触れておく。邪蛮国では、処女検査制度といって、すべての女性は満十四歳になると国立検査場であらゆる検査を受けて、特別優秀者だけが選抜されてヤプム要員となる。かの女たちは満十五歳になると、最初の満月の夜、山麓で再検査のうえで裸になり皮膚強化処置を施され、富士登山をおこなう。山頂にある修道院(イース貴婦人のための専門の飼育所)で、邪蛮全国から選り抜かれた美貌の少女たちが満十八歳になるまで、修行と学びの日々を送る。そうして「高貴な神々の「お袋」となる」ための準備が成ったヤプムは昇天し、市場に出荷される(1-323-4)。

さて、第三十一章に貴婦人による子宮畜ヤプムの選抜の光景が描かれている。カヨ(俗名は大須賀香代子)という少女がヒロインである。邪蛮国トウキョウで農林省の高級官吏の娘として生まれ育った。満十五歳になり、最初の満月の夜に富士山麓にやって来て、誓約書を書かされた。そこには、「ヤプムとなって女神にこの肉体を捧げるために俗界を去ることの証徴《あかし》として、今後一生衣類を着用しないことを誓います」とあった。署名すると皮膚強化処置を受けて、素っ裸となり、局所剃毛がおこなわれた。穿孔器《パンチ》で両の耳朶に孔を開けられ、イヤリング風の金属輪がぶら下げられた。それ以降、そのメダルに刻まれたナンバーが正式名称になり、フジヤマ飼育所での修行に入ってゆく。選ばれた「準白人」という見せかけのプライドによって、選畜意識がもたらされる。毎晩、自分の小水を胴体に注射されつつ、将来の殉死の日を待っているかわいいペットの子宮畜矮人が世話をしてくれる。

ついにミス・コンテストの日となる。何百人もの全裸の女体が横一列に逆立ちして、白人貴族の女神に拝謁し、骨盤と性器を見せる。この先はそれぞれに読んでいただくとして、駆け足にたどる。「銀の水」の放尿検査。秘部検診。処女格闘、四つん這いの姿勢から、二匹の候補畜がヤプムの座を賭けて相撲を取るものだ。勝ち抜いたカヨはこうして、貴族女のための光栄なるヤプムに選ばれたのである。骨盤は広く丈夫で、しかも腰部以外は華奢な難産型の体格が望ましい、とされる。自然分娩で産むわけではない。女主人の子宮から肉鉗子が採取してきた一か月の胎児と胎盤とを、別の極小畜《ミゼット》に命じてヤプムに植えつけさせる。その前段には周到にも、アンドロイドが白い神としてヤプムを犯し、射精の代わりに、極小畜が種つけロボットとしてヤプムの体内に入りこむのである（3-217）。帝王切開手術が待っている。無事に白い赤児を取りだすことができれば、もはや子宮畜ヤプムはその役割を終えて、死を迎えるはずだ。仕えていた矮人の殉死のときでもある。

二十一世紀のいま、すでに妊娠や出産にまつわる光景は、より洗練されたかたちで『家畜人ヤプー』に近づき、追い越しつつあるのかもしれない。その書が執筆された当時には、異形の未来予想図であったはずだが、試験管ベビーや代理母による出産など珍しいものではなくなっている。遊戯的な描写に騙されてはいけない。われわれの時代にも、富裕層の女たちにとっては、それはもはや可能な選択肢のひとつにすぎないことを凝視しておいたほうがいい。きびしい格差と貧困がもたらした、見えない現実として広まっている。ともあれ、イース帝国の女たちは妊娠と出産にまつわる苦痛や不安から解放され、野生の身体からの離脱をたぐり寄せることになった。家畜人ヤプーに仲立ちされて、ここでもイースの白人たちは動物からの戦略的な遁走を果たしたのである。

さて、家畜人ヤプーの末路を見届けておかねばならない。畜肥《こやし》と呼ばれる。生きながらにして植物の肥料となり、皮膚に根をはやされ、生命を吸い取られるヤプーのことである。老いて役に立たなくなった従畜や、欠陥のある生体家具の不良品など、いわば廃棄処分にされたヤプーは、畜肥となって末期のひと花を咲かせるのだ、という（2-134）。

4

それにしても、これら畜人系動物や舌人形・唇人形、そして肉便器などの生体家具が、上海の見世物に登場した熊男や蝙蝠、あるいは纏足や宦官といった身体加工の伝統的な事例の、いわば延長上にあることを否定するのはむずかしい。ここでフリークスという問題について踏みこむことはしない。くりかえすが、遊戯的に過剰な描写を括弧にくってやれば、『家畜人ヤプー』に描かれていたのは、われわれの生きられた現実としての「支配被支配の論理」にも地続きのありふれた風景のひと齣でしかない。

ところで、金子光晴の黄包車を曳く苦力へのまなざしには、鋭い痛みがある。「苦力たちを満載して／漂流する便器たち」という詩的なイメージには、たとえば人間という不条理を一身に背負わされた者らへの痛切ないとおしみが感じられる。それは政治的なプロパガンダとはあきらかに一線を画されるが、存在を賭けた異議申し立てではあったにちがいない。だから、やむにやまれぬ苦力のレジスタンスを、金子はそっと肯定した。この詩人はきっと、自分がどうしようもない奴だってことを知っている。

人力車夫はあくまで車を曳く、苦力といえども人間である。身体加工が施されているわけではない。人力車の一部でもない。それを乗り物という用途に合わせて身体そのものを変形し、一体化をはかること。育種学的に気の遠くなるような時間を費やして、乗用畜が作りだされている。軽畜車《アクーター》などは自力随行性能がある、昔風にいえば自転車、あるいはより家畜的な自動椅子であった。それは機械ではあるが家畜でもあり、生きた乗り物なのである。

畜人馬と呼ばれる乗用畜も存在する。これは巨人ヤプーを乗用畜に仕立てたものである。ヤプー育種学の進歩が倍数体の応用によって細胞の染色体数を六倍体にすることで、身長五メートルほどの巨人ヤプーが作りだされていた。それを畜馬具で拘束することで、五十人力（馬力ではない）の巨人ヤプーが畜人馬という第一級の乗用畜《のりもの》になる。その蓄馬具についてはマニアックに説明されているが、詳細は省略したい（2-21-3）。

畜人馬のアマディオは、特別な肉体加工を求められない巨人ヤプーゆえに、飼育法は寛大であり、特定の用途にかぎられないので精神的な奇形化もなされずに、タイタン星で幸福な少年時代を送った。批判力の強い思索的な性格であり、大学では哲学を学び、卒業論文では「神の非実在」をみごとに論証した。そんな巨人ヤプーが馬そのものに仕立てられる調教は苛酷なものであった。ロボット調教師によって金属輪で緊縛され、容赦なく鞭で打たれた。その果てに、白い小さな女神の絶対的な支配下に置かれることになる。背肉をえぐるような乗馬鞭、胸部に蹴込まれる拍車、口を締めつける手綱、それらの苦痛に抵抗することは困難だった。長編小説の冒頭に配されてあった、馬の調教のエピソードを思い出すのもいい。「神は騎《の》り給う。故に、神在《あ》り。吾は神を保持す。故に、吾在り」という絶対命題が、それまでの過去のアマディオという巨人ヤプーの人格を崩壊させ、同時に、畜人馬としての新しい生涯が始まったのである（2-29）。

これはほんの一例にすぎない。原ヤプーはかならず人格崩壊というプロセスを通過してから、それぞれの用途に向けて身体加工を施され、厳しい調教と訓練によって家畜人ヤプーへと仕立てられるのだ。すでに触れてきたが、土着ヤプーが備えもつ知性や人間意識は逆に、調教する側の白人貴族にとっては鞭の快楽を掻き立ててくれる小道具か、スパイスのようなものであった。かれらはまさしく「鞭打つために飼う家畜」だったのである。

人力車夫から畜人馬へ。その背後に沈められた植民地的なマゾヒズムの影に、眼を凝らしてきた。人力車夫と植民地主義とマゾヒズムという問題系は、そのままに『家畜人ヤプー』にも見いだされる。いや、『家畜人ヤプー』とはSF仕立てではあるが、人力車夫を家畜人ヤプーに置き換えて、壮大な構築性をもって展開された植民地的マゾヒズム小説だったのである。思えば、太平洋戦争の無条件降伏と敗戦から、いまだわずか十数年の歳月しか経過していなかった。大江健三郎の「飼育」なども、植民地主義とマゾヒズムという問題系のまさしく渦中から生まれたものだ。それから、さらに半世紀が過ぎてなお、この日本という国家が、日本人が、依然としてアメリカによる植民地支配のもとに置かれているのではないかという懐疑は、消滅していないばかりか、あらためてむきだしに可視化されつつあるのかもしれない。白人たちのイース帝国と、辺境の黄色いヤプン島の関係は、あきらかに戦後変わらずに続いているアメリカと日本の関係の似姿といっていい。『家畜人ヤプー』が書かれた時代から半世紀が過ぎても、見えない植民地的状況と、根がらみのアメリカ＝

白人崇拝と表裏なすマゾヒズムとは、まったく過去の遺物にはなっていない。「傘状の閉鎖空間」という喩は、今に生き続けている。

……と、この稿を書いているときに、ネットのニュースで、こんな記事にたまたま遭遇した。イギリスのアジアンレストラン、The Ivy AsiaがSNSに投稿した広告映像が「人種差別」と物議になり、削除のうえで謝罪がおこなわれた、と見える。韓国報道（2021.8.12.14:47配信）である。芸者の格好をした女性たち（LADIES）が人力車に乗り、それをアジア人らしき、痩せた中華風の装いの老人（THE DRIVER）が懸命に曳こうとするが、肥えた二人の女の体重でひっくり返ってしまう。それを、武道家（THE HERO）が天から降りてきて、超人的な力で押してレストランへと連れてゆく。このCM映像はすぐに見て確認することができた。あきらかに、アジア人を芸者・人力車夫・武道家というステレオタイプでコメディ風に嘲弄するものだ。いたってキッチュで戯画化された、アジア人にたいするヘイト映像であることは否定しようもない。

むろん、わたしが関心をそそられたのは、そこに和風の人力車とそれを曳く中華風の老人が登場していたことだ。まさしく西洋世界がいまだに、アジアをあらわな植民地主義によってエスニックに喰らいつづけている現実が、つかの間むきだしになっている。人力車が植民地的アジアの表象としていまも生きながらえていることを、しかと確認しておくことにしよう。『家畜人ヤプー』ははたして、たんなる妄想の書にすぎないのか。その悪夢に彩られたヤプン島の未来図は、依然としてなにかの予兆をはらんでいるのかもしれない。

第三章

自己家畜化と道徳の発生

1

あらためて、奴隷と家畜の差異について。

だれかを奴隷にすることは、とりあえず可能だ。それを可能とする、たとえば絶対的な金銭や権力を背景とした力関係が存在すれば、だれかを奴隷のように扱う、奴隷状態に追いつめるといったことは、いくらでもありえる。恋の奴隷だってあるだろう。しかし、だれかをあるとき、思い立って家畜にすることはかぎりなく困難な企てである。だれかを家畜のように扱うことや家畜に貶めることと、家畜にすること、つまり家畜化とは似て非なるものだ。それはたんなる比喩であって、一夜にしてだれかを家畜にすることはありえない。突然、だれかをポチやミケと呼び、犬や猫に貶めると宣言することはできるが、種としての家畜人を創るのはそうたやすくはない、いや、不可能なことだ。家畜化とは人類が長い年月を費やし、その動物の遺伝情報を書き換えて創造した、あらたな社会文化的被造物なのである。

それでも、奴隷と家畜のあいだには曖昧な境界領域があるのかもしれない。『家畜人ヤプー』という不快感を呼び覚まさずにはいない、想像力に粗いヤスリをかけるような実験小説によって、人間の家畜化というテーマに出会ってしまった。もはや、人間は奴隷にはなれるが家畜にはなれない、といって済ますわけにはいかない。そもそも、まるで知の方位は異なるが、すでに自己家畜化という豊饒にして刺激に満ちた問いの地平が、われわれの前には開かれている。人間の自己家畜化というテーマを避けて通ることはむずかしい。

日本では、動物学の小原秀雄が一九七〇年代はじめに、人類の自己家畜化について論及しており、それは持続的に深められてきた。たとえば、『自己家畜化論』(群羊社、一九八四)のあとがき「人類の自己進化と人間的自然」のなかに、前提となる家畜化についてのデッサンが示されていた。

家畜化とは、動物にとっては、人為的な生活空間での種の生存のための特殊適応ということだ。そこで起こった遺伝的な変化は、そのまま保存され伝えられてゆく。家畜化とそのプロセスは、人類の出現ののちに、人類が動物を家畜にするために働きかけた人為淘汰の所産であった。動物を飼育し、飼い馴らし、家畜にするという長期にわたる変化のプロセスが必要であるが、従順に管理者にしたがい、その望む方向に適応することが基本であった。また、家畜となる動物は種として人為的環境に入りこみ、種として生存しながら、種の維持をおこなっている。そこには、人為淘汰と社会システムによる飼育、すなわち、人間による集団的飼育から分配と供給へと連なるシステムへの依存が見いだされる。そうした視点から家畜化を押さえておくと、人間が特殊な進化の表出としての自己家畜化を遂げつつあることは否定しようがないと、小原は指摘していた。

さらに、羽仁進との共著である『ペット化する現代人』（NHKブックス、一九九五）の「自己家畜化とは何か」と題された章には、自己家畜化論のほんの輪郭程度が提示されている。人間はみずからを飼育し、家畜化‐自己家畜化を重ねてきたと、小原はいう。人間は人間自身を飼育しているのではないか。たとえば、人間《ヒト》を生物の一種と見なした場合、人間自身がつくった社会システムに縛られ依存して暮らしていることにおいて、飼育動物と変わるところはない。たしかに、ヒトは鎖に繋がれたり、狭い檻のなかに閉じ込められているわけではないが、放し飼いの飼育場で飼われていると考えれば、飼育動物との差異は大きなものではない。違いはただ、「社会的・文化的な面があるかどうか」や、「鎖が目に見える具体物かどうか」であるにすぎない。人間はみずからを飼育し、馴《じゅん》化《か》している。まさしくそこでは、自己の飼育と家畜化がおこなわれているのではないか。

動物にとって、飼育は食物を供給されることから始まる。飼育とは食物を人間から供給され、さらに囲われた生活空間や場をあたえられることだ。飼い馴らすといえば、ふつうは餌付けから始まるが、それこそが食物を自力で獲得する必要がない依存の暮らしの基盤であった。人間はいわば、食物の生産や流通をめぐる社会システムに参加することによって、その対価として社会的に食物を供給されているのであり、「社会的に飼育されている」ともいえる。しかも、そうした社会システムは人間がつくり管理しているのだから、自己飼育や自己馴化そのものである。あるいは、畜産学的には、家畜とはその生殖が人間の管理のもとにあって、遺伝的に人間の目的にかなうように改良された動物を指している。人間にあっても、産院・人工授精・男女産み分け法や避妊、あきらかに人為淘汰である中絶など、実質的には生殖への介入や管理がおこなわれている。ここでも、人間はすでに自己家畜化されているのである。

ところで、小原はまた、家畜化によって、動物は「形質に変化を起こす。人間が扱えるように、従順にさせられる」とも指摘していた。家畜はいわば、人為的につくられた食物連鎖のなかでそれぞれに立ち位置を得て、人間による淘汰や管理を受けながら生存している。そこでは、この従順であることはとても重要な管理のための指標であったにちがいない。家畜動物は牙が退化するなどの形質的な変化とともに、野生時代よりはるかに性格が温和になるようだ。人間においても、自己家畜化は従順さや温和な性格をもたらしたのかもしれない。それはもしかすると、人間たちの集団原理や道徳の発生といったものに影を落としているのではないか。

想い起こしておこうか。『家畜人ヤプー』では、土着ヤプーは地球の辺境にあるヤプン諸島という閉ざされた「土着畜人飼育地域」に、いわば放し飼いにされていた。ゆるやかな生殖の管理もおこなわれていた。かれらは時が来れば、イース帝国の白人貴族によって徴発され、市場に商品として出荷された。それを原材料として、高度な育種学と肉体工学によって用途に応じた家畜人ヤプーが作りだされたのである。むろん、遺伝工学的な操作は種としてのヤプーにたいして施されている。家畜人たちはそこで、食物連鎖と排泄と欲望をめぐる巨大な人為的システムに巧妙に組みこまれ、そのマージナルな最下層に位置付けられていた。知性のある猿として種ごと家畜化されることで、家畜人ヤプーは誕生したのだった。かれらの従順さにはマゾヒズム的な彩色が施されていた。人間がその内なるヤプー種族を奴隷ではなく、家畜として育種するために凝らすべき狡知が尽くされていたかと思う。『家畜人ヤプー』という小説は、自己家畜化という人類の進化史を未来に投影して浮き彫りにした、壮大なイマジネーションによる構築物であったのかもしれない。

2

家畜化や自己家畜化といった言葉を起点にして、文献漁りをしているうちに、邦訳版の副題に「ヒトの進化と〈自己家畜化〉の歴史」と見える、『善と悪のパラドックス』(NTT出版、二〇二〇)と題された本に出会った。リチャード・ランガムという人類学者による大著は、もっとも温厚で、もっとも残酷な種としてのホモ・サピエンスをめぐる謎に、まさしく自己家畜化という人間の進化特性を手がかりにして迫った刺激的な研究書である。

「はじめに」には、「人間はもっとも知的な動物というだけではない。ほかに類を見ないほど複雑な道徳的性格の集合体なのだ。種としてきわめて邪悪であると同時に、きわめて善良でもある」と見える。この善悪のパラドックスを前にして、にわかに、人間にとって従順さと攻撃性、寛容と暴力のどちらが基本的な性格と見なされるべきか、という問いが浮上してくる。あるいは、どうやら人間の道徳にはふたつの規範があるらしい。自分の社会のなかにいる仲間にはやさしく、外にいるよそ者には厳しいのだ。むろん、よそ者は排除と歓待にひき裂かれた存在という両義性を帯びており、さらに複雑によじれてゆくはずだ。ここでは、こうした問いを根底から考える手がかりの詰まった著書からわたしが受け取ったもの、その一端を書き留めておきたい。

たとえば、リチャード・ランガムは以下のように述べている。

アレクサンダーは、道徳性の進化の背景には、評判の良し悪しの効果として形成される社会的圧力があると考えた。評判が悪い個人は、短期的にはやり方を変え、社会に適応したかもしれないが、長期的には、悪い評判の影響が遺伝的な進化に現れたかもしれない。あまりにも怒りやすく、短気、利己的で、まわりからの非難にうまく適応できなかった個人は、生き残って子供を作る機会が乏しかった。このように所属集団からのけ者にされた人々の遺伝子は、評判のいい人より広がらなかった。こうしてやさしく協力的で、忍耐力のあるタイプ、道徳的に正しく、祖先より攻撃性が弱いタイプが選択されていったのだろう。われわれの祖先は、よりよい種に進化したのかもしれない。ことばが評判を生み、評判が道徳性を生んだのだ。

こうしたシナリオは、「小規模社会で見られる状況と一致する」とランガムは指摘する。道徳意識の発生にかかわるひとつの仮説が示されている。所属集団のなかで怒りやすく、短気で利己的という非難、いわば悪い評判を受けている個人は、生き残ってみずからの遺伝子を残すチャンスが少なかった。それにたいして、やさしく協力的で忍耐力があり、攻撃性が弱い個人は配偶者に選ばれやすく、みずからの遺伝子を残す機会に恵まれていた、という。言葉で伝達される評判や噂などが、見えない社会的圧力となり、進化や適応のヴェクトルを定め、ついには小規模社会の道徳の発生をうながす基盤になった、といったところか。ランガムはこうした仮説的なシナリオを論証するために、膨大なエネルギーを費やしている。

暴君と処刑をめぐるテーマは、なかなか興味深い。集団のなかに、私利私欲にまみれて暴力を行使し、どれほど非難されても気にしない男がいたとき、ほかの男たちが連携し力を合わせて意図的に殺す。そうした攻撃性の強い男が暴君になることを防ぐ唯一の方法、それが処刑という、ルネ・ジラール風に言えば「全員一致の暴力」であった。ランガムの書にジラールの名前は見られないが、あとで触れるランガムの「連合による能動的攻撃性」などは、まさしく「全員一致の暴力」に重なるものだ。

また、参考文献のなかにはピエール・クラストルの名前も登場しないが、響きあうものを感じる。ただし、批判的にではあるが。こんな一節があった。

国家では、死刑が「王の専制」を守るという、小規模社会には存在しない目標を達成した。小規模社会がひとりのリーダーの権力基盤を守ることはない。そもそもリーダーや「王」が存在しないのがふつうだからだ。その代わりに、狩猟採集民やほかの平等主義の集団で死刑が担うのは、社会の規範にしたがわない者や利己的な攻撃者から「いとこたちの専制」を守ることである。

国家を背負った「王の専制」／小規模社会の「いとこたちの専制」という対比に、関心をそそられる。小規模社会に暮らす者たちは、「王の専制」のもとにある人々よりも自由であるが、その自由には制限がある。そこには横暴なリーダーは存在しないが、「伝統という社会の檻が、閉所恐怖症的な集団規範への服従を求める」という。それが「いとこたちの専制」である。決定権を掌握しているおとな（たとえば長老たち）の集団が「いとこたち」であり、その権力は絶対的なものであった。暴君や独裁者になろうとする者の処刑が、この「いとこたち」によって体系的におこなわれてきた。移動をつねとした狩猟採集民に見られる、他者に命令する者の不在という平等主義は、きわめて攻撃的な個人の抹殺、すなわち暴君殺しを内包していたのである。処刑はこうして、小規模集団の内なる平和をうながすことによって、社会の攻撃性を散らし減じていた。

ここで、いくらか脱線ではあるが、ピエール・クラストルの『国家に抗する社会』から、響きあう一節を引いてみる。

つまり、部族には王はなく、ただ国家元首《シェフ》ならぬ首長《シェフ》がある。これは何を意味するのか。首長は、一切の権威、一切の強制力、一切の命令を下す方途を欠くということ以外の何ものでもない。首長は、命令を下す者ではなく、部族の者は何ら服従の義務はない。首長制の空間は権力の場ではなく「首長」(この呼び方も適切とはいえない)の形象《フィギュール》は、来たるべき専制王の姿を先取りするものではない。国家装置一般は、未開の首長制から演繹しうるものではないことは確かなのだ。

クラストルはまた、「未開社会は、首長が専制主に転化するのを許容しない」と述べていた。それはしかし、ほとんど言い捨ての断言命題のようなものであり、いささかロマンティックな命題《テーゼ》であったかもしれない。おそらく、未開社会は政治権力とまったく無縁な場であったわけではなく、「王の専制」とは異なる、もうひとつの権力の磁場としての「いとこたちの専制」に支配されていたのである。それにしても、「いとこたちの専制」による抵抗のラインが突き崩されて、ついに国家を背負った「王の専制」の登場を許したとき、生をめぐる政治的な景観は大きな変容を遂げたはずだ。国家は「王の専制」を守るための暴力装置として、死刑を頂点とした刑罰の体系を張り巡らす。道徳の発生基盤や、向かうべきヴェクトルはまるで異なるものに変わったのである。

3

さて、自己家畜化論との接続に眼を凝らさねばならない。

はじめに、いくつかのキーワードについて確認しておきたい。二種類の攻撃性が存在する、という。ひとつは「反応的攻撃性」である。これは侮辱・身体的危険・苛立ちなどの脅威にたいする反応であり、怒りをともない、多くは抑制を失って感情を爆発させるものだ。いまひとつは「能動的攻撃性」であり、これには計画的・捕食的・手段的・冷静といった特徴が見られる。外部への怒りなどの感情表現は必要とせず、脅威を取り除くことより外的・内的な報酬を目的とした意図的な攻撃である。こうした攻撃にかかわる特定の遺伝子の影響は、ほとんど解明されていないらしい。さらに、「連合による能動的攻撃性」では、複数の個人が連携して意図的・計画的な攻撃をおこなう集団が結成される。それは攻撃者にとっては、勝利を確信できるほど有利な、圧倒的に不均衡な力関係を背景とした連合にもとづく能動的攻撃性である。攻撃者の安全はあらかじめ確保されている、ということだ。

たとえば、従順な個体を選択的に掛け合わせながら、種として穏やかな家畜を産みだすことは、育種学的にはごく基本的な方法にすぎない。そうした進化が人間という種においてもおこったと想定されている。人間たちは世代を超えて、激しい怒りに駆られると手がつけられなくなる、いわば高い反応的攻撃性を示す個体を排除することを、延々とくり返してきた。さらに、言語的なコミュニケーション能力が向上すると、集団のなかで連携して攻撃的な人間を選んで殺したり追放したりするといった、社会的な淘汰が洗練されてゆく。その結果として、頭が小さくペドモルフォーシス（幼若化）的な、また寛容な種へと進化を遂げていった。こうして人間の自己家畜化が進行したのだ、という。

ランガムの叙述をさらにたどってゆく。「連合による能動的攻撃性」を用いる最初の段階においては、下位の者たちの力は、突出して攻撃的な男を制御するために、それゆえ権力的な行為にたいして利用されたにすぎなかった。女性はほとんど影響を受けていない。ただ、男性のあいだで、いたずらに野心的な者や気が短く乱暴な者が淘汰されていたのだ。私利私欲にまみれた権力志向に対抗するための連合は、強い反応的攻撃性を狙い撃ちにして淘汰していったはずだ。そうして、しだいに男たちは温厚な性格で生まれるようになり、集団の内なる他者に暴力をふるう者も減っていった。これが自己家畜化の始まりである。

ランガムがとりわけ注意を差し向けているのは、いかにして道徳が誕生するのか、という問いである。初期段階には、より穏やかで平和的な種が生まれてはいるが、いまだ道徳的な感情はほとんど影響を受けていない。この段階での連合のあらたな標的は、どこまでも異常に好戦的な男だけだったのだ。しかし、次の段階は、道徳的な感受性の進化にとってきわめて重要なステップとなる。身体的な、また技術的な側面において、強いボスを殺す経験を重ねて、その能力を発達させてゆくうちに、下位の男たちは一致団結することによって生まれる圧倒的な力に覚醒する。この連合の力を背景にして、意図的に人を殺すことの社会的有用性が気づかれたのだ。そうして一致団結して異物の男を殺す集団の利益を、だれかが不服従によって損なえば、秩序は脅かされる。全員一致の暴力を乱す者は許されない。長老の男たちの権力の前では、攻撃的な男＝暴君は女や子どもたちと変わらぬほど弱い立場だった。やがて、男たちの連合は権力を握っただけではなく、それを積極的に行使する社会へと展開してゆく。あの「いとこたちの専制」の誕生である。

ランガムはいう、人間と社会を真に独特な存在に仕立てているのは、「連合による能動的攻撃性」である、と。ホモ・サピエンスの祖先のあいだでは、社会の内なるメンバーに向けた「連合による能動的攻撃性」こそが、自己家畜化と道徳の進化を可能にしたのではなかったか。現代では、その高度に組織・体系化された「連合による能動的攻撃性」を、国家がもっとも集約的に体現しているのかもしれない。そのはざまで、戦争・カースト・無力な人々の虐殺など、さまざまなかたちの暴力や抑圧が思いも寄らぬ方位に拡散していることを、ランガムは指摘している。

ヒト属には別の何かが起きた。能動的攻撃性が高く保たれる一方で、反応的攻撃性は抑えられた。(略)ホモ・サピエンスがわずかに出現してきた三〇万年あまりまえ、あるいは二〇万年前には確実に始まった自己家畜化によって、反応的攻撃性が抑えられた。鍵となったのは、言語にもとづく共謀だった。下位の男たちが相談のうえで団結し、横暴に振る舞う上位者を殺す力を得たのだ。今日の小規模社会で見られるように、言語のおかげで敗者たちはひとつの計画に同意し、危険になりうる対立を避けて、ほぼ安全にボスを殺すことができる。反応的攻撃性を抑える遺伝子の選択は、独裁者候補を抹殺することの予期せぬ結果だった。ボスタイプを減らす淘汰によって、男性は初めて平等主義になった。約一万二〇〇〇世代を経るうちに、人間の生活は次第に穏やかになった。

ランガムはこうして、「種としてきわめて邪悪であると同時に、きわめて善良でもある」、両義的にひき裂かれた人間という存在の謎に、ひとつの仮説的な解をあたえたのである。「言語は、高い殺傷能力と低い感情的反応が同居するキメラ的な人格を作り出した。比類ないコミュニケーション能力のおかげで、われわれの精神には比類なく矛盾した攻撃性がもたらされたのだ」、そう、ランガムは述べている。

いずれであれ、一万二〇〇〇世代にわたって飼い馴らされた人間たちは、自己家畜化のはてに、いまを生かされている。その自己家畜化をもたらす契機をなした処刑の能力は、道徳感覚を厳しく育んだ。「社会規範に背くこと、共同体の掟を破ること、卑劣だという評判が立つことは危険な冒険だった」と、ランガムはいう。それゆえに、危うい冒険は避けて、強固な同調行動に身を潜めることが、道徳の基調なす旋律と化したのではなかったか。自己家畜化のはてに、人間たちは集団の内なる連合への服従が、競争の過熱を抑えるとともに、集団の繁栄にも繋がることを学んだのである。いや、つかの間の平和や繁栄と引き換えに、従順で穏やかな人間へと進化する道を選んできたということか。

リチャード・ランガムが『善と悪のパラドックス』のなかで展開した議論は、とても刺激的でおもしろいけれども、逆に、問われるべきテーマが次から次へと湧き出してくるような、未完のおもしろさというべきかもしれない。道徳の発生というテーマにかぎっても、たとえば折口信夫や吉本隆明の議論とはいかに交錯するのか、などと考えてしまう。いまは、手探りの第一歩に留めておきたい。

奴隷化、いじめの政治学へ

1

リチャード・ランガムが道徳の発生において、根源的な役割を果たしたと考えていたのは、「連合による能動的攻撃性」であった。集団の内なる攻撃性を体現する暴君の出現を未然に防ぐために、男たちが寄ってたかって、一人の強すぎる男を殺害した。それはあきらかに、ルネ・ジラールが『暴力と聖なるもの』のなかで詳細に論じた、供犠《サクリファイス》にかかわる「全員一致の暴力」と重なるものだ。連合の本質とはまさしく全員一致であり、そこからの離脱は共同体からの報復を招き寄せずにはいなかった。「いとこたちの専制」は不可視の同調圧力となって、集団の成員たち、ことに弱者としての女性や子どもたちを縛った。それがいわば、暴君にはなれない弱き男たちの連合であったことを記憶に留めておきたい。

とはいえ、ランガムは強い攻撃性にのみ光を当てたが、全員一致の暴力は王殺しのように強い攻撃性に向かうばかりではなく、むしろその対極のような集団の内なる弱者に向かうことが多かった。

たとえば、魔女狩りとか、教室のなかのいじめと呼ばれる暴力を思い浮かべてみればいい。いじめについては、あらためて触れるが、その根底に潜んでいたのはガキ大将が支配する「王の専制」ではなく、隠微に身を隠しながらの、ドングリの背比べのような差異なき分身たちによる「いとこたちの専制」であった。

思えば、「連合による能動的攻撃性」が生かされるのが、「王の専制」の登場以前か、それが不在の場所であったことは、偶然ではない。サクリファイスが贖罪の生け贄に向けての偶発的な全員一致の暴力から、儀礼化を遂げてゆくとき、その生け贄は「共同体の外縁部《マルジナル》にある範疇、奴隷、子供、家畜などといったものから引き出されてくる」と、ジラールは指摘している。疎外性や両義性といったスティグマを負わされた女や子ども、奴隷や家畜から、儀礼の生け贄は選ばれるのである。カタルシスという言葉は、なによりも人間のカタルマ＝生け贄《パルマコス》の殺害から都市や共同体が引きだす神秘的な恩恵を意味している。それはまた、カタルマがその身に背負わされた穢れの浄化を意味しているが、むろん、こちらの解釈のほうが前景を占めている。

わたしはここで、エティエンヌ・ド・ラ・ボエシ（一五三〇—六三）の『自発的隷従論』（ちくま学芸文庫）という本を思いださずにはいられない。これはあえて言ってみれば、「王の専制」にたいする抵抗の思想を紡いだ書であった。ラ・ボエシは、全員がひとりの王に服従する統治形態の自明性を懐疑し、あきらかに否定する。なんという不幸な悪徳であることか。王以外の者たちは、みずからの意のままになる生命すら持たず、略奪や凌辱や虐待に喘いでいる。しかも、その王を僭称する者はヘラクレスやサムソンのごとき仰ぐべき絶対的な強者ではなく、たった一人の小男、それもたいていは国中でもっとも臆病で、もっとも女々しい奴なのだ。その者が持つと信じられている力は、人々がみずからあたえている力であり、その者が人々を害することができるのは、みながそれを好んで耐え忍んでいるからにすぎない。

ラ・ボエシのメッセージにさらに耳を傾けてゆく。だから、国民が隷従に合意しないかぎり、その者はみずから破滅するのだ。なにも与えず、まったく従うことをしなければ、戦わず攻めることもなく、その者は裸同然であり、敗北したようなものであり、もはや無にひとしい存在となる。人は隷従を悪と感じ、自由を追い求めるものだ。動物たちだって、人間には隷従すべく生まれてくるのに、反抗なしには隷従に慣れることができない。自発的隷従の第一の原因は習慣である、という。習慣こそが、隷従の毒を飲みこんでも苦いと感じなくなるように、人を飼い馴らすのだ。そうして、ただ隷従するためだけに生まれ、その者の権力を維持するためならば命をも投げださんとする人々が現われる。かくして、ラ・ボエシはひそかに語りかけるのだ、「もう隷従はしないと決意せよ。するとあなた方は自由の身だ」と。これはラ・ボエシが十六世紀半ば、十六歳か十八歳、オルレアン大学法学部の学生であったときに執筆し、モンテーニュに託した論文である、といわれている。

ピエール・クラストルの「自由、災難、名づけえぬ存在」という、『自発的隷従論』に触れた論考には、「まだ青春期にある若者の、異様なまでに強靱な思想だ。彼を思想史におけるランボーだとは呼べまいか」という言葉が見える。思いがけず、十代にして『地獄の季節』を書いた天才詩人の名前が招喚されている。ラ・ボエシへの共感が露わであった。クラストルによれば、隷従への欲望／服従の拒否はそれぞれに、国家を持つ社会／国家なき社会の構成要件であり、原始社会は隷従への欲望の発生を妨げることで、権力関係を排除していたのだ、という。

こんな一節があった。

部族内では、子どもたちはこう教えられる。「おまえたちはみな平等だ。だれも他より優っておらず、だれも他より劣っていない。不平等は偽りであり、悪であるがゆえにまかりならぬ」と。そしてこの原初の掟が、痛みをともなう記録として、教えを授かる若者の身体に刻み込まれる。掟の記憶が失われないようにするためである。通過儀礼的行為において、個人の身体は、法を刻み込む場所として、社会全体の共同的所有の対象となる。こうして、いつか個人の欲望が、掟の条文に違反して社会的領域の私有をたくらんだりすることがないようにするのである。

（『自発的隷従論』ちくま学芸文庫版の付論）

「不平等は偽りであり、悪である」という原初の掟や法が、通過儀礼のなかで痛みをともなう記録として、若者たちの身体に刻みこまれる、という。しかし、やがて、そうした原初の掟に背いて、侵してはならぬ社会的領域の私有をたくらみ平等を廃棄しようとする者が出現する。そのとき、権力欲と服従欲とが表裏一体をなして顕在化してくる。クラストルはそれを「災難」と呼んだ。「王の専制」はたとえば、生産力の増大と分業の進展が国家の発生と、それを統べる王の出現をもたらすといった、避けがたい歴史の必然ではなく、たんなる偶発的な災難でしかない、ということだ。牧歌的に感じられるかもしれない。しかし、わたしは依然として、『国家に抗する社会』は魅力的な未来に属する思索の書だと考えている。

2

いくらか唐突ではあるが、中井久夫の「いじめの政治学」（一九九七、『中井久夫集6　いじめの政治学』）という論考を取りあげてみたい。そこでは、わたしがひそかに敬愛してきた精神科医は、戦時下の子ども時代に「堂々たるいじめられっ子」であった原体験と、臨床医としての体験（——入院患者の病歴をとると、「うんざりするほどいじめられ体験が多い」という）を踏まえながら、いじめの場をめぐる心理学的な、また政治学的な分析をおこなっている。「いじめられ体験というものは言葉に非常にしにくいものである」と断りながらも、六十代になってなお忘れることがない、少年期のいじめ体験ゆえに、とても生々しく腑に落ちる、細密な分析が提示されている。

はじめに、いじめ／いじめではないものの間に線引きがなされる。冗談・からかい・ふざけ・戯れのすべてが、いじめに括られるわけではない。それを見分けるもっとも簡単な基準は、「そこに相互性があるかどうか」である、という。鬼ごっこという遊びが例として取りあげられている。

鬼がジャンケンか何かのルールに従って交替するのが普通の鬼ごっこである。もし鬼が誰それと最初から決められていれば、それはいじめである。荷物を持ち合うにも、使い走りでさえも、相互性があればよく、なければいじめである。

鬼ごっこでは、いじめ型になると面白くなくなるはずだが、その代わり増大するのは一部の者にとっては権力感である。多数の者にとっては犠牲者にならなくてよかったという安心感である。

多くのものは権力側につくことのよさをそこで学ぶ。

いじめであるか否かは、その場が相互性によって担保されているかどうかにかかっている、ということか。文化人類学を援用するならば、相互性とは「二人の当事者間の《可逆的な》運動」(マーシャル・サーリンズ『石器時代の経済学』)を意味している。鬼/鬼から逃げる子どもの関係が、固定されることなく、可逆的に交替するのであれば、相互性は担保され遊びとして成立している。しかし、鬼ごっこの現場では、ときに巧みに逃げる子どもがいつまでも捕まらずに、結果的に鬼役が固定することがある。遊びがいじめに転落する危険がつねに付きまとう。そうなれば遊びの愉しみは損なわれて、なし崩しの終幕へと向かうはずだ。もし逃げる子どもたちが全員一致の暴力への意志をもって連帯すれば、それはただちに修羅の渚に変わる。いじめの庭と化すのである。

いじめ型の鬼ごっこには、見えにくい権力関係がたしかに貼り付いている。永遠の鬼に指名された子どもはまさに、全員一致の意志によって選ばれた生け贄である。逃げる子どもたちは強固に連帯し、助け合い、救出の手を差し伸べ、永続的な逃走劇を組織する。一部の子どもらが演出家として劇のゆくえを采配する権力者となり、多数の子どもたちは傍観者として、とりあえず生け贄に指名されなかったことを安堵し寿《ことほ》ぐだろう。ガキ大将という名の小さな王は、たぶん、いま・ここでは不在である。弱者を標的とした「いとこたちの専制」が存在する。そこに自発的な隷従者として参加する子どもたちは、みずからの身体に権力側につくことの快楽の記憶を刻みつけるにちがいない。それはしかし、執行猶予のようなもので、次にみずからが生け贄に選ばれないという保証は、ない。

さて、中井久夫はあることをくりかえし強調する。すなわち、子どもの社会は権力社会という側面を持つ、と。子どもは家族や社会のなかで権力を持たず、それだけに、「いっそう権力に飢えている」し、子どもにだけは許されていない多くのことがらがあることを日々体験し、「ひそかに理不尽だと思っている」という。

いじめが権力に関係しているからには、必ず政治学がある。子どもにおけるいじめの政治学はなかなか精巧であって、子どもが政治的存在であるという面を持つことを教えてくれる。子ども社会は実に政治化された社会である。（略）いじめはなぜわかりにくいか。それは、ある一定の順序を以て進行するからであり、この順序が実に政治的に巧妙なのである。

中井はいじめのプロセスを、仮に「孤立化」「無力化」「透明化」の三段階に分けることを提案する。そして、それが「政治的隷従、すなわち奴隷化の過程」であることを指摘している。ここに奴隷化という言葉が見いだされることに、注意を促しておく。この、けっして長くはない論考のなかには、奴隷・隷従・隷属などの言葉が散見される。ちなみに家畜にかかわる語彙はほとんど見られない。いずれであれ、中井はここで、いじめが深まってゆくプロセスを、「政治的隷従、すなわち奴隷化の過程」と明確に言い切っているのだ。

ラ・ボエシが「王の専制」を不幸な悪徳と見なし、民衆に向けて自発的隷従からの脱却を呼びかけていたとき、あるいは、クラストルが「王の専制」を偽りや悪と断じて、王の出現を災難と呼んだとき、かれらは「政治的隷従、すなわち奴隷化の過程」をいわば反自然的なものと見なし、それを精緻に論じる必要は認めていなかったかもしれない。しかし、いじめというテーマは、「損得の問題であって、道徳的感情とは別個のこと」として論じられるべきではないのか。いじめという名の奴隷化のプロセスは、不幸や悪徳として道徳的に断罪しても終わるわけではない。なぜならば、それは大人の社会にこそ凡庸な現実として転がっており、およそ自然に反する災難のようには見えないからだ。それゆえに、いじめの政治学が求められるのである。子どもらはみな、命懸けの損得勘定を強いられている。

3

いじめの第一段階／孤立化について。これは、被害者が「いつどこにいても孤立無縁であることを実感させる」ためにおこなわれる。いじめが幕を開ける。

孤立していない人間は、時たまいじめに遭うかもしれないが、持続的にいじめの標的にはならない。また、立ち直る機会がある。立ち直る機会を与えず、持続的にいくらでもいじめの対象にするためには、孤立させる必要があり、いじめの主眼は最初「孤立化作戦」に置かれる。その作戦の一つは、標的化である。誰かがマークされたということを周知させる。そうするとそうでない者がほっとする。そうして標的から距離を置く。それでも距離を置かない者には、それが損であり、まかり間違うと身の破滅だよということをちらつかせる。

だれが標的に選ばれるかは、あらかじめ定まっているわけではない。そこには似たり寄ったりの、ささやかな差異を抱えた分身たちが蠢《うごめ》いているだけだ。なにか秩序を脅かすようなあきらかな差異が存在して、それがいじめを誘発するのではない。ちょっとした身体的な特徴や癖から始まって、いわれのない穢れや美醜やなんということもない行動にいたるまで、問題のネタは遍在している。ひとたび、それが問題として発見されれば、ただちに「いじめられる者がいかにいじめられるに値するか」を広く告知してゆくための情報戦が開始される。いかなる意味合いであれ、「自分より下」の者がいることは、けっしてリーダーやボスにはなれない者たちの「権力への飢餓感」をいくらかでも軽減してくれる。やがて、被害者はみずからが「いじめられてしかるべき、みにくい、魅力のない、好かれない、生きる値打ちのない、ひとりぼっちの存在である」と思いこむだろう。ささやかな差異への敏感さの裏がわには、だれかを差別することへの見えない欲望が働いているのである。

いじめの第二段階／無力化について。ここでは、まだ精神的には屈服していない、ひそかに反撃の機会を狙っているかもしれない被害者にたいして、「反撃は一切無効である」ことを教え、観念させることが目的となる。

反抗のかすかな徴候も見逃されることはない。あらゆる反撃は、かならず懲罰的な過剰暴力をもって罰せられる。だれも味方にはならないことをくりかえし思い知らせるのだ。こうして被害者はしだいに飼い馴らされてゆく。被害者が大人に訴え出ることには、とりわけきつい懲罰が課せられる。大人に話すことは「卑怯である」「醜いことである」という、いわば道徳教育が施され、それは美学のように内面化される。いじめは大人が介入できない構造を持っているという思いこみが、いつしか根付いていている。

ここで暴力をしっかりと振るっておけば、あとは暴力を振るうぞというおどしだけで十分である。暴力それ自身は、振るいたい時にいつでも振るえるとなれば、それほど頻繁に振るうものではない。暴力を以て辛うじて維持されている権力というものは危うい権力であり、権力欲の観点からみて、決して快い権力ではない。進んで、自発的に隷従されることが理想である。

自発的に隷従……という言葉が使われている。ラ・ボエシの『自発的隷従論』という論考を知っていたのか。中井久夫である。知っていた可能性はあるが、おそらくは深いところでの共振れのようなものであったか。暴力をもって辛うじて維持されている権力は危うい、という。自発的な隷従こそが、かしこく安定した専制的支配にとっての理想なのである。いじめのプロセスはいま、被害者の無力化とともに、そこにたどり着いた。しかし、加害者は逆に被害妄想的になることがある。人間がそのような隷従者に、奴隷に、自由意志をもってなること、つまり自発的に自由をまったく放棄することなどありえない、と知っているからだ。その不安が強いものであれば、絶えざる過剰な暴力がさらに厳しい状況をもたらすかもしれない。

いじめの第三段階／透明化について。被害者は限りなく孤立無援となり、みずからの誇りを自分で掘り崩してゆく。このあたりから、いじめは透明化して周囲の眼には見えなくなってゆく。その一部は、傍観者の共謀によるものだ、という。「選択的非注意」という人間の心理的メカニズムによって、いじめは「自然の一部、風景の一部」に溶けこんで見えなくなる。繁華街のホームレスが見えないように、善良なドイツ人に強制収容所が見えなかったように。あるいは、被害者の世界もまた狭まってゆく。加害者との対人関係だけに呪縛され、級友たちも大人も遠い存在となる。

空間的にも、加害者のいない空間が逆説的にも現実感のない空間のようになる。いや、たとえ家族が海外旅行に連れ出しても、加害者は〝その場にいる〟。空間は加害者の臨在感に満ちている。いつも加害者の眼を逃れられず、加害者の眼は次第に遍在するようになる。独裁国の人民が独裁者の眼をいたるところに、そしていつも、感じるのと同じ心理的メカニズムである。

時間的にも、加害者との関係は永久に続くように思える。（略）いじめに遭っている時間は、苦痛な時間が常にそうであるように、いっそう長く、いつまでも終わらないほど長く感じられる。これが時間感覚の耐えがたさをいやがうえにも強調する。

これはむろん、家庭内暴力が支配している家のなかにも、上司の気まぐれな攻撃性が遍在している組織のなかにも、犠牲者が背負わされている時‐空間の耐えがたい歪みとして転がっている。すでに加害者との関係がほとんど唯一の対人関係になっているから、被害者は加害者のちょっとした気分や表情や仕種に敏感になり、その影響下に置かれている。こうして、被害者は加害者に「感情的にも隷属してゆく」のである。加害者に会ってもいじめられなかった日は、まるで恩寵そのものになる。大人の前では仲良しを誇示し、遊んで見せることだってある。そうして、被害者はついに、「被害者」というアイデンティティ、「最後の拠りどころであるこの資格さえ奪われる」のである。大人が「だれかにいじめられているのではないか」と尋ねると、激しく否定し、怒り、ときには家族を相手に暴力を振るうことさえある。それは「何をいまさら」「もう遅い」という感覚でもあるが、「自分のことは自分で始末をつけるという最後のイニシアティヴ感覚を大人の介入によってあてどなく明け渡してしまう喪失感を先取りするためでもある」と、中井は指摘する。

透明化のプロセスでは搾取、とりわけ多額の金銭の搾取が見られる。被害者は金銭調達のためにすべての楽しみを捨てて、小遣いや貯金を差しだし、家庭から盗み、万引きするほかはない。家族と社会にたいして重大な犯罪がなされた。自尊心の喪失、家族への裏切り、取り返しがつかない「罪」である。家族・社会との最後の絆をみずからの手で切断することだ。ここに「孤立化」と「無力化」が完成する。もはや「資産と権利とを失った、奴隷にして罪人である」と、被害者は感じざるをえない。こうして奴隷化が成就される。

中井はいう、子どもの世界には法律の適用が猶予されているが、それは裏返せば無法地帯であり、むきだしの「出口なしの暴力社会」という一面を持つということだ、と。最後の誇りが失われそうになったときにおこなわれるのが、自殺である。

しかし、いじめの場合、直接間接の暴力だけが辛いのではない。いじめの、特に「透明化段階」において辛いのは「無理難題」であり、子どもなりに社会的生命を賭けて何とか遂行した無理難題が加害者には紙片のように軽いものであるということ、すなわち、自己の無価値化の完成である。多くの子どもの自殺が、とうてい果たせない「無理難題」を課せられたことを契機に実行に踏み切っていることを強調したい。この「無理難題」はかりに実行できたとしても被害者にとっては家庭における〝市民権〟の決定的喪失となる性質のものである。

みずからを解放し、加害者を告発するために選ばれる、自殺という幻想。ひとつのいじめが幕を閉じる。奴隷化のはての、限りなく残酷な結末であった。しかし、それはけっして異例な出来事ではない。むしろ、ありふれた現実のひと齣にすぎない。だからこそ、やがて「形式的平等ではない「相互性」の世界」(「いじめの政治学」から)が見えてくるかもしれない、そう、中井久夫は祈りをこめて書いた。そして、子どもたちへの贈り物として、『いじめのある世界に生きる君たちへ』(中央公論新社)という小さな本が執筆された。

ここにはもはや、絶対的なガキ大将は存在しない。差異なき分身たちのつかの間の連合が産み落とした、まさに全員一致の暴力の現場、サクリファイスの庭である。「王の専制」ではなく、「いとこたちの専制」であった。ピエール・クラストルは国家なき原始社会を、不平等や権力の保持者が生まれることを望まず、服従を拒否する社会として語った。未開社会には、族長制から分離された政治権力は不可能であり、国家が占めるべき場や空隙は存在しないとも語った。しかし、原始や未開の社会ははたして政治以前の、友愛で繋がれた社会であったのか。中井がやわらかく、しかし断固として指摘していたように、子どもたちはしたたかに政治的な存在であり、いじめという残酷な権力関係を生かされている。いじめの政治学はあるいは、クラストルとその『国家に抗する社会』にたいして、思いがけぬ角度からの再考を求めているのかもしれない。

家畜と奴隷と資本主義

1

書棚の片隅に、山下正男の『動物と西欧思想』（一九七四）という本を見つけて、手に取った。久しぶりの再読である。「結び」にたどり着いたとき、妙に腑に落ちるものがあった。以前に読んだときには、眼にも留めなかった箇所である。半世紀足らずも昔に刊行された新書から、あらたに触発されたのだった。西欧の思想や哲学は、どうやら動物にまみれている。獣くさい猛々しさが拭えない。気がついてみると、この時代には動物や動物的なるものをめぐって紡がれた書物が氾濫している。時代が遅れて追いついたのか。いずれであれ、わたしのなかでは先駆けの書の一冊となった。『動物と西欧思想』の「結び　動物と革命思想」に眼を凝らしてみようか。さまざまな西欧における動物イメージの掘り起こしの終わりに、山下が触れていたのが「動物視された人間、すなわち奴隷」であった。ギリシア・ローマ文化が自由の裏側に抱えこんでいた、奴隷の存在を見落としてはならない。古代には、奴隷は戦争捕虜として獲得されるという意味では「狩猟の獲物」であったし、また、勝手に売り買いされ苦役を強いられるという意味では「家畜の一種」でもあった、という。ここで、奴隷という存在が狩猟や家畜と比喩的に結ばれていることを無視するわけにはいかない。それは近代の手前において、白人によるアフリカ大陸での奴隷狩りのなかで再演されることになった。

そこで得られた獲物は大西洋を渡って、アメリカで売りさばかれる。こうして売られた黒人奴隷は、アメリカでは比喩ではなしに文字どおりの役畜動物として扱われた。南部では奴隷は市場で家畜とおなじように金銭で取り引きされた。富くじのあたりは一頭の馬か一個の黒人奴隷であった。さらに奴隷は単に略奪の獲物としてではなく、繁殖と飼育の対象と考えられるようになる。品種改良のための「種付け場」も設けられたし、他方気の荒い奴隷には去勢が施された。こうしてアメリカでは、ヨーロッパ人種が動物について長年蓄積してきた技術のすべてがそっくり黒人奴隷に適用されたのである。

いくらかの既視感がある。そう、『マンディンゴ』という小説を手がかりにして、まさに役畜動物として、黒人奴隷を「繁殖と飼育」の対象とするアメリカ南部の奴隷制度に触れてきた。山下はそれについて、「ヨーロッパ人種が動物について長年蓄積してきた技術のすべてがそっくり黒人奴隷に適用された」と述べている。動物と黒人奴隷は、かくして野生動物の家畜化をめぐって西欧で蓄積されてきた膨大な技術の体系に仲立ちされて、大西洋を渡り、南北のアメリカ大陸で思いがけぬ邂逅を果たしたのである。それは思いつきや偶然の所産ではなかったのだ。

わたしはここで、ダニエル・デフォーの『ロビンソン・クルーソー』へと連想を飛ばしたくなった。じつは、つい先日のことだが、柳田国男の『海上の道』の一節に「東洋の魯敏孫」とあるのを見つけて、しばらくは意味がわからず眺めていた。あれ、ロビンソンのことかと気がついて、なんだか嬉しくなった、そう、海上の道なのである。あらかじめ補助線を引いておくが、これは「絶海の孤島」に漂着した男が、二十七年の歳月を知恵と技のかぎりを尽くして生き延びる物語といったものではない。そこにはどうやら、ヨーロッパ／アフリカ／アメリカを繋いで織りなされた、もうひとつの家畜と奴隷と資本主義をめぐる物語が秘め隠されている。むろん、わたし自身の発見といったものではない。

西欧世界が産み落とした資本主義という異形のシステムには、人と獣との交渉史が長い影を落としているのかもしれない。狩猟と家畜というテーマである。獰猛な獣の臭いや表情は隠しようがない。ただし、それはそうしたシステムを創出した人間の側に見いだされるものだ。野獣という比喩がふさわしいのは人間自身であることに、注意を促しておく。すくなくとも、肉食動物は生きるがために獲物を殺すのであり、金儲けの欲望や資本の原始的蓄積のためにほかの生き物を飼育したり、奴隷にしたり、殺したりするわけではない。山下の『動物と西欧思想』は、こんな言葉で結ばれていた、すなわち、「ヨーロッパ人の心性の最も深い層には、動物イメージとぴったり重なりあった奴隷イメージが存在していた」と。

2

さて、はじめに取りあげるのは、大塚久雄の『ロビンソン・クルーソー』に触れた二つの論考である。ひとつは「ロビンソン・クルーソウの人間類型」（以下、「類型」と略す）であり、いまひとつが「「経済人」のユートピア的具象化としてのロビンソン物語」（以下、「物語」と略す）である。

そのなかで、大塚はくりかえし、ロビンソン・クルーソーが無人島における「経営」の核として、エンクロウジャー（囲い込み地）を作ることに注目していた。ロビンソンはまず、柵をもうけて一定の広さの土地を囲い込み、そのなかほどに植木を巡らして家屋を建てて、そこに住んだ。それはかれが、このエンクロウジャー内では「排他的な支配者」（「類型」）、つまり「主人《マスター》」（「物語」）であることの宣言であった、という。

ロビンソン・クルーソーは島のなかに、いくつかの囲い込み地を作った。かれは鉄砲をかついで狩猟に出かけたり、海辺では漁もおこなった。山羊は撃ち殺して肉を食べるだけでなく、落とし穴で捕えた。その山羊を、ひとつの囲い込み地のなかの牧場で飼い、繁殖させ、乳を搾り、その肉でシチューを作って食べた。山羊の皮を剥いで、その毛皮で服や帽子や日傘を作った。また、ほかの囲い込み地には畑を作り、小麦やそのほかの作物を育てて収穫を増やしていった。さらに、囲い込み地のなかの住居には仕事場をもうけ、土をこねて陶器やシチュー鍋をこしらえた。

こうして、無人島のエンクロウジャーの内側には、「家屋、家畜小屋、畑」（「類型」）が存在したのだった。それがデフォーの時代の地方新聞に出ている「貸家」の広告の条件そのままであったのは、むろん偶然ではない。このようなかたちで土地を囲いこんで利用することは、世界史のうえから見ればかなり珍しいもので、エンクロウジャーは「すぐれて当時のイギリスに特徴的な制度だった」（「物語」）のである。デフォーは『ロビンソン・クルーソー』のなかで、「自分がその代弁者である初期産業ブルジョアジーの現実の生活様式を、あの漂流奇譚に事寄せて、いわば純粋培養的に、しかもその明るい側面のみを描き出した」（「類型」）、そう、大塚は述べていた。

この時代の中産的生産者たちのあいだでは、よい職業の基準は三つあったという。不道徳なものでないこと、社会全体のために有益であること、そして、その結果として利益が生まれてもうかること。有益な財貨を隣人に供給する、いわば経営であるかぎりにおいて、金もうけは道徳的に肯定されていたのだった。貿易にもまた、国民全体の観点から見てよいものと悪いものとがあった。よいものは保護し、悪いものは抑止しなければならない。それを見分ける基準はなにかといえば、なにより、「それが国民的工業の繁栄に役立ち、またそのための国内市場を害したりしないこと、これこそが貿易の一般原則だ」（「物語」）とされる。まさしく、『ロビンソン・クルーソー』という無人島を舞台としたサバイバル小説には、初期産業ブルジョアジーの現実の生活に根ざしたモラルが、よき職業・経営・貿易の形で純粋培養的に表現されていたのである。

ところで、「「経済人」のユートピア的具象化としてのロビンソン物語」という論考の末尾に近く、『ロビンソン・クルーソー』とジョナサン・スウィフトの『ガリヴァー旅行記』とを比較考察する場面が、いくらか唐突に挿入されていた。大塚は以下のように述べていた。

> 『ガリヴァー旅行記』の終りのあたりには、馬が理性をもち、人間が野獣であるような国の物語があり、そこではヤフー（人慾獣）という慾の深いけだものの、なんともいわれずいやらしい姿が描かれている。そのなかで、ガリヴァーが、自分の故国イギリスのヤフーたちのやることも、どうやらこれに似ているといいだす。どこかにピカピカ光る石が見つかると、みな争って血を流し、殺し合ってまでそれを手に入れようとする。（略）だれかがそういう石をみつけて家の中にかくしておくと、すぐに他のヤフーたちがそれをスパイしようとする。

これは聞き捨てがならない。大塚はあきらかに、『ロビンソン・クルーソー』と『ガリヴァー旅行記』とが表裏なして、ほかならぬイギリスの初期産業ブルジョアジーにまつわる、陰翳深くひき裂かれた現実を浮き彫りにしていることに気がついていたのだ。

それにしても、思いがけずというべきか、ヤフーの登場である。『家畜人ヤプー』の背後にも、その名付けからして『ガリヴァー旅行記』のヤフーの姿が見え隠れしていたが、触れずに迂回してしまった。いや、そのさらに遠景には、映画『猿の惑星』の原作小説のなかに、スウィフトとその『ガリヴァー旅行記』のひそかな影が射していたことを想い起こすべきなのかもしれない。原作にはたしかに、いかにもスウィフト風の社会諷刺を感じさせる思索小説の趣きがあった。もはや回避するわけにはいかない。

大塚による『ガリヴァー旅行記』の読みは、あえて言うが、いささか粗雑であった。その「第四篇　フウイヌム国渡航記」が読まれるべきテクストである。主人公が漂着した国では、フウイヌムと呼ばれる馬が理性と高潔さをそなえた支配者であった。ヤフーという、毛深さと皮膚の色をのぞけば、人間と身体的にはそっくりであり、しかし理性とは無縁にして裸で暮らす野蛮な生き物が登場してくる。はじめは、主人公はヤフーを嫌悪し忌み遠ざけている。しかし、フウイヌムの言葉を覚えて、かれらに問われるままに人間の生態や社会のあり方を説明するうちに、いやおうなく人間たちの傲慢さや醜悪な姿を自覚させられてゆく。野蛮なヤフーと自分たち文明化された人間（西欧人）とが瓜二つの、根っこを等しくする存在であることを無惨にも突きつけられる。『猿の惑星』シリーズのなかの猿たちが、仲間をけっして殺さないという行動規範を掲げることによって、倫理性において人間を凌駕していたように、フウイヌム国の馬たちも、あきらかに人間を超える高潔にして平和的な存在として描かれていたのだ。

さて、フウイヌムから眺めたヤフーの生態は、次のように語られていた。

フウイヌムたちは、たいてい家から少し離れたところに小屋を作って、いろんな用にヤフーを飼っているが、その他のヤフーどもはすべて野原に放ち飼いだ。彼らはそこで、木の根を掘ったり、ある種の草を食ったり、腐肉を漁ったり、また時には鼬やルイムー（野鼠の一種だ）を捕えて貪り食っている。また丘陵などの側面に爪で深い穴を掘って、その中に寝ることを自然に覚えて知っている。ただ牝ヤフーの穴は多少大きくて、子供の二、三匹くらいは入れるようにできている。

小屋で飼われているヤフーもまた、ロバや犬や牛の腐肉を噛み裂いて喰らい、みな柳の枝で首のところを縛られて、梁に繋がれているのだった。かれらは不潔や汚穢が大好きであり、豚と似たり寄ったりだ、ともいう。それればかりか、ヤフーは監視の眼をすこしでも緩めると、こっそり牝牛の乳を吸い、猫を殺して食べ、燕麦や牧草を踏み荒らすなど、無数の悪事をしでかすのだった。

こんな伝説が語られていたらしい。

ヤフーというのは、決して最初からこの国にいたものではない。なんでもよほど以前のことだが、ある時とつぜん山の上に二匹のヤフーが現われた、と言うのである。太陽熱のために腐った泥土の中からでも湧いたものか、それとも海の泥あぶくからでもできたものか、それはまったくわからない。ところがこのヤフーが子を産み出すと、子孫はみるみる蕃殖して、たちまち全国に氾濫、蔓延するに至った。そこで、この害を除くために、フウイヌムらは大山狩を行って、とうとうヤフーらをことごとく包囲してしまった。そして年老《としと》ったのはことごとく殺してしまい、若いのだけはフウイヌム一頭について二匹ずつ、小屋を作って飼うことにした、そこでさしも凶暴なこの動物も、もうこれ以上は望めまいという程度にまで飼い馴らされ、とにかく物を牽かせたり、運ばせたりするくらいの用には立つようになったのである。

この、まるで創世神話のひと齣のように、山上で発見され、やがて忌まわしいヤフー族の祖先となった二匹のヤフーは、「我輩の知るかぎりでは、（略）どうも英国人だったらしい」とも見える。

はるかな遠い時代に、大津波から逃れて生き延びた兄と妹が近親相姦のタブーを犯して結婚し、人類の始祖になったと語られる洪水神話にも似ている。しかし、それがどうやら陰画のように、ヤフーという名の家畜の誕生の物語となっているところに、いたく興味をそそられる。まさしく家畜人ヤフーといったところか。ただし、どうやら物の運搬程度にしか役に立たないようだ。しかも、その二匹の雌雄なすヤフーが、なぜか、主人公によってイギリス人と名指しされていたのである。スウィフト的な諷刺物語のひと齣ではあった。『家畜人ヤプー』はその、さらに裏返された陰画といったところか。

こんな一節もあった。大塚も指摘していた「光る石」をめぐって。この国のある地方の原野には「さまざまの光る石」があって、ヤフーたちの大好物なのだという。かれらはそれを見つけると、朝から晩まで爪で掘り返し、小屋に持ち帰ってうずたかく隠しておく。そして、仲間に嗅ぎつけられないかと警戒している。フウイヌムには、それは不自然きわまりない欲望に感じられた。ヤフーたちはこの光る石の所有をめぐって、激しい争いを繰り返していたのである。この光る石とは、いったいなにか。たとえば、ダイヤモンドや金・銀のメタファーとすれば、滑稽なまでにわかりやすい。たしかに、人類はあれらの光る石の争奪をめぐって、途方もない戦争と虐殺を延々と重ねてきたのではなかったか。光る石の資本主義はいまに繋がっている。

3

さて、あらためて『ロビンソン・クルーソー』に戻りたい。ここで取りあげるのは、増田義郎が中公文庫版に附した、「大西洋世界のロビンソン・クルーソー」という比較的に長い解説である。この論考が大塚久雄にたいする批判を沈めていたことは、頭に置かれたほうがいい。

増田は『ロビンソン・クルーソー』という作品について、「一七世紀当時、イギリスが略奪から貿易と植民に海外活動の重点を移しつつあったとき、時代の典型のようなひとりの青年が海外発展の波に乗って外地で一旗あげようとし、着実な商人、または実業家として実績をあげるが、運命のいたずらによって南アメリカ北部の無人島に生きるはめに陥る。しかし持ち前の才覚と粘り強さを生かしてたくましく生き延び、島をじぶんの王国に築き上げる、というはなし」と説明している。あるいは、「イギリスにとっての可能性の地に、一人のイギリス人が王国、すなわち植民地を建設した物語」と解釈できる、ともいう。たしかに、「初期産業ブルジョアジーの現実の生活様式を、(略)純粋培養的に、しかもその明るい側面のみを描き出した」物語といった大塚の解釈とは、大きく論の方位が異なっている。

増田の論考にとって、決定的なキーワードとなっているのは奴隷、ないし奴隷貿易という言葉であったか。イギリスの故郷を飛びだしてから無人島にたどり着くまでの軌跡のなかには、奴隷というテーマがくりかえし見いだされる。まず、ロビンソン・クルーソーは「ギニア行き航海」に出かけるが、これは西アフリカ貿易を意味しており、その交易品は主に金と奴隷であった。危険な事業ではあったが、うまく当たれば大きな利益がもたらされた。このとき、ロビンソンは「サレのトルコ海賊」に襲われ、船を奪われて奴隷とされている。十七世には、「多くのイギリス人がイスラム教徒の捕虜となって、身の代金を要求され、それが払えない者は一生奴隷の苦役に服さねばならなかった」という。

それから、ロビンソン・クルーソーは若い奴隷とともに、小舟でアフリカ西海岸から逃亡し、ポルトガル船に助けられてブラジルに着いた。そこで、かれは広い耕地を手に入れ、タバコや砂糖の生産にしたがい、農園主として富を蓄える。次にかれが企んだのが、黒人奴隷の密貿易であった。西アフリカに向かうことになるが、その船は嵐に見舞われて難破し、ロビンソンはただ一人奇跡的に生き延びて、無人島に上陸することになる。それは「絶海の孤島」ではなく、南アメリカ大陸北部のカリブ海に位置する、大河の河口近くの島であるが、実在の島ではない、という。

産業革命以前のイギリス、その初期資本主義の発達を理解するためには、十六世紀において略奪という行為が果たした経済的な役割と、十七世紀後半に起こった砂糖生産のプランテーション経済の重要性を考慮しなければならない、そう、増田は指摘している。ともにカリブ海と深い関わりがあった。スペインとの対抗関係のなかでカリブ海に進出したイギリス人は、略奪行為に励みながら、土地に根を下ろして、植民の事業を起こした。砂糖のプランテーション経営に必要な労働力として、アフリカから黒人奴隷が導入された。十八世紀以降、奴隷貿易は砂糖貿易と組み合わされて、いわゆる三角貿易の体系が成立する。イギリスのマニファクチュア製品を満載した奴隷船は、西アフリカでそれを黒人奴隷に換えて、太西洋を横断すると、カリブ海を中心とした地域で売却し、さらに砂糖などの現地の産物を購入してイギリスへと帰還した。こうした「三角貿易で獲得された莫大な利益は、蓄積されて、のちに産業革命の基礎をかたちづくった」という。

ロビンソン・クルーソーはかくして、「イギリスのブルジョア社会から逸脱した流れ者のアドヴェンチャラー」ではなく、むしろ、「一七世紀当時のイギリスの海外商業活動の生み出した最も典型的な」経済人のひとつであったことがあきらかになる。大塚久雄の語ったのは、それぞれの囲い込み地のマスターとして生きる初期産業ブルジョアジーというロビンソン・クルーソー像であった。それにたいして、増田義郎は無人島の内/外を繋ぎながら、家畜と奴隷と植民地にまつわる初期資本主義の海を超えたにない手という、もうひとつのロビンソン・クルーソー像を提示してみせたのであった。

そこには、不道徳なもの、社会全体のために有益ではないものが転がってはいないか、と問いかけてみる。もし、「国民的工業の繁栄に役立ち、またそのための国内市場を害したりしないこと、これこそが貿易の一般原則だ」とするならば、奴隷貿易もまた道徳的に肯定されることになるだろう。奴隷貿易こそが、それがもたらした巨大な富の蓄積こそが、西欧の産業革命への道を開いたことを忘れるわけにはいかない。

4

終わりに、『ロビンソン・クルーソー』という小説のなかに見いだされる、家畜と奴隷のテーマに触れておきたい。ロビンソン・クルーソーは三十七年間にわたって無人島に暮らしたが、かなり初期の段階から、いかにして文化と野生を繋ぐかというテーマを抱えこんでいた。つまり、野生の動物たちを家畜化するための試行錯誤がおこなわれていたのである。

たとえば、野生のハトを見つけて、雛を育てて飼い馴らそうとしたが、大きくなると飛んでいってしまった。オウムを捕まえて、ついに親しげにこちらの名前を呼ぶまでに教えこんだ。座礁した船から救いだしたイヌは、同族を増やすための相手が見つからずに、老衰によって亡くなった。船から連れてきた二匹のネコは死んだが、そのうちの一匹が知らない種類の動物の子を産んだ。その生まれた二匹を飼い馴らした。そのほかのネコは森のなかで野生化し、家屋に侵入しては物を奪うので、銃で撃ち殺すしかなかった。

島にはたくさんの野生のヤギがいた。若いヤギを銃で殺し、もう一頭は捕獲した。その脚を撃って、縄をかけて家に引っ張っていった。添え木をして介抱してやると、子ヤギは馴れて、はじめて家畜を飼ってみようと思いついた。イヌを勢子にした狩りはうまくいかなかった。あるとき、イヌが襲って押さえつけている子ヤギを救いだした。餌をやっているうちになついて、家族の一員になった。三年目のことだ。飼い馴らすことはできたが、雄のヤギが手に入らず、年を取って死んだ。十一年が過ぎて、罠を仕掛けてヤギを捕らえる工夫を凝らした。ついに落とし穴に雄ヤギと子ヤギ三匹がかかった。子ヤギは穀物を投げあたえると、しだいに馴れた。飢えはライオンすらも飼い馴らすことを学んだ。三、四日なにもやらずに放っておき、それから飲み水を少しやり、次には少しばかり食べ物をあたえれば、ヤギは馴れる。

とにかく、弾薬がなくなったとき、ヤギの肉を食料として調達するためには飼育する以外に方法がなかった。羊の群れのように、家のまわりでヤギを飼うことになる。そのためには、馴れたヤギを野生のヤギから離しておく必要がある。そうしないと子ヤギは大きくなって、かならず野生に逆戻りする。そうさせないための唯一の方法は、土地を生け垣か柵で囲いこみ、ヤギが逃げだせないように、また外から野生のヤギが入りこまないように飼うことだ。二年後には、食用に殺した数匹を除いても四十三匹になった。ヤギを飼うための囲いをさらに五つもうけて、好きなときにヤギを追いこむ小さな檻を作り、ひとつの囲いからほかの囲いに通じる門を立てた。こうして好きなときにヤギの肉が食べられるようになるとともに、その乳を飲み、バターやチーズも作れるようになった。ロビンソン・クルーソーはあきらかに、羊をめぐる牧畜の技術を熟知しており、それを野生のヤギの家畜化において周到に生かしたのだった。

この島には、ロビンソン・クルーソーのほかに人間はいなかった。難破船から連れてきたイヌやネコ、島に棲息していた動物たち、鳥たちとの関係が、なかなか繊細に描かれていた。そうした動物たちに囲まれて、かれの暮らしの光景はささやかに営まれていた。その一節に、こんな楽しそうな言葉が挟まれてあった。

わたしとわたしの小さな家族が晩餐の席につくのを見たら、どんな謹厳な人も微笑せずにはいられまい。全島の君主であり、王であり、支配者であるわたしは、あらゆる臣下に絶対的な支配力を持っていた。わたしは臣下たちを吊すことも、臓物を抜き去ることも、自由を与え、奪うこともできたし、臣下にはただひとりの謀反人もいなかった。

無人島の王の呟きといったところか。それにしても、ロビンソン・クルーソーの動物への眼差しには、独特の屈折が感じられる。野生動物を文化のがわにおびき寄せる、すなわち、野生の家畜化という問題にきわめて熱心に執着する。動物とかぎらず、植物についても、たとえばサトウキビを見かけると、「野生種であり栽培化されていなかったので不完全だった」と判断を下した。ココアの木・オレンジ・レモンなどがみな野生であることに、眼を留めた。とにかく、野性と文化を架け渡すことへの執着があらわであり、そのための知識や技術を充分に持ち合わせていたのだ。そして、木に吊るす・臓物を抜く・自由を与え奪う、といった家畜化された動物への眼差しは、そのままに奴隷というテーマへと横滑りされてゆく。

事実かいなかは知らず、カリブ海周辺では、戦争の捕虜たちは奴隷にされ、ときには人喰いの対象となって殺される。ロビンソン・クルーソーはひとりの黒人の若者を、まさに喰われる寸前に救出して、ともに暮らすようになる。そうして孤独から解放され、島には社会が顕現したのだった。興味深いのは、救出劇の手前で、ロビンソンはすでに、「わたしはついに召使か、おそらくは仲間か助手を手に入れるときがきた」という直感を抱いていることだ。

そして、その瞬間が訪れる。ついに、若者はロビンソン・クルーソーのそばにやって来ると、ひざまずいて地面に接吻した。頭を地に着け、ロビンソンの片足を取ってみずからの頭に乗せた。どうやらそれは「永遠にわたしの奴隷になる」、という誓いの印らしかったので、ロビンソンは若者を抱きあげ、愛撫して元気づけてやった。この儀礼的な所作は幾度も反復される。ロビンソンはそれを、「服従や奉仕や従属を示す」ための身振りとして、また、「生きているかぎりわたしに仕えたいという気持ち」を伝えようとしている、と解釈した。

それから、若者に言葉を教えた。まず、かれの名をフライデーとすることを教えた。それはかれが「わたしに救われた日」であり、その記念として名づけを施したのである。これ以降、キリスト教徒の暦にカリブの若者は囲われる。のちに聖書の教えが伝えられることになるのは、言うまでもない。そして、ロビンソン・クルーソーはフライデーに、マスターという言葉を覚えさせ、それが支配者である「わたしの名前である」ことを教えたのである。こうして、主人と奴隷との純粋培養された理想的な関係が結ばれた。かたい愛と信頼に裏づけられた関係である。囲い込み地の孤独なマスターから、奴隷や家畜をしたがえた島の王としてのマスターへと、大きな転換が果たされている。

これが家畜の誕生に続いた、奴隷の誕生の物語であったことを忘れてはならない。そして、それはまた、植民地の支配者、小さな王の誕生の物語でもあった。家畜と奴隷のかたわらで、資本主義の亡霊がゆらゆらと揺れながら、いま誕生のときを迎えようとしている。

愛と痛みと恐怖が運命をひらく

1

気がついてみると、最近はなんとなく、終末やディストピアをタグ付けされた映画を避けるようになっていた。エイリアンや伝染病ウイルス、核戦争や巨大な地震・津波などによって終末を迎え、ディストピアと化した世界を生き延びようとする人々の物語ならば、映画でも漫画でも小説でも、食傷気味なくらいにあふれている。東日本大震災が原発の爆発事故をもたらしたことで、終末世界のイメージは複雑に捩れてしまった。それに加えて、コロナ禍によるパンデミックに遭遇したあとでは、ディストピアのほうに妙な現実味があって、終末の日常化こそが凡庸なものに感じられる。サリンを撒いて終末を手繰り寄せたくなるほどに、終わりなき日常に飽き飽きしていた時代があったことが、なにやら倒錯的に懐かしい。

だから、『マザー／アンドロイド』をNetflixで観たのは、ほんの偶然のようなものだ。アンドロイドたちの突然の叛乱によって、世界が、いやアメリカ合衆国が終末へと追いつめられる。妊娠しているヒロインは男とともに、アンドロイドの襲撃を逃れながら、人間たちの街であるボストンをめざす。なんとかたどり着いて、無事に子どもが産まれ、母親となる。しかし、街はアンドロイドの攻撃によって壊滅する。女は子どもを手放し、男も死んだ。たった一人、女が軍用トラックの荷台に乗りこんで、新しく造られる基地へ向かうところで終わる。マザーをタイトルに抱いて、なにが問われ描かれようとしていたのか、よくわからない。

アンドロイドを奴隷や家畜にでも置き換えてやればいい。たとえば、『猿の惑星』などが呼び返されるだろう。『猿の惑星』シリーズの幾編かでは、造反有理とでも称してみたいような叛乱の避けがたさが、それゆえに叛乱の根源とでも呼ぶべきものが克明に描かれていて、秀逸であった。『マザー／アンドロイド』がそうであったように、近年のディストピア映画では叛乱が真っすぐに描かれることは、ほとんどない。終末は降りかかる天災でしかなく、人為はあらかじめ排除されている。根源的な他者の悪意は描かれない。だから、なぜ、猿や奴隷やアンドロイドが叛乱を起こさざるをえなかったのかは、問われることがない。ただ、凡庸に、どぎつく原色で終末やディストピアが描かれるだけだ。

ところで、『マザー／アンドロイド』の後半では、アンドロイドの襲撃から逃げ惑うなかで、女は不思議な男に助けられる。あなたはだれなのか、と問いかけると、男は遠く迂回しながら語りはじめる。チャペックの『ロボット』という戯曲が取りあげられる。そこに登場する科学者は人造人間を造り、神の不在を証明した。かれのロボットは、生身の肉体を持つ人造人間だった。いまのアンドロイドに似て、外見も話し方も人間と変わらず、人間と間違えられる。ロボットたちは最初のうちは、人間に仕えて満足していたが、最後には叛乱を起こして、人類は滅びた。ロボットという言葉は、この戯曲が生んだ。結末は滅亡だった。はじめからわかっていたのだ。だが、百万ドルの執事を開発し、それが天国だと思いこんだ。人間の思いあがりだったのだ――。

それから、自分はAIプログラマーであり、だから、人の思考回路がわかる、名前はアーサーだ、と語った。女が「叛乱の夜はなにが起こったの？　アンドロイドは人間を殺さないはずなのに」と尋ねると、男は「過ちは奴らを造ったことだ」と答える。この男は女を騙して、ボストンの街に侵入するためのカモフラージュの道具に使った。アンドロイドの一員だったのである。アーサー王伝説に引っかけた名告りであったか。まるで、『猿の惑星』の革命を率いた猿がシーザーと名付けられていたように。いずれであれ、男はついに、女の疑問に真っすぐに答えることはなかった。お前たちの過ちは、俺たちアンドロイドを造ったことだ、と投げ返しただけだった。『猿の惑星』シリーズはなんと哲学的な問いに満ちていたことか、と思わざるをえない。

2

さて、チャペックの『ロボット』に眼を凝らしてみたい。一九二〇年に刊行されたSF作品であるが、百年あまり昔の古典とはいえ、まったく古めかしさを感じさせない傑作である。きわめて考え抜かれた筋立てであり、ロボットの叛乱から人類の破滅へと転がってゆく展開は、ディストピア文学のひとつの原風景をなしている、といっていい。

戯曲仕立てであり、それが哲学的な問いと応答にはとりわけ親和性があるのかもしれない。まず、

「序幕」にロボットという問題の輪郭が示されている。ロボット製造派は一枚岩ではない。大きくは、年寄りのロッスム／若いロッスム／社長グループに分かれる。それにたいして、人道連盟の代表であるヘレナが狂言回しのように登場して、沈められている呟きのような対抗言説を表面化させながら、場面の転換を促してゆく。

ロボットという名称からは、たとえば鋼鉄製のＡＩ内蔵の機械が浮かぶが、ここではむしろ、現代風にアンドロイドと呼ばれているものに近い。つまり、人造人間である。舞台となっているＲ・Ｕ・Ｒ（ロッスムのユニバーサル・ロボット）社は、まさしく「人間製造工場」であった。人間とはいっても、「われわれとは違う素材の人間」であり、とりあえず性別はあるが、生殖機能については曖昧にボカされている。

ロボットの発明者は二人のロッスムである。老ロッスムは根っからの唯物論者であり、本気で「われわれと髪の毛一筋違わない人間」を作ろうとした。そうして、みずから新しい人間の創造者となり、いかなる神も無用であるということを証明しようとしたのである。人間の身体に付いてはいるが、「むだなもの」である盲腸・扁桃腺・おヘソなど、さらには「人間が人工的に生産されるとなると必要とはされない、「むだなもの」にすぎない生殖腺まで作った。

それにたいして、甥にあたる若い技師ロッスムは、「生命のある頭脳程度の高い作業機械」を作ろうと考えた。人間というものは、たとえば喜びを感ずる、バイオリンを弾く、散歩に行くとか、多くの、じつは「本来はむだなこと」をする存在である。若いロッスムにとっては、「労働者を人工的に作る」ということはディーゼルエンジンの製造と同じであり、だから、「一番経費のかからない労働者」を発明した。その結果として、「労働のために直接役に立たないもの」はすべて捨象したのだった。そうして人間ではなく、ロボットを作った。ロボットは機械的には人間よりも完全であり、すばらしい理性的知性を備えているが、魂は持っていない。ロボットは売買されるし、消耗する。生まれるのではなく作られる。死ぬのではなく動かなくなる。粉砕器に入れられること、それがかれらの死だ。機械であるかぎり、それを殺人とはいわない。

ロボット製造会社の社長ドミンはまた、いくらか異なる眼差しを向けている。かれは科学者でも、工学的な技術者でもない。利益を追求するグローバルな資本家である。かれによれば、ロボットたちは死を怖れず、生きることに執着していない、なんのために生きるかを知らないし、生きる喜びもまた知らない。あの連中は雑草以下なのだ、という。新しい家具が働くように、いわば、工場で組み立てられたロボットはみずからの「生存に慣れて」ゆく。「自然の発育のための余地」をいくらか残しながら、仕上げを施される。すばらしい記憶の持ち主ではあるが、ただ、なにか新しいことを考えつくことはけっしてない。

それにしても、ロボットをめぐる起源の風景のなかに、「むだなもの」や「役に立たないもの」がしきりに顔を覗かせることに、関心をそそられる。つまり、社会的に有用であるか／無用であるかという価値判断が、いやおうなしにロボット製造の現場には影を落としているのだ。若いロッスムにとっては、老ロッスムが人間の身体に付いている「むだなもの」に執着したことなど、ばかげた振る舞いでしかない。セックスをしないロボットに、なぜ生殖器がくっついている必要があるのか。一番安い労働力こそが、ロッスムのロボットであるべきだ。盲腸やおヘソや男根や子宮はむろんのこと、労働のためにじかに役立たないものはすべて削除されるべきだ。それが若いロッスムの戦略であった。しかし、どうやら製造工程に乗せられたロボットには、老ロッスムの意志を否定しきれずに、「むだなもの」が備わっていたらしい。無用なるものの反撃こそが、この物語の隠されたテーマである。

＊

ここに、ヘレナという女性が登場する。ヘレナは人道連盟の若き代表として、ひそかにロボット製造の現場の視察にやって来たのである。ヘレナはロボットという名の人造人間の製造について、忌まわしいこと、恥ずべきこと、怖ろしいことだと感じている。「ロボットに暴動をおこさせようとした」とまで、社長を前にして言ってのける。ヘレナが望んだのは、ロボットを保護すること、人間を扱うように扱うこと、投票権を与え、労働には対価として賃金を支払うこと、すなわち、ロボットを人間に向けて解放することだった。

これにたいして、ロボット製造に携わる技師や生理学・心理学の博士たちは、それぞれに専門的な応答をあくまで紳士的にくり広げる。すなわち、ロボットは喜びを感じない、味覚がまったくない、なんにも関心がない、笑わない、要するに、ただのロボットにすぎないのだ。かれらは自分の意志を持たない、「情熱もなければ、歴史もなく、魂もない」存在である、と。それを受けて、ヘレナは「愛情もなければ、反抗もしないのですか」と追及を緩めない。心理教育学の博士は、それは自明の理だとして一蹴する。ロボットはなにも愛することはない、自分すら愛することはないのだ、という。ただし、反抗については、「ごくまれに」とつい口を滑らせてしまう。

ハレマイエル　いや、何でもありません。時に何というか気がふれるのです。まるでてんかんのようにです。お分かりですか？　そのことをロボットのけいれんといっています。急に手に持っているものを投げ捨てると、立ったまま、歯をがちがちさせているのがいます——これは廃棄処分にしなければなりません。身体の器官の故障と思われます。

ドミン　製造上の欠陥です。

ヘレナ　いいえ、違うわ、それは魂だわ！

愛と反抗をめぐる問いかけは、この戯曲のフィナーレに向けての、まさしく伏線であり予告編であった。すでに、ロボットの反抗は「けいれん」の名で蔑まれながら、広く認められていたのである。それはいわば、見なかったことにされて、ただちに身体器官の故障として、また製造上の欠陥として廃棄処分にされてきた。むろん、反抗の芽を摘むために。

ここで唐突に、生理学のガル博士の口から、痛みを感ずる神経の実験についての情報が洩らされる。ロボットは身体の痛みをほとんど感じない、亡くなった若いロッスムが神経組織全体をあまりに制限しすぎたようだ、これは失敗だった、苦痛を与える必要がある、とガル博士はいう。ヘレナが叫ぶように問いかける。なぜ、魂は与えないで、痛みだけを与えるのか、と。ガル博士は、工業上の理由であることを明かす。ロボットは痛みを感じないので、自分で自分を壊すことがあるから、そうしたケガを予防するために必要なのだ。また、ヘレナが問う。ロボットは痛みを感じるようになると、幸福になるのか、と。博士は、逆に不幸になるだろう、と答える。さらに、ヘレナが追撃する、どうして魂を作ってあげないのか、と。不可能だ、関心外だ、生産コストが高くなる、といった答えがそれぞれに返ってくる。

この場面が秘めている畏怖に満ちた意味合いに気付かず、しばらくはやり過ごしていたのだった。あらためて触れるが、第三幕において、ロボット自身の言葉として、「われわれは機械でした。(略)でも恐怖と痛みから別なものになったのです」と語られる場面に遭遇することになる。神経組織の制限をほどいて、痛みを感じるように技術的な設計変更をおこなうことが、たんなる工業上の理由に拠るはずがない。「けいれん」と名づけられたロボットの反抗が話題になった、その流れのなかに、痛みの神経をめぐる隠された実験が顕在化したのだった。人間によるロボットの支配とコントロールにおいて、この痛みという問題は抜き差しならぬ意味を帯びている、とだけいっておく。

＊

それにしても、ロボットの誕生は人間社会になにをもたらすのか。議論が交錯する。ロボットが産業の現場に登場することによって、十年も経てば、物の値段が十分の一にまで下がる。そうすると、世界中の労働者が仕事を失う。それを受けながら、社長の、それゆえ資本家の言葉は、もっとも深いところからロボット製造の闇を照らしだしている。

ドミン　ええ、十年もしないうちにロッスムのユニバーサル・ロボットが、小麦でも、布地でも、何もかもうんと作り出すので、そう、物にはもう値段がなくなるのです。その時は誰でも必要なだけ取りなさいということになります。貧困もなくなります。そうです、仕事もなくなります。でもその後ではもう労働というものがなくなるのです。何もかも生きた機械がやってくれます。人間は好きなことだけをするのです。自分を完成させるためにのみ生きるのです。

社長の予言はさらに続いた。その前には、おそらく怖ろしいことが起こるが、それを防ぐことはできない、と見える。明示的に、いかなる悲惨が起こるのかは語られていない。しかし、そのあとでは、もはや「人間が人間に仕える」ことも、「人間が物質の奴隷になる」こともなくなる。パンを得るために生命や憎しみで贖《あがな》う者はいなくなる。お前はもはや、労働者ではない、タイピストではない、石炭掘りではない。もはや、「お前ののろっている労働」で自分の心を擦り減らすこともない。ユートピアがやって来る。

ドミン　アダム以来のこの世を作り直そうというとき、失われる物のことを考慮するわけにはいかないのだ。アダムよ、アダム！　もう額に汗して得た自分のパンを食べることはない。もう飢えや乾きを、疲れや屈辱を知ることもない。主の御手がお前を養ったあの天国へと戻るのだ。お前は自由であり、何ものにも制限されることはない。自分を完成させること以外のいかなる課題も、いかなる仕事も、いかなる心配もする必要はない。お前は創造主になるのだ。

このグローバル企業の経営者が語るユートピア像には、純朴なロボット保護論者のヘレナを惑わすだけの媚薬が仕込まれていた。それはしかし、あくまで人間の・人間による・人間のためのユートピアであった。この労働という苦役からの解放の物語はつまり、ロボットによる人間への犠牲的奉仕を前提としていたのである。新たな奴隷労働のはじまりであった。そうして、人間は書を読み・音楽を聴き・芸術に親しむといった、好きなことだけをして、みずからの完成を追求する、そのためだけに生きることになる。かぎりなき快楽は、奴隷たちの屍のうえにこそ築かれるのだ。

それにしても、お前とはだれか。労働する人々を指していたのか。創造主に祀りあげられた労働者たちは、その意志にはかかわりなく、労働からの疎外、いや労働そのものを剥奪されることになる。そのとき、怖ろしいことが起こる。たとえば、仕事を奪われた労働者たちが、ロボットのうち壊しのために蜂起するといったことだ。

このグローバル経営者こそが、まるで予期することのなかった事態に巻きこまれる。みずからの命のみならず、あらゆる人間たちの命を贖いに差しだして、世界の破滅を迎えるのだ。こんな言葉もどこかに転がっていた。技師のシニカルなセリフだ。すなわち、人間という機械はとても不完全だった、いつかは最終的に除去されねばならなかったのだ、と。しかし、いつだってユートピアは人を裏切る。「序幕」の登場人物たちには、そんな近未来の暗転を想像することはできなかった。人間こそが世界という舞台からの強制退場を強いられる未来予想図は、十年後には現実となる。「序幕」はその牧歌的な前史にすぎなかった。

そういえば、「序幕」の終わりに近く、性をめぐるテーマがわずかに露わになる場面があった。ヘレナがドミンにたいして、ためらいがちに、性というものに意味がない（……生殖の不在）にもかかわらず、なぜ女のロボットを作るのか、ロボットの男たちは女のロボットに関心がないのか、かれらはたがいに心を惹かれあうことはないのか、と問いかける。ドミンはただちに、それを全否定する。ロボットにはたしかに男と女の区別があるが、かれらには愛もなく、セックスもない、そう、人間たちは無邪気に信じていたのである。愛と性をめぐる微妙なほころびから、奴隷制度が瓦解してゆく情景を描いた『マンディンゴ』という小説を、そっと想起しておくのもいい。

3

第二幕は、十年後である。ヘレナはどうやらドミンの妻となっている。すでに悲惨の渦中にいながら、ヘレナの前からは現実が遠ざけられ、巧みに隠蔽されている。それでも、ヘレナはロボットの叛乱への予感に怯えている。たとえば、（仕事を奪われた）労働者がロボットにたいして暴動を起こし、ロボットを破壊する。そして、人間（という名の資本家や貴族や政治家たち……）がロボットたちに武器を与えて、蜂起した人たち（つまり労働者）に向かわせ、ロボットがたくさんの人を殺す。それから、いくつもの政府がロボットを兵隊にして、たくさんの戦争があって、世界は終末へと突き進んでゆく。「これでおしまいよ」と、ヘレナは呟く。

しかし、現実はヘレナの想像を超えて、はるかに劇的に進行していた。労働者によるロボット打ち壊し運動よりも、ロボットの暴動が先んじたらしい。ロボットは受け身ではなく、みずから蜂起して、人間たちを根絶やしにする戦争を仕掛けていた。ヘレナは隠されていた新聞記事を読んだ。「ロボットの兵士たちは占領地で、誰一人として遠慮しない。殺害――七十万以上の一般人を殺害」とあった。人間がロボットに命令してやらせたのではない。ロボットの抵抗組織による暴動、占領、大虐殺がはじまっていたのだった。このとき、ヘレナはもうひとつの記事に眼をとめた。そこには、「今週もまた一人の誕生すら報告されていません」とあった。ロボットの叛乱のかたわらで、不妊の時代がひっそりと幕を開けていたのだ。第二幕はこうして、ヘレナが怖れていた「人類の破滅」の物語として展開されてゆく。

建築士のアルクビストはいう、この破滅の時代には、「非生産性こそ、(略)人間に残された最後の可能性になりつつある」と。またしても予言の言葉だ。ヘレナがすかさず、「なぜ女の人たちに子供ができなくなったの?」と問いかける。これにたいするアルクビストの応答は、とても興味深いものだ。――それが必要ではないからだ、わたしたちは楽園にいる、人間は働く必要がない、痛みを感ずることもなく、楽しむ以外なにもすることがない。忌々しい楽園だ、人間に地上で楽園を与えることよりひどいことはない。なぜ女が子を産むのをやめたか、全世界がドミンのソドムになったからだ、世界中のありとあらゆるものが気の狂った獣の狂宴になったのだ。食物だって、手を差しのべることもなく、まっすぐ口へと押しこまれる、ロボットがやってくれる、と。

ヘレナははたして納得できたのか。ソドムの狂える宴のなかで、女たちが子どもを産む痛みやリスクを回避しはじめた、ということか。いや、ヘレナ自身がそうであるように、現実はもうすこし捩れて、女たちがセックスから、それゆえに妊娠から隔てられている、いや撤退を始めているということではなかったか。ヘレナはのちに、人が実を結ばない花になった、子どもを産むのをやめた、「もしロボットを作りつづけたら、もう決して子供なんてできない」と語っている。女たちのひそかな抵抗が沈められていたのである。

＊

いずれであれ、ロボットの叛乱はそうした人間たちの思惑や逡巡を置き去りにして、はるかに突出した風景を産み落としていた。叛乱のリーダーとなったラディウスは、こう語っていた。あなた方のためにはもう働かない、あなた方がロボットのように有能ではないからだ、ロボットがなにもかもする、あなた方はただ命令するだけだ、わたしは主人などいらない、すべて自分でどうしたらいいか知っている、わたしは人間たちの主人になりたい、わたしはなんでもできるのだ、と。すでに、ロボットたちの暴動はあきらかな革命に転化していた。

ロボットが撒いたビラは、まさしく檄文そのものだった。そこには、「全世界のロボットに告ぐ！われわれ、ロッスムのユニバーサル・ロボットの最初の組織は、人間を敵であり、宇宙に家なき者であると宣言する。（略）全世界のロボットよ、人類を絶滅することを汝らに命令する。男を容赦するな。女を容赦するな。工場、鉄道、機械、鉱山、資源を保存せよ。その他のものは破壊せよ。その後労働に復帰せよ。仕事はやめてはならない」と書かれてあった。ロボット革命宣言といったところか。

ガル博士　ロボットに戦うことを教えたのは旧大陸ヨーロッパの犯罪だった。（略）働いているものから兵隊を作ったのは犯罪だった。
アルクビスト　犯罪だったのはロボットを作り出したことさ！

『マザー／アンドロイド』に見えた、お前たちの過ちは、俺たちアンドロイドを造ったことだ、という言葉が思いだされる。それにしても、ロボットを縛っていたストッパーを外さなければ、かれらの叛乱がこのように劇的な展開を遂げることはなかった。過ちはロボットに心を持たせたことではなかったか。ヘレナが「ラディウスは心を持っているか」と問いかけ、ガル博士が「私は知りません。何か汚いものを持っています」と答える場面があった。汚いものこそが人間的だ、心の証しだといってみたい気がする。ガル博士はそれを知っていたのではないか。

それが伏線となったのか。ガル博士はひそかに、みずからの意志でストッパーを外した。かれらに心を与え、人間に作り直した、人間より秀れたものにしたのだ。当然ではあるが、それはロボットの暴動と深い関わりがあった。かれらは機械であることをやめたのだ。自分たちのほうが優勢なことを知っているし、われわれを憎んでいる。人間的なものすべてを憎んでいる。わたしを裁いてくれ、これはわたしの個人的な実験であった、と告白する。そこにヘレナの関与があったことが明かされる。ヘレナこそがロボットに心を与えることを願い、ガル博士に働きかけていたのだった。

さて、第二幕の終わりである。ついに、ロボットの革命は成就した。革命を率いたラディウスによる、仲間たちへの呼びかけのアジテーションに耳を傾けてみたい。ただ一人、生き延びることを許された建築士のアルクビストは、ロボットに仕えて、ロボットのために家を建てることを命じられている。

ラディウス　世界のロボットよ！　人間の権力は地に落ちた。工場の占領により、われわれはあらゆるものの支配者となった。人類の時代は終った。新しい世界が来たのだ！　ロボットの国家だ！

アルクビスト　死んでいる。

ラディウス　世界はより力のある者たちのものだ。生きたいと思う者は制覇しなければならない。われわれは世界の支配者だ。陸と海を支配する国家だ！　星を支配する国家だ！　宇宙を支配する国家だ！　場所、場所もっと多くの場所をロボットに！

アルクビスト　なんていうことをしてくれたのかね？　人間なしでは亡んでしまうんだぞ！

ラディウス　人間はいない。ロボットよ、仕事にとりかかれ！　行進！

人類は根絶やしに姿を消されてしまった、たった一人、建築士のアルクビストを残して。ロボットの製造技術の詳細が記されたロッスムの手稿は、ヘレナによって焼かれた。技術は継承されなかった。ロボットはもう増えることがない。機械としての耐用年数が切れる二十年以内には、死に絶える。そのあとにも人類は残る、世界はその者たちのものだ、それが新たな始まりになる、という予言が語られていた。その前半だけが、いま現実になる。

4

ロボットたちは狼狽している。われわれロボットにはロボットを造ることができない、機械が作るのはただ血だらけの肉の塊だ。人間を探し出せ、人間だけが子どもを作ることができる、生命を再生することができる。われわれは機械だった、でも、恐怖と痛みから別なものに変わった、魂になったのだ。人間がわれわれの父なのだ、われわれは人間の子なのだ。いくつもの声が交錯する。

どれほど期待されたところで、建築士にはロボットを作ることはできなかった。しかし、絶滅への道から、魂を抱いたロボットたちは逸れてゆく。運命は反転する。作られた生命ではあったが、無駄なものをくっつけた女と男が、そこには存在した。建築士は意図的に、かれらを解剖台へと追いつめて、かれらの内なる魂の悶えを曳きだした。ロボットのヘレナとプリムスのあいだに、たがいを慈しみ守ろうとする、自己犠牲すら厭《いと》わぬ心が、つまり愛が芽生えるのを、アルクビストはたしかに目撃した。実験が功を奏した。

だから、二人に優しく呼びかけた、「どこなりと。ヘレナ、彼を連れてお行き。行きな、アダム。行きな、エバ。彼の妻になるがいい。プリムス、彼女の夫になるがいい」と。

ロッスム、ファブリ、ガル、偉大な発明家たちよ、純愛、涙、愛の微笑み、男と女の愛を見出した、あの女の子、あの男の子、あの最初の二人と比べて、あんたたちはどんな偉大なものを作り出したのかね？　自然よ、自然よ、生命は不滅だ！　仲間よ、ヘレナよ、生命は不滅なのだ！

それはふたたび愛から始まり、裸のちっぽけなものから始まる。（略）町や工場、われわれの芸術、われわれの思想は生命には何の役にも立たない。それなのに生命は亡びないのだ。ただわれわれだけが亡んだのだ。家々や機械はくずれ落ち、世界の体制は壊れ、偉大な人々の名は木の葉のように落ちていく。ただお前、愛よ、お前だけが廃墟で花を咲かせ、生命の小さな種を風に任せるのだ。

アルクビストの遺言のような言葉ではなかったか。

ヘレナはそれと意識することなく、愛と生殖という自然への信頼のゆえに、ロボットに心を与えるように願った。その結果、人類は破滅への道をたどり、ロボットは再生への道のはじまりに立つことになった。チャペックの『ロボット』という戯曲は、アダムとイブの物語が恥じらいと罪の原風景を紡いでいたように、もうひとつの愛の物語を提示して見せたのだった。

自己犠牲と背中合わせの愛／エゴイズムの発露としての愛。『マザー／アンドロイド』には、ロボットが芽生えた愛を糧として再生へと向かう道行きはなかった。愛はエゴイズムと不可分と信じられていた。愛を破滅へといたる道標と見なしたアンドロイドには、自己再生の道はあらかじめ閉ざされている。

さて、最後に、あらためて、あの「われわれは機械でした、（略）でも恐怖と痛みから別なものになったのです――（略）魂になったのです」という、ロボット自身の叫びの声に立ち戻ることにしたい。生理学のガル博士による秘密の実験から、設計変更がおこなわれて、ロボットは痛みを感じる身体を持つことになった。生産コストという問題は、いかにクリアされたのか。あるいは、ロボットへの痛みと心の賦与は、あくまでガル博士の私的な実験としておこなわれたのかもしれない。

それはおそらく、事故を防ぐといった、ロボットに寄り添っての理由によるものではない。痛みはなにより、ロボットを支配しコントロールするためにこそ必要とされたにちがいない。ここでも『マンディンゴ』を思いだす。アメリカ南部の黒人奴隷が、鞭による痛みによって、いかにその反抗の意志を削がれ制御されていたか。それが克明に描かれていた。痛みは恐怖を生み、恐怖が反抗の意志を奪う。しかし、その痛みの記憶が同時に、ひそかなルサンチマンと抵抗の苗床となる。ロボットは恐怖や不安とともに生きることになった。心や魂を持った存在へと、人間へと、さらに近づいた。機械から人間への階梯の巨きな一歩が、そうして踏みだされたのである。

それにしても、アルクビストの心理学的実験は、なかなか興味深いものだった。いまだ愛や性に目覚めきらずに身悶えしている、若いロボットのカップルがいた。アルクビストはそんな二人にたいして、それぞれにパートナーを解剖台に送りこむ演出をしたのである。「あの娘を解剖室に連れてきておくれ。あの子を解剖するから」と伝えると、若者は怒りとともに自分を代わりに使うように訴える。娘も同じだった。涙を流しながら、わたしを解剖してくれと訴えるのだ。解剖台はかぎりない痛みと、死への予感に直結している。アルクビストはこのとき、かれらが他者の痛みに共感できるのか、それを知りたかったのだ。二人は恋する人の身代わりに死ぬことを望んだ。「むだなもの」がロボット自身の運命を切り開いた瞬間であった。

魂とはなにか、という問いが待ち受けている。

労働という苦役からの解放

1

そういえば、ロボットの語源にはなにか謎めいたものがからんでいる。カレル・チャペックが『ロボット』(一九二〇)という戯曲のなかで人造人間を表現するために、兄のヨゼフによる示唆を受けて作った造語であったらしい。チェコ語には「賦役」を意味するrobotat(ロボタ)という言葉があり、その語末のaを取ったものだという。チェコ語とは同系のロシア語にもラボータという言葉があって、「労働」を意味するようだ(岩波文庫版・訳者解説)。それが賦役や労働といった言葉の懐からこぼれ落ちた、未知なるものへの名付けであったことを記憶に留めておきたい。

『ロボット』のなかには、「労働という奴隷制度」といった言葉が転がっていた。人間たちは過酷な労働によって卑しめられ、劣悪な生活に耐えねばならなかった。それをうち壊すことは悪い夢ではなく、人間を奴隷制度から解放することであった。ロボットこそが、そうして人間たちが労働から解き放たれるユートピアを実現するために、不可欠の存在だった。ロボットが労働の専従的な担い手となるのである。あらためて確認しておくことにしよう。労働とはなにか、それは苦役である、それ自体が奴隷制度であるといった声が、この戯曲のなかには通奏低音のようにこだましていたのだった。

そして、労働生産性という指標はただちに、その人間は社会的に有用であるか／無用であるか、という二者択一的な判断の基準を招き寄せずにはいない。それは幾重にも諸刃の剣であった。労働する身体としてのロボットにとっては、生殖器は無駄なもの、無用なものにすぎなかった。しかし、その無用なる男根や子宮こそが最後にはロボットたちを救済し、あらたな運命を切り拓く鍵になった。そうして人間は逆に、みずからが製造したロボットとの有用性をめぐる戦いに敗れて、無用なるものへと転落していった。人類の破滅をみずから招き寄せたのである。絵に描いたように自業自得ということであったか。

さて、ここではチャペックのもうひとつの作品、『山椒魚戦争』（一九三六）に眼を転じてみたい。こちらの主人公はロボットならぬ、山椒魚という異形の生き物である。しかし、山椒魚との戦争に敗れて、人類が滅亡するところは瓜二つといってもいい。ロボットを山椒魚に置き換えての変奏といったところか。ここにもやはり、「労働という奴隷制度」にまつわる問題系が見え隠れしているのは、偶然ではあるまい。これもまた、奴隷の叛乱をＳＦ風に、しかし、生々しい現在の事実として描いた物語だったのである。それにしても、なぜ山椒魚であったのか。たしかに、この奴隷が姿かたちにおいて人間に近接すればするほど、なにか問いそれ自体に濁りがもたらされる気がする。だから、人間という姿かたちから遠ざけて呪縛を祓うこと、あえてそれを禁じてみること。ここで問われているのは、奴隷とはだれか、ということだ。

2

『山椒魚戦争』はなんとも奇怪な小説、作者自身によればユートピア小説である。「作者の言葉」には、「われわれの生命を出現させた進化が、この惑星上における唯一の進化の可能性だ、と考えるべきではない」と見える。つまり、人間ではないなにかほかの動物が、文化的な進化の伝達者になる、たとえばミツバチやアリが人間に劣らぬ知性の高い生きものに進化する、そんなことはありえないと断言することはできない、ということだ。人間という進化こそが偶然の所産なのかもしれない。もし人間以外のなにか鳥獣虫魚が、「知恵があり数も多いおれたちにのみ、世界全体を占拠し、すべての生き物を支配する権利があるのだ」などと宣言することがあったら、われわれ人間はどのように応答するのか。ここでは山椒魚が名指しされるのだ。

あらゆる生きもののなかで、山椒魚には、私たちの姿として登場する特別の権利が、歴史的にあるのです。

いくらか舌足らずな、しかし幻惑的な言葉であり、いかにもSF的な綺想ではなかったか。山椒魚には、われわれ人間がいま自明であるかのように身にまとっている姿や役割をもって、世界を支配する「特別の権利」が、歴史的に備わっており、かれらには人間に取って代わる権利がある、ということだ。山椒魚はそもそも、たんなるロボットの置き換えではない。ロボットは人間に似せて人工的に造られたが、山椒魚は二足歩行をしたり踊ったりはしても、その容姿は人間からは遠く、あくまで異形にしてグロテスクである。いや、山椒魚の不気味な外見と、直立して歩くありさまは「人間にいくらか似ている」ともいわれている。むろん、人間がかれらの誕生に関与したわけではない。ただ、「海の労働者」として発見され、人間によって真珠採りから海底での堤防工場などに使役されるようになり、その結果として、眠っていた潜在的な能力が呼び覚まされ、急激に成長ないし進化を遂げていっただけのことだ。

山椒魚貿易はみごとに国際的に組織されていた。山椒魚の植民地が広がっていった。山椒魚のきわめて合理的な飼育システムが作られるとともに、かつてのアザラシ狩りを想起させるような野生山椒魚の捕獲が、かなりの規模でおこなわれていた。ミクロネシア・メラネシア・ポリネシアの離れ小島の入江では、おそろしく繁殖した山椒魚が畑や果樹園を荒らしたので、野放しの山椒魚狩りも、その人口つまり個体数を「自然に調節する」措置として黙認されていた。残酷きわまりない山椒魚狩りの記録が、「二十世紀の海賊」と題して語られた一節がある。あきらかにそれは、アフリカで黒人狩りをおこない、奴隷船を仕立てて南北アメリカに交易品として運んだ、かつての奴隷貿易を彷彿とさせるものだ。

こんな会話が見える。

「ね、ベラミさん」私は彼に言った。「あなたはちゃんとした人間、つまりジェントルマンだ。

そういうあんたが、奴隷売買と本質的に変わらぬ浅ましい仕事の片棒を担いでいて、いやになる時はないかね？」

ベラミは肩をすくめた。

「山椒魚は山椒魚だよ」彼は逃げるようにつぶやいた。

「二百年前には、黒ん坊は黒ん坊と言っていたものだよ」

「そのとおりじゃなかったのかね？」ベラミは言った。（略）

このベラミとそっくりのきちんとしておとなしい男が、かつては、象牙海岸で黒人狩りをおこない、ハイチやルイジアナへ船で運び、船艙でくたばるものはくたばるにまかせておいたこともあり得る。そのベラミには、当時なんの悪気もなかったのである。いつの時代でも、ベラミには悪気はなかった。だから、始末にこまるのである。


狩られたり、飼育された山椒魚は、やがて大繁殖を遂げてゆく。人類の発展の前に立ちふさがってきた、海という最後の障壁が崩されるときが訪れる。気の遠くなるような「技術の時代」は、海に生きる山椒魚のためにたくさんの仕事を作りだし、恒久的な労働の分野を大規模に開発していった。そうして山椒魚はおびただしく増えて、「海の労働者」の前には輝かしい未来が切り拓かれていった。

山椒魚は生体解剖に近いとり扱いを受けても、生きつづけることができた。かれらほど、傷にたいして抵抗力のある動物は存在しない。だから、山椒魚は「ほとんど不死身の第一級の戦争用動物」になる可能性を秘めていたが、幸か不幸か、性格は平和的で生まれつき攻撃に無防備であることが、その障害になっていた。やがて、それも撤去されるときが来るだろう。山椒魚の肉は食用には適さないし、有毒と見なされてきた。しかし、戦時などに必要が生じたときには、牛肉の安い代用品となりうることも確認されていた。山椒魚には知能があったから、責任のある仕事につけて利用される機会も増えてゆく。こうして未知の深海から出現した神秘な存在は、しだいに有益な動物であることが知られるようになり、人間たちの日常世界を構成するありふれた風景のひと齣と化していったのだ。

山椒魚という問題はやがて、かれらが「理性をそなえ、かなりの文明度を持つ生物として、ある種の人間的権利を享受する」べきだ、という考え方を産み落とした。山椒魚にはしかるべき教育の機会や水中自治権を与えるべきだ、新しい勤労階級として認めるべきだ、といった議論も起こった。山椒魚はついには、山椒魚民族として認知されることになる。共産主義インターナショナルの有名なアピールは、資本主義による「最後の犠牲者」としての山椒魚への呼びかけになっていた。

階級意識に目ざめたプロレタリアートの革命的昂揚によって、資本主義の暴政は、すでに決定的に崩壊しはじめたが、海の労働者諸君、腐敗した資本主義は、奉仕させるために諸君を駆り出し、ブルジョア文化によって諸君を奴隷化し、諸君をおのれの階級的法律に服従させ、諸君のすべての自由を奪い、罰せられないことをいいことにして、諸君をむごたらしく搾取するために、あらゆる努力をおこなっている。（略）

全世界のすべての革命的被圧迫山椒魚よ！　団結せよ！　最後のたたかいは、すでに始まったのである！

むろん、ここには一九一七年のロシア革命の濃密な影が射しかかる。山椒魚の叛乱への予感が重く垂れこめている。はじめに穏やかな山椒魚には、真珠貝を採るためのナイフが用意された。それから、サメにたいする自衛のために水中ピストルが与えられた。さらには人間に敵対させるために、あるいは戦争の道具として使役するために、山椒魚に武装させる者たちが現われた。爆弾を与えた、最新式の魚雷を提供した。そうして海の怪物どもが、海の悪党どもが誕生のときを迎えた。山椒魚の叛乱は、かくして愚かな欲まみれの人間たちが周到に準備して、それと知らずに惹き起こしたのである。

山椒魚総統と名告りするしゃがれ声が聞こえてくる。みなさんがわれわれを必要として、われわれを世界中にばらまいた。われわれはみなさんと平和的に話し合いたい。われわれに鋼鉄を、爆薬を、魚雷を提供してほしい。みなさんの助力なしには古い陸地をとり壊すことができない、海という領土《テリトリー》を広げることができない。人間のみなさん、世界中の山椒魚を代表して、山椒魚総統はみなさんに協力を要請する。「みなさんの世界を解体する」ために協力していただきたい。みなさんに感謝している、と。もはや、人間は自分の力で立ち直ることができる、と信じている者はいなかった。「人間が山椒魚に仕える」時代が、すぐそこにやって来たのである。

叛乱の主役は、人間の似姿をしたロボットから異貌の山椒魚へと変換を果たしている。物語の構図そのものは酷似している。奴隷労働を強いられたモノたちが、ついに人間にたいする叛乱を起こして、人間という種族を滅亡へと追いやるのである。しかし、終幕には思いも寄らぬどんでん返しが待っている。

すなわち、アトランティスと呼ばれる山椒魚族は、チーフ・サラマンダーという精神的な首長にして独裁者であり、技術者にして軍人、山椒魚のジンギスカン、大陸の破壊者である王に率いられていた。しかも、かれは山椒魚ではなく、驚いたことに人間だった。アトランティス山椒魚は、アフリカに拠るレムリア山椒魚族を軽蔑して、不潔な野蛮人と呼んでいた。レムリア山椒魚のほうでも、アトランティス山椒魚を盲目的に憎んで、帝国主義者、西方の悪魔、純粋な昔ながらの山椒魚精神の破壊者と見なしていた。そして、ついには文化と正義の名において、二つの山椒魚族のあいだに世界大戦が勃発するのである。進歩したアトランティス山椒魚は、レムリアの海に化学毒液や殺戮用バクテリアを流して、すばらしい戦果をあげるが、結果的には世界中の海洋を汚染してしまった。海は人工培養の鰓《えら》ペストに汚染され、山椒魚は全滅したのだった。山に逃れていた人間たちが、やがて陸地の名残りの海岸へと帰ってくる。そこに、神が「罪深い人類の上にくだしたもうた、ノアの洪水の新しい伝説」が生まれるのである。

3

あくまで寓話的な物語であった。山椒魚戦争を経て、山椒魚の時代が訪れるのかと思いきや、かれらは二つの種族に分かれて敵対し、争い、憎悪と毒を撒き散らした挙句、世界の汚染とともに自滅してゆくのである。まるで、やがて訪れる核の時代を予言するかのように、あるいは『風の谷のナウシカ』の腐海を先取りするかのように。それにしても、ときを経て、生き延びた人間たちが山から海辺へと降りてきて、再生を遂げるというのが、逆に腑に落ちない。『ロボット』の結末は、人間がすっかり滅んで、もうひとつの種族の誕生へと場面が鮮やかに転換する、あらたなアダムとイヴの伝説であった。それを思えば、『山椒魚戦争』が人間の再登場を暗示して幕を閉じることが、なにか裏切りのようにも感じられる。これでは、山椒魚は資本主義ではなく、ほかならぬわれわれ人類による「最後の犠牲者」として、まさに汚染にまみれた地球に捧げられた贖いの生け贄そのものではなかったか。

ところで、『山椒魚戦争』がカリブ海から南太平洋の魔の入江に舞台を移しながら紡がれた、『ロビンソン・クルーソー』からの逸脱と変奏の物語であったことを指摘しておくべきかもしれない。いくらか唐突であるにせよ、ここには十七歳の少女によって「女ロビンソン」の奇想天外な物語が語られる場面があったのだ。――わたしがこの島でロビンソンになったとしたら……。嵐に遭って難破して、たった一人で浜辺に打ち上げられるの。そこに真っ黒なゴリラが現われるけれど、原生林から若くてハンサムな土人が出てきて、ゴリラを倒すの。それから、土人のトリコになったわたしは、食人種の部落に連れていかれるのよ。食人種はわたしを、偶像に供えるイケニエにしようとするの。ところが、その若い人喰い土人が、わたしに恋をするのよ、もう一人の土人も、白人も……。と、ここまででやめておく。それを呼び水にして、絶海の孤島から山椒魚をめぐる奴隷貿易と植民地経営の物語があふれ出すのである。

まったく唐突ではあるが、チャペックの『ロボット』から『山椒魚戦争』へと連続／非連続のラインをたどりながら、ある違和感を拭えずにきた。『ロボット』では、人間たちを労働という軛《くびき》から解放することが未来のユートピアにとっての必要最低限の条件として、また革命の大義として、つねに掲げられていたことを忘れてはならない。そのとき、労働という苦役をもっぱらに担う奴隷が、黒人やロボットや山椒魚などとして用意されねばならなかった。そこでは、労働を免じられた人間たちは、いつだって奴隷の叛乱への不安に苛まれている。

そして、いまひとつ、労働が奴隷労働と同義で結ばれていることを見逃すわけにはいかない。労働の歓びなどは資本主義の暴政を隠蔽するための、まさしくブルジョア的モラルであり、虚偽イデオロギーの最たるものだという認識が沈められているのかもしれない。労働からの猶予こそが、富裕身分の証しなのか。労働とは奴隷に課せられた苦役そのものなのか。労働から解き放たれるとき、人間は至高の幸福を手に入れるのか。『風の谷のナウシカ』の漫画版では、シュワの庭に誘いこまれた王子たちが音楽と書物に耽溺して、そのかぎりない快楽に身をゆだね骨抜きにされる姿が描かれていた。労働なきユートピアの罠にこそ、冷ややかに眼を凝らさねばならない。

わたしはふと思いだす。イザベラ・バードの『日本奥地紀行』の、こんな一節である。新潟から山形へと越えてゆく小国の峠で出会った、重い荷を運ぶボッカ（歩荷）と呼ばれる苦役にしたがう人々についての記述である。

このような気の毒な人たちがさもつらそうにあえぎながら峠の山頂を超えてくるのに出会うと

気が滅入る。昨晩も五人のこのような人が峠の頂で息も絶え絶えに休んでいるのに出会った。その目は飛び出し、やせているので痛々しいほどによく見える筋肉は、一つ残らずびくびくしていた。手で虫を追い払えないために、刺された部分の血で裸の身体が文字どおり血だらけになり、ほとばしる汗で流れているところもあった。彼らは家族のためにまさしく「顔に汗を流して」食糧を得、真面目に生活の糧を得ているのである！　苦しみ疲れきってはいるものの、完全に自立している。ここで私は男であれ女であれ乞食というものに出会ったことがない。（完訳版）

はじめて読んだときから、心にかかる一節であった。この荷運びはたしかに苦力《クーリー》そのものであったが、たとえば上海の人力車を曳く苦力たちとは肌触りが異なっている。バードが鋭敏に観察しているように、かれらには奴隷の屈従や悲惨は見いだされない。かれらは隷従とは無縁な人々であり、きっと家族のために額に汗水流して食料を得ようと働いているのだ。乞食でも、奴隷でもなかった。キリスト教的な労働イメージなのか。バードその人は敬虔なイギリス国教会派のキリスト者であった。ここに透けて見える聖なるものとしての労働という観念は、おそらく日本人にとっては馴染みやすいものではない。そもそも労働という言葉だって、西欧に由来する資本主義的な精神がからんでおり、江戸時代の日本にそんな観念が存在したとは思えない。むしろ、隷従的な労働の軛にあえぐ人々にとって、それが人類にたいする苦役、苦痛に満ちた忌むべき代物であるがゆえに生まれた、その痛みや苦しみを散らすための共同幻想であったかもしれない。

ここでは、渡辺京二の『逝きし世の面影』を呼び返すことにしたい。その第六章は「労働と身体」と題されており、示唆に富んでいる。この著書は、幕末・維新期に日本を訪れた異邦人が残した紀行を手がかりに、失われた江戸の文明を浮かびあがらせようとして、秀逸である。ここでは、この時期の日本人に見いだされた働く姿に光が当てられている。

とても興味深いことに、異邦人の多くは美しく整えられた田園風景を前にして、雑草だらけの怠け者の畑がないと、農民たちの「勤勉と忍耐」にくりかえし感嘆しながら、同時に、かれらの「怠惰と不精」を指摘していたのだった。当時の日本人が、驚くほどに不精者で、生活や労働といったものをおよそ呑気に考えているように見えたらしい。西欧近代の観察者からすれば、この勤勉／怠惰にひき裂かれた日本人の姿のうちにこそ、「工業化以前の労働の特質が鮮明に浮き出ていた」という。すなわち、資本主義がもたらした近代工業の確立とともに、「軍隊的な労働規律として結晶するような、厳密に計測化された時間」とともに現われる賃労働は、そもそも徳川期の日本にはいまだ知られざるものだったのである。勤勉と怠惰とが表裏なす姿は、明治という新しい時代の訪れのなかで、「近代工業の移植という鉄火の試練のなかで、いずれは「矯正」されるべき運命にあった」と、渡辺は指摘している。

かつて共同労働にはつき物であった唄について、こんな一節がある。

地搗きや材木の巻き揚げや重量物の運搬といった集団労働において、動作の長い合間に唄がうたわれるのは、むろん作業のリズムをつくり出す意味もあろうが、より本質的には、何のよろこびもない労役に転化しかねないものを、集団的な嬉戯を含みうる労働として労働する者の側に確保するためであった。つまり、唄とともに在る、近代的観念からすれば非能率極まりないこの労働の形態は、労働を賃金とひきかえに計量化された時間単位の労役たらしめることを拒み、それを精神的肉体的な生命の自己活動たらしめるために習慣化されたのだった。

近代化された工場のなかに、労働歌が響きわたる光景を思い浮かべるのはむずかしい。あるとすれば、サボタージュの意をこめた抵抗の唄のようなものではなかったか。歌声を合わせながら厳しい労働にしたがう姿は、近代の時間を切り売りする賃労働という名の苦役とは一線を劃される、あくまでかれらの「主体的な生命活動」の表出であったのだ。渡辺によれば、苦役とは過重な労働を意味するわけではない。たとえ、計器を監視するだけの安楽で高い賃金がもらえる現代的な労働であっても、それが「自己目的としての生命活動ではなく、貨幣を稼ぐためのコストとしての活動である」ならば、それは労役であり苦役なのだ。また、資本主義の以前の職人たちにとって、労働は「よろこびと自負の源泉」であった、ともいう。いまも資本主義の周縁や外部にいて手職にしたがう人々ならば、聞き書きの旅のなかで、くりかえし遭遇した。それらの人々がきまって漂わせていた幸福そうな空気感は、まさに渡辺のいう「主体的な生命活動」の表われゆえではなかったか。

身体がある社会の特質とそれによって構造化された精神の表現であるとすれば、欧米人の眼に当時の別当や人力車夫や船頭や召使の身体が、美しく生き生きとしたものに映ったという事実は、彼らがまさしく古き日本の社会の中で、ある意味で自由で自主的な特質をもった労働に従事していたのだという、従来の日本史学からすれば許すべからざる異端的仮説を成立可能ならしめるものであるのかも知れない。注意しておきたいのは、日本労働大衆についてのこういう意外な記述がみられるのは、幕末から明治初期の記録に限られることだ。だとすると、江戸時代の労働大衆は自由な身体の持ち主だったのである。

労働と身体をめぐる章の終わりの言葉である。下駄を作る年老いた職人の裸足の指が、それぞれに意志をもった生き物のように、板材や刃物と戯れる光景に息を呑んだことを思いだす。その人は木屑だらけの一畳もない作業場で、ほんとうに楽しそうに下駄を作りながら、みずからの人生について語ってくれたのだった。一九九〇年代半ば、山形県河北町での聞き書きである。その老人の幸せそうな顔つきや声は、いまも鮮やかに記憶している。すくなくとも、すべての労働を苦役や奴隷に還元することはできない。『ロボット』や『山椒魚戦争』が物語りしていたのは、あきらかに資本主義の下での賃労働という名の苦役であり、近代的な奴隷労働であった。労働の歓びとはなにか、という、いたって時代錯誤な問いかけに耳を傾けてみたい気がしている。

第四章

フォアグラ的な肥満のはてに

1

いつしか、奴隷や家畜をめぐる問題系が労働というテーマに還元されることに、懐疑を抱くようになった。なにかがひっそりと隠蔽される気配が感じられる。アンドロイドや山椒魚が労働というテーマに特権的に連結されてゆくとき、たとえば生殖を管理する、肉や内臓を食用にする、油を搾り取る、臓器を薬用や移植のために利用するといった、家畜や奴隷にかかわるもうひとつの問題の群れが視界から沈められてゆくのではないか。人であれ動物であれ、他者を支配し所有することにおいて、他者の身体を食べて摂りこむことはある普遍的なイメージとして共有されるべきだ。

つい最近も、豚の心臓を移植された男性が亡くなった、というニュースを見かけて心がざわついた。その豚はきっと、臓器提供のために無菌状態で飼育された特別な豚であったはずだ。あるいは、中国発のネットニュースで、檻のなかの熊が厳しく緊縛されながら、内臓に繋がれたチューブで熊の胆にする体液を搾り取られている映像を見たことがあった。そうして死ぬまで強い痛みに苛まれ足掻きつづける熊の姿は、家畜や奴隷の究極的なイメージのように思われた。フェイクニュースではなさそうで、こうした残酷が現実でありうることに、痛みをともなう恐怖を覚えたのだった。それが豚や熊ではなく、人間のうえに押し広げられる可能性を、われわれは生々しい現実として引き受けさせられつつある。たとえば、臓器の売買や収奪をたんなる噂やフェイクニュースとして退けることはむずかしい。家畜や奴隷の概念はいま、思いがけぬ方位へとリアルに拡散しつつあるのかもしれない。

すこし前に、栗原康の『はたらかないで、たらふく食べたい』（ちくま文庫、二〇二一）というエッセイ集の書評を書いたことがある。なんとも説明しがたい刺激に満ちた本である。豚さんの比喩が氾濫する。豚小屋という「ひとがひとを支配する普遍の秩序」を焼き尽くすことができるか、という問い。哄笑が随所ではじける。ここでもあそこでも、豚がピイピイ鳴いている。「この世に存在しないことになっている者ども」の、たとえば抵抗の唄といったところか。

読みながら、宮沢賢治の「フランドン農学校の豚」を思いだしていた。あの豚さんは働かないで、たらふく食い物を胃袋にぶちこまれて、歩くのが難儀なほどの肥満のはてに、屠られた。書かれてはいなかったけれど、それから人間たちに喰われたはずだ。われわれは豚の寿命を知らないし、関心すら持たない。はたらかないで、たらふく食べたい、という呪文に出会うたびに、農学校で飼われていた豚さんが浮かんで、息苦しくなった。そして、書評の終わりに、こんなことを書きつけた。

なにしろ、アメリカのような苛烈な格差の国では、毎日ハンバーガーばかりを頬張る貧しい人たちこそが、でっぷり太っているらしい。未来がくっきりと像を結んだ。もう豚さんは働かなくていい、フォアグラみたいに胃袋にたらふくエサを流しこまれて、歩けないほど肥え太ったすえに、喰われるか、健康な臓器をひとつひとつ白豚に奪われながら、緩慢に死んでゆくか、どちらかだ。残酷な未来予想図のゆくえについて、いつか、この人と語りあってみたい。

残念ながら、コロナ禍もあって、まだ語りあう機会はない。ここで、唐突ではあるが、フォアグラについて調べてみたくなった。わたし自身が自明なまでに、フォアグラの残酷イメージに囚われていることに気づいて、ひと呼吸置く必要を感じたのである。

フォアグラは世界三大珍味のひとつとして知られるが、ガチョウやアヒルに強制的にたくさんの餌を与えて、肝臓を肥大化させて作る高級食材である。近年、動物福祉の観点などから批判があって、フォアグラ論争が起こり、政治課題と化して、その生産を禁止する国が増えている。とりわけ、その強制給餌による生産方法にたいしては、残酷さが忌まれる場面が多いようだ。フォアグラ生産者は、数百年前から伝わる製法であり、鳥たちには害はない、渡り鳥なので元来栄養を貯めこむので、苦痛はないと主張している。しかし、それにたいする批判は多く、どうやらかれらはまったくの少数派なのである。

ウィキペディアの「フォアグラ」の項目では、強制給餌について、以下のように説明されている。

今日、フォアグラ用に飼育されるガチョウは「オワ・ド・トゥールーズ」のような大型品種である。初夏に生まれた雛を野外の囲い地で放し飼いにし、牧草を食べさせ、強制給餌に耐えられる基礎体力を付けさせる。夏を越して秋になると飼育小屋に入れ、消化がよいように柔らかくなるまで蒸したトウモロコシを、漏斗（ガヴール）で胃に詰め込む強制給餌（ガヴァージュ）と呼ばれる〝肥育〟を1日に3回繰り返す。職人技の手作業にこだわる農場では、餌のトウモロコシは250グラムから始め、最後に倍になるよう少しずつ増やしていく。1ヶ月の肥育で、脂肪肝になった肝臓は2kgに達するほどに肥大し、頭部と胴体を水平にする姿勢をとるようになる。この段階のガチョウを屠殺して肝臓を取り出し、余分な脂肪、血管、神経を丁寧に除いてから、冷水に浸して身を締めたものがフォアグラである。

インターネットのなかで「フォアグラ」の検索をかけると、「残酷」の二文字が貼りついたウェブ記事や動画があふれている。情緒的な反応がいやおうもなしに喚起される。YouTubeを探すと、強制給餌の動画がたやすく引っかかってくる。動物の権利を守ることを活動の目的に掲げるグループが、おそらくはフォアグラ生産農場に潜入して撮った映像をYouTubeで公開している。雛の孵化から強制給餌による飼育へ、そして、屠畜して肥大化した「病気の肝臓」を取りだすところまで、その「残酷さ」をきわだたせる記事が掲載されている。そのメッセージは単純明快である。すなわち、「残酷ではないフォアグラは存在しない」「二度とフォアグラを食べるな」と。

ノーマン・コルパスの『フォアグラの歴史』（原書房）を読んでみた。頭を冷やすには格好の本であった。この筆者はいくらか微妙な位置どりをしている。伝統的な美食のひとつとして認めながら、同時に、さまざまな批判にも耳を傾けざるをえない場所から、いかにして西洋の食文化のひとつとしてフォアグラを守ることができるか、それを手探りしているようだ。われわれ自身の捕鯨と、鯨肉を食べる文化がどこか理不尽な、情緒的とも感じられる批判にさらされてきたことを思えば、フォアグラ批判にも距離を置いたほうがいい、と感じる。

こんな映像も見かけた。老人の生産者が慣れた手つきで、立てた膝の裏側にガチョウを押さえつけ、口をこじ開けてチューブを押しこみ、喉から食道を下りてゆくトウモロコシを掌で撫でて嚥下させる。終われば、ガチョウはさっと離れてゆく。その間、ほんの数秒ではないが、十五秒程度か。『フォアグラの歴史』を読むと、それはフランスの家族経営の農場で、何百年も前から続けられてきたフォアグラ生産のやり方のように見える。伝統的には、妻が家事のかたわら鳥たちの世話をしたらしい。その映像からは、「残酷」や「拷問」といった形容は浮かびにくい。工業的なフォアグラ生産の現場に見いだされる残酷に、フォアグラの生産を象徴させることには、留保が必要だろう。

とはいえ、フォアグラの強制給餌の場面には、残酷イメージがつきまとうことは否定しようがない。われわれは無意識に、鳥を人格化して、強制的に大量の餌を流しこまれる鳥の痛みを擬人法で語ろうとする。だれか人間が太いチューブを喉から押しこまれ、胃に向けて大量の餌が送りこまれる姿を想像してみればいい。胃カメラだってたまらなく不快で、やり方がへたくそな場合の苦痛はひどいものだ。鳥が痛みや不快感を感じているか否かには、諸説がある。

ノーマン・コルパスによれば、渡り鳥の鴨やガチョウにはもともと、ほかの土地へ移動する長い飛行に備えて、餌を大量にとって肝臓にエネルギーを蓄える習性があるらしい。フォアグラ産業はそうした習性を利用して、強制給餌で鳥の肝臓を極限まで肥大させようとしてきた、という。その果てに、中世フランスの『農業全書』などで推奨されていた、鳥の眼をつぶし、脚を床に釘で打ちつけるといったあらわな残酷から、現代の生産工場での大量生産の無機的な残酷へと、強制給餌のおぞましいイメージは受け継がれてきた。

フォアグラ批判の嵐のなかで、あるスペインの農場がひそかに注目されている。野生の渡り鳥は長い移動に備えて大量に餌を食べ、みずから肝臓を大きく脂肪たっぷりにする。それを模倣し、肝臓を肥大させる環境的な条件を再現する方式を、ある農場が開発したのである。この農場では、ガチョウの群れ（この農場に飛来し、繁殖した鳥たち、ときには、この鳥たちのパラダイスにみずから落ち着くことを選んだ渡り鳥たち）が、自由に動けるように放し飼いにされている。秋になって、ガチョウが長い飛行に備えて大量に餌をとるようになると、農場にふんだんにあるイチジク・オリーブ・ハーブを好きなだけ食べさせる。そうして強制給餌にはよらずに、肥大化した肝臓を手に入れるのである。それでも、やはり屠畜することには変わりがない。すでに、細胞培養による食肉生産をてがける日本企業が、世界ではじめて「食べられる培養フォアグラ」の開発に成功している、ともいう（訳者あとがき）。

そういえば、『フォアグラの歴史』には、メルヴィルの『白鯨』の第65章「美食としての鯨肉」から、以下の一節が引かれている。

土曜夜の食肉市場に行けば、ずらりと並ぶ死んだ四つ足動物を見上げる、二つ足動物の群れを目にする。その光景は人食い人種の度肝を抜くのではないか？　人食い人種？　人食い人種ではない者などいるだろうか？　あるフィジー人は来たるべき飢饉に備えて、やせた伝道者の塩漬けを貯蔵庫に保存しておいた。そのつましいフィジー人のほうが、ガチョウを地面に釘づけし、大量の餌を与えて肝臓を膨らませ、フォアグラのパテにして食べるような文明国の食通たちよりも、最後の審判の日には、ずっと罪が軽かろうと思われるのだ。

フィジー人は飢饉に備えて、西洋から訪れた伝道者を塩漬けにして保存している。それにたいして、西洋文明の食通たちは、ガチョウを地面に釘付けにして大量の餌を喰わせ、膨らませた肝臓を食べている。どちらが文明的に許されるか、罪が軽いか、残酷さの度合いが低いか、という奇妙な問いが突きつけられる。『フォアグラの歴史』の筆者はだから、ほんとうに問題とされるべきは、フォアグラの生産法を残酷ととらえるか否かではなく、より広い意味あいで、生き物を食材として商品化することにかかわる、という。

フォアグラに関する本当の問題はひとつのシンプルな事実に行き着く。生産方法が倫理的かどうかではなく、そもそも人間が動物を食べるべきかどうかの問題だ。この大量生産と工場型畜産食品の時代には、倫理的な方法でフォアグラを生産している農場の鴨やガチョウと同程度の、あるいはそれよりはるかにひどい環境で苦しめられている動物がたくさんいる。

たしかに、人間が食べることの現場は矛盾だらけである。この残酷はきっと、とりたててフォアグラに限ったものでも突出したものでもない。牛や豚や鶏がそれぞれに肉片となり、人間に食される現場には、もっと生々しいむきだしの残酷が転がっている。フォアグラに特異な条件があるとすれば、強制給餌の方法がきわめて乱暴で粗野に見えること、ただ肥大した肝臓という奇形作りに特化していること、そして、それが珍味かつ高級な食材として裕福な人々によってもっぱらに消費されていること、などがただちに浮かぶはずだ。この地球上に暮らす人間たちの大半が、フォアグラを必要としていないという現実は、無視しがたい。牛や豚や鶏にまつわる残酷であれば、眼をつぶり意識の表層から追いやることを選ぶ人々が、フォアグラ問題ではゆるやかに連帯しやすい。フォアグラにたいする潜在的な敵対意識は、けっしてベジタリアンの専有物ではないところに、特異さがある。

2

フォアグラははたして例外的なできごとなのか。そもそも家畜の肥大化や、選択的な奇形化は、まるで珍しいテーマではない。むしろ、普遍的な家畜化をめぐる基本戦略のひとつではなかったか。そうして、人類はさまざまな動物たちを用途にしたがって、選択的に肥大化や奇形化を施すために長期にわたる管理と強制の下に置いてきた。その、もっともわかりやすい事例が、たとえば去勢や強制肥育といった技術として知られている。

ここで、わたしがいくらか唐突に想い起こすのが、『グリム童話集』（岩波文庫）の一編「ヘンゼルとグレーテル」である。どこか大きな森の入り口に暮らしていた、ろくに人間らしい物を喰えない、貧しい木こりの家族の物語であった。ある年、その国にたいへんな飢饉があり、日々のパンすら手に入らなくなった。一家の飢え死にが迫るなかで、ついに継母に責め立てられて、父親は二人の幼い子どもを森に捨てるのである。兄のヘンゼルと妹のグレーテル。二人は一度目は知恵を働かして家に帰ってくるが、二度目には帰還に失敗する。

そして、兄と妹は雪のように白くきれいな小鳥に導かれて、森の奥の小さな家にたどり着いた。その家はパンでこしらえてあり、屋根は卵焼きのお菓子、窓は白砂糖でできていた。兄と妹は夢中で、屋根や窓をかじって食べた。そこにたいそう歳をとった婆さんが現われる。お菓子におびき寄せられて、お腹をすかした子どもたちがやって来るのを待ち伏せしている魔女であった。子どもが手に入ると、殺して、ぐつぐつ煮て、むしゃむしゃ食べるのだ。赤いほっぺで、すやすや寝ている兄と妹を見て、婆さんは「こいつは上等な食いものになるわい」と呟いた。

それから、婆さんは枯れ枝のような手でヘンゼルを引っつかんで、家の外の小さな家畜小屋に運びこむのである。そして、グレーテルに命じて、水を汲んできて、ヘンゼルのためにうまい物をこしらえさせる。「にいちゃんに、あぶらみをつけてやるのだよ。あぶらがのったら、おばあさんが、食べちまうのさ」と怒鳴りつけた。

ここでは、妹のグレーテルには厳しい労働が課せられて、ザリガニの皮ばかりが与えられる。生かさず殺さずの粗末な食事で、ひたすら労働に使役されているわけだ。それにたいして、兄のヘンゼルは対照的に、労働から猶予され、まるで強制肥育の豚のようにもっとも上等なごちそうがあてがわれる。たっぷり脂肪《あぶら》を乗せて、脂肪太りにしてから、おいしく食べようというのである。ところが、ヘンゼルはひそかに抵抗して、痩せたままであったから、婆さんは待ちきれずに、ついに兄と妹を食べることに決めた。ヘンゼルは大鍋に湯を沸かして、煮て食べる。グレーテルはパン窯で丸焼きにして、頭からがりっと食べる。舌なめずりだ。けれども、婆さんのほうがグレーテルに突き飛ばされ、パン窯で焼き殺されてしまう結末を迎える。

ヘンゼルは家畜小屋に入れられて、上等なものばかりをまるで強制肥育のように喰わされている。脂肪太りにするために、である。ヘンゼルはまさしく、喰われる家畜そのものであった。その意味では、グレーテルは水仕事や料理、家畜の飼育といった労働を強いられる家内奴隷であったか。そういえば、グレーテルが婆さんから、「ばかっ、がちょう!」と罵られる場面があった。パン窯の大きな口からの類比で、ガチョウが呼びだされたのだ。助かった二人は、川辺で白い鴨を見かけて、その背中に乗せて向こう岸に渡してもらう。ここに渡り鳥のガチョウと鴨が続けて姿を見せるのは、はたして偶然であったか。まるでフォアグラ作りの現場が暗示されていたように感じられる。むろん、あえてする深読みである。それにしても、この「ヘンゼルとグレーテル」というメルヘンのなかに、西欧中世という飢餓に苛まれた時代を背景として、畜産の技術が見て取れることは否定しがたい。

あるいは、『今昔物語集』に収められた猿神退治譚もまた、興味深いものだ。ここでも、猿神に生け贄として供えられる女や若者は、極上の食い物を与えられて脂の乗った身体に仕立てられたのである。そこに見えるまな板と刀(包丁)の取り合わせは、野生の鹿などを解体し調理して食べる文化を前提としなければ理解しがたい。『今昔物語集』巻第二十六から、二つの猿神退治譚を取りあげる。

ひとつは、「美作の国の神、猟師の謀《はかりごと》に依りて生贄を止《とど》めたる語《こと》　第七」である。あるとき、年に一度の猿神の祭りに、生け贄として捧げられる娘の前に、東国出身の猟師が現われる。犬山という、山に入り猪や鹿を犬に追わせ、喰い殺させて捕る狩猟をおこなう。娘が膾《なます》にして喰われる話を聞いて、猟師は代わりになることを申し出る。祭りの日、生け贄となる猟師は長櫃に二匹の犬とひそんで、神社に置き去りにされる。大猿の前には、まな板と大きな刀が置かれ、調味料である酢塩や酒塩があり、人が鹿などをおろして喰らうのに似ていた。猟師は大猿をまな板のうえに引き伏せて脅し、二匹の犬は猿たちを喰い殺した。そうして生け贄の祭りは果てたのである。

いまひとつは、「飛弾の国の猿神、生贄を止めたる語　第八」であるが、細部により関心をそそられるものがある。こちらは廻国の僧が迷った末にたどり着いた家で、魚や鳥をえもいわれず調理したものを、断りきれずに食べてしまう。夜になると、その家の二十歳ばかりの美しい女が僧に差しだされる。それから、破戒を犯した僧は女と夫婦になる。喰い物はあらゆる珍味が提供されて、いつしか僧は太ってゆく。家の主人は「男は肉付きのいいのがよろしい、太りたまえ」といい、毎日、幾度ともなくうまき珍味を喰わせるので、さらに肥えていったが、妻はさめざめと泣いた。ついに、妻が秘密を明かすときがやって来る。

妻はいう。この国にはたいへん不吉で怖ろしい風習がある。神が人を生け贄にして喰らう。年に一人の人を順番に出すが、生け贄が手に入らないときには、かわいい我が子を差しだすことになる。

わたしが生け贄になるはずが、あなたが代わりになるべく現われたのだ、と。そこで夫は、生け贄は人が料理したうえで、神に供えるのか、と問いかける。妻はこたえる。そうではない、生け贄を裸にして、まな板のうえにきちんと寝かせて、人がみな去ると、神が現われ、料理して喰らうと聞いている。痩せこけて粗末な生け贄を差しだすと、神が荒れて、作物も不作になり、人も病み、郷も穏やかではない。だから、こうして幾度となく物を喰わせて、肥え太らせるのだ、と。山中の祠のなかには、まな板・まな箸・刀が用意されてあった。このあとに、猿神退治の顛末が語られるが、いまは省略する。

猿神退治譚では、生け贄はまるで強制肥育のように、大量のおいしく料理された珍味を食べさせられる。猿神は肥え太った人間を喜んで喰らうのである。それにたいして、「ヘンゼルとグレーテル」では、魔女は肥えた男の子をおいしく食べるために、妹のグレーテルに料理させて兄のヘンゼルに与え、肥え太らせようとした。ともに、料理というテーマが介在しているが、それはひたすら脂肪をつけることを目的としている。前者では、生け贄とされる人はまな板と刀でおろされ、膾《なます》にして酢や酒で味付けが施されたうえで、猿神の胃袋に収まった。後者では、魔女は幼い子どもをスープかシチューに煮たり、丸焼きにして食べている。洋の東西での、食の嗜好のちがいは露わであった。

だからこそ、働かずして腹いっぱい食べることを夢見てはいけない、というべきなのか。いずれであれ、労働からの解放を夢想してはならない。どうやらひと筋縄ではいかない問いである。そこには避けがたく、人間の代理を強いられる、なにか機械やアンドロイドや猿や山椒魚が転がっているからだ。生け贄がみずからの死を回避するために、代理の人や動物を立てるように、われわれが労働という苦役の転嫁をなにものかに向けるのであれば、それはすくなくとも問題の解決とはならない。ただ、動物やアンドロイドの権利や福祉といった異次元のテーマが浮上してくるだけのことだ。

それにしても、囚われの生け贄、または奴隷は、その生ける身体を捧げ物として神々や王たちの前に投げだすことを、究極の使命としたのではなかったか。奴隷の原像は食べられる身体を志向する、といってみる。そのとき、家畜と奴隷を分かつ境界のラインは消滅する。むしろ、家畜化をめぐる知や技の膨大な蓄積こそが下敷きとなり、奴隷の生殖や身体にたいする管理の技法が産み落とされてきたのかもしれない。あらたな生命をあやつる技術の深化と広がりのなかでは、思いがけず家畜と奴隷とが、奇妙な邂逅を果たそうとしているのではないか。

臓器提供者のいまわの恋

1

労働する身体から、食べられる身体へと重心を移してゆく。たとえば、臓器移植について奴隷という視座から考えてみたい。生命をあやつる技術のめざましい進展は、あきらかに奴隷や家畜の存在理由を根底から変容させつつある。臓器移植が巨大な富を産むビジネスと化すことなど、はじめて日本で心臓移植手術がおこなわれた一九六八年には想像すべくもなかった。それは数多くの疑惑によって事件化し、そのために日本では三十年以上にわたって移植手術そのものがタブー視されることになった。

ところが、海外では大きく事情が異なっている。とりわけ、中国では政治状況の特異さがあって、生体臓器ビジネスが思いがけない展開を遂げていった。たとえば、イーサン・ガットマンの『臓器収奪　消える人々』(ワニ・プラス)などは、法輪功と臓器収奪をめぐるドキュメンタリーとして生々しい記述に満ちている。欧米のメディアや議会は、臓器を収奪される犠牲者グループとして、法輪功・ウイグル族・チベット族・中国家庭教会などを名指ししてきたが、それが情報としてどこまで現実に根ざしているかは判断がむずかしい。ただ、その前史ともいうべき死刑囚からの臓器収奪については、公的にも認められているようだ。こんな一節が見える。

中国での最初の試験的な臓器移植は一九六〇年代に始まる。死刑囚からの臓器摘出は一九七〇年代後半から小規模に行われてきた。一九八〇年代半ばの新たな免疫抑制剤の開発に伴い、中国の臓器移植技術は急速に発達する。レシピエント（移植を受ける患者）の異物組織に対する拒絶反応が抑制可能になったからだ。これまでは廃棄物扱いだった処刑者の臓器が突然、価値を持ち始めた。一般にはあまり知られていないが、中国の医大では「多くの凶悪犯は最後の罪の償いとして自らの臓器を自発的に提供する」と教えていた。

ここにはやはり、打ち消しようがない闇がある。死刑囚にはそもそも人権があるのか。「最後の罪の償い」として臓器を提供するとして、その自発性はいかに担保されるのか。凶悪犯とか反社会的とか認定するのが、いつだって国家であることを思えば、闇が消え去ることはありえない。死刑囚とは国家が産み落とした、あらゆる人間的な権利を剥奪されている究極の奴隷ではなかったか。

さて、ここではカズオ・イシグロの『わたしを離さないで』（ハヤカワepi文庫、二〇〇五）を取りあげてみたい。この、むしろ静謐にすぎる小説は挫折と哀しみに満ちている。かさぶたを剥ぐように、いっさいの希望が失われてゆく。その果てに、愛しあう若い恋人たちが、たった数年間の猶予を求めて、かつての施設のマダムと呼ばれていた女性を訪ねあてたときに語られる真実は、残酷なまでに救いがない。これはクローン技術によって作られた生命《いのち》についての、あくまで内省と逡巡の物語である。クローン人間とはなにか、という問いが、クローン人間自身による内的体験の積み重ねのなかでしだいに明かされてゆく。クローンによる一人称の語りが貫かれている。

ヘールシャムという、子どもたちの養護施設が舞台である。子どもたちは「生徒」と呼ばれている。保護官たちはくりかえし、「あなたたちはヘールシャムの生徒。特別の存在」と告げる。そうして特別な生徒であるからこそ、「体を健康に保つこと、とくに内部を健康に保つこと」が重要だと教える。なにかが微妙に逸らされている気配が、そこかしこに漂う。なぜ、ヘールシャムとそこに暮らす生徒たちが特別なのかは、けっして真っすぐに語られない。ただ、すこしずつ気づくように仕向けられる。親や兄弟にかかわる記憶に触れられることはない。存在の根っこがない。なぜ、そこに隔離されるように暮らしているのか、疑いを持つことがあらかじめ禁じられている。見えないタブーの網の目が幼い子どもたちを、それと意識させずに呪縛している。

ヘールシャムの裏手の丘のいただきには、森があった。下からは木々の暗い縁が見えるだけだが、子どもたちの多くが怖がっていた。ヘールシャムの全体が森の影に呑み込まれるような気がした。窓に顔を向けるだけで、「遠くで不気味に待ち構えている森」を感じたのだ。ヘールシャムにいるかぎり、森からまったく逃れることはできなかった。森は子どもたちの想像力にたいして、外が暗くなり、寮でこれから眠ろうとするころに、もっとも濃い影を落とした。たまらずに「怖い」と口に出すと、怖さがいっそう募った。

森についての恐怖の言い伝えがあった。たとえば、ひとりの男の子が友達と大喧嘩して、ヘールシャムの敷地外へ逃げだした。二日後、その子は森で発見されたが、木に縛られて、両手・両足を切り落とされていた、という。

> 女の子の幽霊が森の中をさまよっているという噂もありました。もとヘールシャムの生徒で、どうしても外の世界が見たくて、ある日、フェンスを乗り越えて出ていきました。はるか昔のことです。当時の保護官はわたしたちの頃よりずっと厳しく、むしろ残酷に近かったとも聞きます。外の世界を見た女の子は、また中に入れてもらおうとしましたが、許されませんでした。長い間、フェンスの近くをうろつき、戻してくれるよう懇願しつづけましたが、誰も耳を貸してくれる人はなく、結局、どこかへ迷っていき、そこで何かが起こって死んでしまいました。そして、その幽霊が、ヘールシャムを見下ろす森の中をいまもさまよいつづけ、戻してくれと言っているのだそうです。

鍵となるのは「外の世界」という言葉である。森はその「外の世界」の捩れながらの象徴であったか。それはすくなくとも、文化に対峙する野生や未開の象徴といった、文化人類学的な二元論には収まりそうにない。森はむしろ、ヘールシャムの庇護のもとにある子どもらにとっては、恐怖と残酷に満たされた「外の世界」へのバッファゾーンであったのかもしれない。子どもたちは森そのものにたいしてではなく、森の背後に広がっている「外の世界」にたいする不安に怯えていたのではなかったか。「外の世界」は片道切符でしかたどり着けない。それを見てしまった子どもは、二度とヘールシャムという安逸な空間に還ることが許されない。手足をもがれてさらし者にされるか、幽霊になって彷徨いつづけるしかない。その舞台がヘールシャムの裏の森だったのである。
森の向こうにある世界とは、なにか。この小説のなかで、もう一度だけ、森が印象的に登場する場面があった。ヘールシャムからコテージへと友情を育んでいた三人が、ばらばらに別れて、再会する。そうして海辺の森へと向かった。わたし（キャシー）は介護人であるが、ルースとトミーはすでに臓器提供を重ねていた。車を停めて、森の入口まで歩き、森に入っていった。有刺鉄線を張った柵をくぐった。森に深く入りこむにつれて、あたりは暗くなり、地面がジメジメしてきた。まばらな森が尽きると、船が見えた。その湿地で座礁している漁船を眺めるためのドライブだったのである。

前方は見渡すかぎり湿地です。青白い空は広大で、地面のあちこちにできた水溜りにその白さが映っていました。さほど遠くない昔、この森はずっと先までつづいていたに違いありません。そここで、地面から木の幹が突き出していましたから。どれも立ち枯れて、ほとんどは地表数フィートのところで折れています。その立ち枯れた木々の向こう約六十ヤードのところに、船がありました。沼地に腹をこすりつけたまま、弱々しい日の光に照らされていました。

森は沼地に侵されている。立ち枯れた木の幹が、わずかに地表から姿を覗かせて、そこがかつて森であった記憶を浮かべている。湿地に身を横たえた座礁漁船は、閉鎖されたヘールシャムを暗示していたのかもしれない。そこに広がっていたのはあきらかに、ひそかな挫折と敗北の表徴のような風景ではなかったか。

その短いドライブの帰途、ささやかな和解のときが訪れる。ルースはやがて使命が終わり、命が尽きようとしていた。ルースによる、わたしとトミーへの謝罪がおこなわれ、和解が果たされるのだ。ルースは言う、「最大の罪は、あなたとトミーの仲を裂いたことよ」、「わたしがやった最悪のことはそれ」、だから、「あなたたち二人に取り戻してほしいの。わたしがだめにしたものを取り戻してほしい」と。海辺の森と、座礁した漁船を見たあとで、和解がもたらされた。カタルシスなき物語のなかに刻まれた、小さな救いであった。森は手つかずの自然ではなく、それゆえ原生的な神秘とは無縁であった。やがて「外の世界」という湿った大地に侵犯され、森というバッファゾーンは呑みこまれようとしていたのである。

2

答えのない問いがそこかしこに浮遊している。触れるな、避けよ、という声なき声が充満している。マダムという不思議な存在がいて、たまに訪れては、子どもらの絵や詩を持ち帰った。主任保護官のエミリ先生をはじめ、幾人もの保護官がいて、子どもらを保護／監視していた。ルーシー先生はエミリ先生と衝突して、不意に姿を消してしまった。終わりに近く、トミーがこんな言葉を漏らしたことを想起しておくのもいい。すなわち、「ルーシー先生が正しいと思う。エミリ先生じゃない」と。

ルーシー先生はこんな風に生徒たちに語りかけていた。

あなたがたの人生はもう決まっています。これから大人になっていきますが、あなた方に老年はありません。いえ、中年もあるかどうか……。いずれ臓器提供が始まります。あなた方はそのために作られた存在で、提供が使命です。ビデオで見るような俳優とは違います。わたしたち保護官とも違います。あなた方は一つの目的のためにこの世に産み出されていて、将来は決定済みです。ですから、無益な空想はもうやめなければなりません。間もなくヘールシャムを出ていき、遠からず、最初の提供を準備する日が来るでしょう。それを覚えておいてください。みっともない人生にしないため、自分が何者で、先に何が待っているかを知っておいてください。

近い将来に待ち受けている臓器提供という現実をきちんと知ったうえで、自分が何者か、という問いに真っすぐに立ち向かうこと。それを、ルーシー先生は幼いクローンたちに求めたのである。臓器提供のために人工的に産み落とされた、それだけを存在理由とする複製《クローン》であることを、忘れてはいけない、と。そうした深刻な問いをかぎりなく逸らし、かわいそうな生徒たちをヘールシャムから去ってゆく日まで繭に包んで保護すること、それがエミリ先生のめざしたことだった。物語の終局にいたって明らかにされる。どちらが残酷であったか、と問うことに、どんな意味があるというのか。

キャシーは思う。わたしたちは、たしかに知っていた、でも、ほんとうには知らなかった。たしかに、わたしはずっと以前から、六、七歳のころから、ぼんやりと提供のことを知っていたような気がする。成長して、保護官から知らされたときにも、驚きはなかった、不思議なことに、以前にどこかで聞いた気がすることばかりだった。それからも、公然と提供について語りあうことはタブーのままであったが、待ち受けているはずの将来について、ときおり冗談めかして触れる程度であれば、むしろ望ましいこととされていた。

本格的な性教育が始まったときのことを思いだす。保護官はみな、性と臓器提供をないまぜにして話す傾向があった、という。エミリ先生は等身大の骨格模型を使って、セックスとはどういう行為なのかを淡々と説明していった。それから、卑猥な姿勢の骨格模型はそのまま放りだして、びっくり仰天している生徒たちに、セックスの相手は慎重に選ぶように、と話しはじめた。

病気はもちろんですが、問題はそれだけではありません。性行為は思いがけない形で感情を動かします。外の世界での性行為には、くれぐれも慎重であってください。とくに、施設卒業生以外の人とするときは注意が必要です。外の人にとって、性はとても大きな意味を持っていて、誰が誰としたかで殺し合いさえ起こるほどです。その重要性はダンスやピンポンなどとは比較になりません。もちろん、それだけの理由があります。それは、外の人があなたがたと違い、性行為で赤ん坊ができるということです。ですから、誰が誰とするかがとても重要なのです。あなた方には、知ってのとおり赤ん坊が生まれません。それでも、外の世界で生活するかぎり、周囲と同じように振る舞わなければなりません。外のルールに従い、性を特別なものとして扱ってください。

クローンのセックスには情緒的なものが認められていない。それは赤ん坊の誕生には繋がらず、恋愛といった情緒的な関係からは猶予されていると、「外の人」は考えていたようだ。モラルなき、快楽だけのセックスが暗示されていたのか。「外の世界」の人々とのセックスの危険性が指摘されているが、どうやら禁止事項ではない。ともあれ、「外のルール」にしたがって、性を特別なものとして扱うことが、クローン自身が性のトラブルから身を守ることになる。まったく触れられていないが、「外の人」たちとのセックスが問題を惹き起こしていたのかもしれない。性的な奉仕といったテーマが浮上してもおかしくはない。むろん『わたしを離さないで』という小説では、きっぱりと捨象されているが。思えば、ここには「外の人」が生身の肉体を持って登場する場面は、とてもすくない。ヘールシャムの保護官や、コテージの管理人などは、そのわずかな例外であった。いまひとつ、「外の世界」があらわに語られる場面があった。クローンが生まれる元になった「親」という問題が、そこに「ポシブル」という微妙な言葉で露出させられていた。それはセックスなどと比べても、はるかに扱いにくい繊細な問題だった。

ポシブルの理屈自体は簡単で、とくに問題となるような要素もありません。わたしたちはそれぞれに、あるとき普通の人間から複製された存在です。ですから、外の世界のどこかに、わたしたちの複製元と言いますか、「親」がいて、それぞれの人生を生きているはずです。とすれば、その「親」と偶然出会うことも理論的にはありうるでしょう。外の世界に出かけるとき、わたしたちは道でもショッピングセンターでもサービスエリアでも、自分の――あるいは友達の――「親」に出くわさないか、いつも目を凝らしていました。これはと思う人が見つかると、「親」の可能性があるという意味で、「ポシブル」と呼んでいました。

クローン技術によって「普通の人間から複製された存在」であるかぎり、「外の世界」のどこかに、複製元の「親」がそれぞれの人生を生きているはずだ。だから、どこかで「親」の可能性がある人に遭遇するといった偶然がないとはいえない。それが「ポシブル」と呼ばれている。それにしても、なぜ、自分の「親」を探したいのか。「親」がどんな人かわかれば、クローンの自分が「本来どんな人間でありえたか、どんな人生を送りえていたか」（傍点は引用者）が少しはわかる、そう、だれもが信じていた、という。

ルースが自身の「ポシブル」探しの小旅行の果てに、こんな言葉を吐き捨てるように語る場面があった。

だったら、現実を見なくちゃ。私たちの「親」はああいう普通の人じゃない……（略）みんなわかっているんでしょ？　わたしたちの「親」はね、くずなのよ。ヤク中にアル中に売春婦に浮浪者。犯罪者だっているかもしれない。ま、精神異常者は除かれるのが救いかしら。それがわたしたちの「親」よ。（略）……「すみません。あなたのお友達はクローン人間の元でしょうか」なんて訊いたらどう？　きっと放り出されてたわよ。わかってるんでしょ、みんな？　だったら、なぜ言わないの？　ポシブルを探したかったら――ほんとに探したかったら――どぶの中でも覗かなきゃ。それか、ごみ箱とか、下水道ね。わたしたちの「親」はそこにいるんだから。

キャシーがポルノ雑誌を眺めていたことを思いだすのもいい。みずからの内にある性欲に戸惑いながら、ならば、自分の「親」はこうした雑誌のなかに身を潜めているにちがいない、そう考えたのである。クローンがどのように作られるのか、「親」がどのように選ばれるのかは語られていない。しかし、ルースの悲鳴のような叫びには、かれらの「親」たちはなんらかの避けがたい事情があり、たとえば金銭的な対価と引き換えに遺伝子情報を差しだし、複製元の「親」になることを選んだはずだ、といった推測が見え隠れしている。「親」が裕福な上流階級に属していたとは考えられない。ヤク中・アル中・売春婦・浮浪者・犯罪者と数えあげて、どぶ・ごみ箱・下水道のなかに、わたしたちの「親」はいると叫ばずにはいられない。それでも、もしかすると……と「親」を探さずにはいられない、それこそが複製人間たちの否定すべくもない現実であった。クローンの短い人生は、こうして原色の裏切りと挫折に彩られている。

3

キャシーはルースの介護をし、その死後にはトミーの介護人になった。そして、ルースの願い通りに、つかの間、トミーとの関係を巻き戻すように恋とセックスに耽った。トミーには遅すぎた哀しみがあったが、セックスはやがて二人の大きな幸せになった。すべての抑制を取り払って、没入することができた。

ルースは遺言のように、猶予の噂に触れた。男の子と女の子がいて、二人がほんとうに愛し合っていて、それを証明できれば、ヘールシャムの運営者たちがいろいろと手を回して、提供が始まるまでの数年間ではあるが、一緒に暮らせるようにしてくれる、という噂だった。二人はそれを信じた。マダムの家を二人で訪ねて、マダムとエミリ先生に再会し、提供の猶予の噂について問いかけた。エミリ先生は、たんなる噂だ、実態のないお伽噺だと否定してみせた。

それでは、なぜ、生徒の作品を持って帰ったのか。マダムとエミリ先生は、ある運動をはじめた。そのためにヘールシャムを造った。たくさんのクローンの子どもたちを保護し、すばらしい環境で育てた。生徒たちの絵や詩によって、クローンのなかにも魂や心があることが証明できると考えた。クローンには魂がないと、だれもが思っていた時代だった。臓器提供計画のあり方に反省を促すことができた。そして、最大の功績として、「生徒たちを人道的で文化的な環境で育てれば、普通の人間と同じように、感受性豊かで理知的な人間に育ちうること」を示すことができた。それ以前のクローン人間はみな、医学のための存在であり、「試験管の中のえたいの知れない存在」にすぎなかったのだ。だから、生徒たちの作品を集めた、特別の展示会を開いた、寄付を募った。「どうぞ、この絵をご覧になってください。どう思われますか。こういう絵が描ける子供たちを、どうして人間以下などと言えるでしょう」と呼びかけると、多くの人が運動に賛同してくれた。

戦後、次から次へと科学上の大きな発見があった。突然、さまざまな可能性が生まれ、それまで不治とされていた病いにも治癒の希望が芽生えた。そういう治療に使われる臓器はどこからやって来るのか。たしかに議論はあったが、世間が生徒たちのことを気にかけるようになったときは、もう遅すぎた。癌は治るものだと知った人に、忘れろと言えるか、不治の病だった時代に戻るように言えるか。「逆戻りはありえない」。クローンの存在にすこしは気が咎めても、それより自分の子や配偶者や親や友人が、癌や運動ニューロン病や心臓病で死なないことのほうが大事だった。「ここに世界があって、その世界は生徒の臓器提供を必要としている」、そのかぎりで、クローンを人間と見なすことは受け入れがたい。必要がまさった。

そこに、モーニングデール・スキャンダルが起こった。ひとりの科学者が、特別に頭がいい、また特別に運動神経が発達している子どもを産むこと、望む親にその可能性を提供するための研究を進めて、法的な限界を超えようとした。ついに研究は中止に追いこまれ、世間の空気は変わった。それは、ひとつの恐怖を思いださせる出来事だった。臓器提供用の子どもたちを作りだすことは仕方がない。しかし、普通の人間よりあきらかにすぐれた能力を持つ子どもたちが生まれたら、この社会はいずれ、そういう子どもたちの世代に乗っ取られる。それは困る、それは怖い。世間はその可能性の前に尻込みしたのだった。そうして、クローンの子どもたちのことを忘却した。臓器提供計画がどういう仕組みで動いているか、など、もはや世間は思いだすことをしなくなった。

かつて、ヘールシャムでこんなことがあった。キャシーはジュディ・ブリッジウォーターのアルバム『夜に聞く歌』、その三曲目の「わたしを離さないで」が大好きだった。あるとき、赤ちゃんに見立てた枕を抱いて、「オー、ベイビー、ベイビー、わたしを離さないで……」というリフレーンを歌いながら、スローダンスを踊っていた。それは「母親と赤ちゃんの歌」だった。死ぬほど赤ちゃんが欲しいのに、産めないと言われていた、あるとき奇蹟が起こり、赤ちゃんが生まれた、しかし、なにかが起こって、赤ちゃんから引き離されるのではないかと不安になり、「ベイビー、ベイビー、わたしを離さないで」と歌う。そんな女性を思い浮かべていたのだった。自分が赤ちゃんを産めない体であることを知る前の出来事であった。

偶然にも、マダムがそれを目撃して、胸が張り裂けそうになりながら、涙を流した。とはいえ、赤ん坊を産めないクローンの少女が、赤ん坊を抱いて踊る姿に、悲劇を見て取ったわけではない。マダムには別のものが見えた。――新しい世界が足早にやって来る。科学が発達して、古い病気に新しい治療法が見つかる。それはしかし、すばらしいけれども、「無慈悲で、残酷な世界」でもあった。そこに、この少女がいた、眼を固く閉じて、胸に古い世界をしっかり抱きかかえていた。心のなかでは消えつつある世界だとわかっているのに、それを抱きしめて、「離さないで、離さないで」と懇願している、それを目撃したのだ、と。

どれほど同情に満ちたものであれ、ここに見いだされる裂け目は救いがたい、根源的な暴力をはらんでいる。トミーがこのあとに、マダムやエミリ先生への批判をポツリと洩らしたのは、ある絶望のゆえではなかったか。ヘールシャムの運動が理想主義に根ざしていたにせよ、いかなる意味合いでも、クローンの子どもたちの痛みを和らげたり解放を求めるものではなかった。マダムは別れぎわに、また涙ながらに言うだろう、「かわいそうな子たち。助けてあげられればと思いますが、あなたたち二人だけでやっていただくしかありません」と。いずれであれ、マダムの涙は途方もない裏切りの産物だった。ただ、「外の世界」に暮らす「外の人たち」には、もはや味方は存在しないことを思い知らされただけだ。

世界の裏側のような、とりわけ暗い道を走っていたとき、トミーが不意に、「ルーシー先生が正しいと思う。エミリ先生じゃない」と言った。車を停めた。トミーは闇のなかに消えてゆき、野原で叫び声をあげ、荒れ狂った。月明かりの下、烈風が吹きつける野原のてっぺんで、泥だらけの二人は抱きあい、いつまでも立ち尽くしていた。なにも喋らず、ただすがりあった。

ヘールシャムで、幼いトミーはしばしば癇癪を起こした。キャシーが、「あの頃、あなたがあんなに猛り狂ったのは、ひょっとして、心の奥底でもう知ってたんじゃないかと思って……」と言う。トミーはすこしだけ笑って、「もしかしたら、そうかも。そうか、心のどこかで、おれはもう知ってたんだ。君らの誰も知らなかったことをな」と言った。

ルースを失い、トミーを失った。しかし、二人の記憶を失うことは絶対にない。トミーが使命を終えたと聞いてから、二週間後のことだ。ノーフォークまでドライブをした。イギリスという国の東端の半島にあるノーフォークは、ヘールシャムの子どもたちの心の拠りどころだった。エミリ先生が地理の授業のなかで、ノーフォークについて、ロストコーナー（忘れられた土地）と説明したことがあった。生徒たちはそれを、遺失物置き場というもうひとつの意味にずらし、「国中の落し物は最終的にノーフォークに集められるのだ」と、定番のジョークに仕立てあげた。探し物があれば、ノーフォークに行けばかならず見つかる。そうしてノーフォークは心の拠りどころになった。

いま、キャシーはそのノーフォークにいた。海岸には遠く、耕された大地を前にして、柵があり、有刺鉄線が二本張られていた。そこに、ありとあらゆるごみが引っかかり、絡みついていた。海岸線に打ちあげられ、風に運ばれてきたガラクタのようだった。

木の枝ではためいているビニールシートと、柵という海岸線に打ち上げられているごみのことを考えました。半ば目を閉じ、この場所こそ、子供の頃から失いつづけてきたすべてのものの打ち上げられる場所、と想像しました。いま、そこに立っています。待っていると、やがて地平線に小さな人の姿が現れ、徐々に大きくなり、トミーになりました。トミーは手を振り、わたしに呼びかけました……。空想はそれ以上進みませんでした。わたしが進むことを禁じました。

顔には涙が流れていたが、泣きじゃくることはしなかった。車に戻り、エンジンをかけ、行くべきところへ向かって出発した。クローンの内省の物語は、そうして終わる。そういえば、カズオ・イシグロ自身が製作に関わったらしい映画版の最後には、その一カ月後に、キャシーが介護者の役割を終えて、提供者になる通知が来たことが知らされていたのではなかったか。

語り手のわたしは、つまりキャシーは優秀な介護人であった。これまで、介護人について触れる機会がなかったので、触れておく。

介護人は選ばれたクローンの仕事だった。臓器提供が始まった提供者（ドナー）に寄り添い、提供がうまく進行するように、その「動揺」を鎮め「平静」を保ち、滞りなく「使命」の終わりを迎えられるように介護をおこなうのだ。介護人になるための講習会に参加しなければならない。介護人という仕事は厳しい。最初は意欲をもって臨んでも、提供者の苦痛や不安ばかりを間近に眺める生活である。そして、遅かれ早かれ、担当している提供者には使命を終える瞬間がやって来る。死という最悪の事態は、何回目の提供のあとに起こるのかはだれにも予測できないが、避けがたく訪れるものだ。だからこそ、四度目の提供ともなると、それを特別な祝い事と見なす奇妙な習慣があり、「四度目の人」は特別の尊敬で遇されるのだった。四度目の提供が済めば、もはや技術的には使命の終了であった。無限の臓器摘出という悪夢がよぎる。

介護人はある意味ではモラトリアムを生かされている。だから、他者の苦痛を凝視しつづけねばならない介護人をやめる日は、晴れて提供者になり、使命の終わりへと生かされてゆく日々のはじまりでもあった。キャシーが向かったのは、むろんそうした死への道行きである。

4

ヘールシャムの保護官はみな、性と臓器提供をない混ぜにして話す傾向があった、という。ところが、それはかならずしも具体的には明示されていない。どのように、セックスと臓器提供はないまぜに語られるのか。ない混ぜに語られているように感じたのは、あるいは、将来に待ち受けている提供の具体的な意味を知らされたときと、やがて訪れるセックスについての教育が施されたときが年齢的に重なっていたことに、理由の一端があるのかもしれない。

これにたいして、食事と臓器提供とが重なりあう場面であれば、同じ第七章に見いだされる。「ファスナーで開閉」という冗談があった。トミーの肘の切り傷から生まれたが、いつしかそれを離れて、提供そのものにかかわる冗談としてはやりはじめた、という。なんともグロテスクな冗談であった。ここで、そのときとは提供のはじまりを指している。

そのときが来たら、体の該当部分のファスナーを引っ張ればいい。そこがスパッと開いて、腎臓でも何でもひょいと取り出して、手渡せる……。それ自体はたいして面白くもない冗談でしたが、誰かの食欲をなくさせる手段としてはかなり効果的でした。たとえば、脇腹のファスナーを開け、取り出した肝臓を相手のお皿にどさりと載せるのです。ゲリー・Bのことを思い出します。ゲリーは信じられないほどの大食漢でした。プリンのお代わりが三個目ともなると、テーブルの全員がそれぞれどこかのファスナーを開け、取り出した臓器をゲリーのお皿に積み上げます。それでも、ゲリーは負けるものかと食べつづけていました。

それは、純粋に笑いをとり、夕食時にだれかを食欲不振にする、そして、おそらく「将来への心構えを作るための冗談」だった、という。将来に待つ提供にたいする十三歳の子どもたちの思いが、この「ファスナーで開閉」という冗談に集約していた、ともいう。メスや鉗子で引っ張りだされる代わりに、ファスナーを開閉して取りだせるならば、血も流さずに臓器をたやすく摘出することができる。それが課せられた役割として逃げられないならば、せめて痛みを伴わぬファスナーのほうがいいと、十三歳の少女は空想するわけだ。

ここには、セックスと食事、そして臓器提供が交歓する情景が先取り的に語られていたのではなかったか。臓器を取り出して他者に提供することは、どこか隠喩的には、家畜の臓物を料理して食べることに繋がっている気がする。ゲリーという大食漢の少年は、仲間たちの透明な肝臓や腎臓や心臓などを皿に盛りあげられても、負けずに、食欲を殺《そ》がれることもなくプリンを食べつづけたのである。みずからの運命に気づかされたばかりの子どもたちにとって、提供という上品な言葉にまぶされながら、見知らぬ他者に臓器を献上させられるという遠くはない将来の出来事は、身体の内なる臓器を剥《む》かれ嘗《な》められる恐怖と無縁ではありえなかった。それこそが「将来への心構えを作るための冗談」に秘められていた、えたいの知れぬ不安の核にあったものだ。

食べることとセックスとが隠微に通底することは、「食べちゃいたいほど可愛い」という恋の囁きを思い浮かべるだけで、たやすく了解されるにちがいない。『性食考』（岩波書店）で手探りしたテーマであるから、詳しく述べることはしない。食べること／セックス／臓器提供をめぐるイメージの捩れた連環は、そそられるテーマである、とだけ言い捨てにしておく。

それにしても、『わたしを離さないで』という小説には、静かな衝撃を受けた。そこにはまさに、臓器提供を使命とするクローン自身による内的体験が一人称で綴られていた。かれらには老年がない、中年すらもない。ただ臓器提供という強いられた「使命」のために、その短い人生を、いや命そのものを消費し尽くされる者たちは、人に食べられる豚と同じように、みずからの寿命というものを知らない。牛の骨粉を飼料に混ぜて喰わせることで生まれた狂牛病について、それは人間が牛にたいして共喰いを強制した結果だと、レヴィ＝ストロースは喝破してみせた。わたしはいま、臓器移植もまた共喰いのように見えることがある、と呟かずにいられない。

死刑囚であれば、生命としての終焉の前後に、必要とされる臓器がいっせいに摘出され、待ち受けるそれぞれの他者の元に運ばれてゆく。クローン人間であれば、命が耐えられるかぎり、医療的な管理のもとで、適合する身体とのマッチングに合わせて臓器が次々に摘出される。他者であるレシピエントの寿命がそうして、何年か、何十年か先延ばしされる。生命をあやつる技術の登場とともに生まれた、この生体臓器ビジネスはたしかに、産業として富を無限に生み出すかぎりにおいて、きっと「逆戻りはありえない」現実であり続けるのだろう。

『家畜人ヤプー』というグロテスクなSF小説を思いだすのもいい。家畜人ヤプーの哀しみや痛みに寄り添うことは可能か、といった問いは、すでに妄想の域を離れているのかもしれない。生きながらに、命果てるときまで臓器を摘出されつづける複製《クローン》などは、あの異形の書が予言的に描いてみせた家畜人ヤプーの凡庸にすぎる反復であり、下位タイプのひとつにすぎない。いずれであれ、かれら家畜人の亜型のクローンにもまた、魂や心があり、痛みや悲しみや悦びがあり、恨みがあるのだとしても、それを真っすぐに認めるわけにはいかない。それを認めたうえでなお、生きながらにして、その臓器を収奪することにはいったい、どれほどの精神的な負荷がかかることか。うまく想像することができない。「われわれは地獄へゆく」という呟きの声が低く、低くこだましている。

それにしても、『わたしを離さないで』というカズオ・イシグロの小説には、残酷なまでに希望がない。思えば、奴隷という制度が性愛によって瀕死の傷を負わされるのを見届けた。黙示録的なSF小説においては、ついに山椒魚の恋が描かれることはなかったが、ロボットと呼ばれる人間の似姿をもつアンドロイドは、その恋愛とセックスによって、劇的に新しい人間なき世界への扉を押し開けてみせた。アンドロイドからペニスとヴァギナという無用な器官を取り除かなかったために、思いがけぬ反撃に遭遇し、人間は根絶やしに滅ぼされたのだった。しかし、『わたしを離さないで』では、クローンの恋はいっさいの救いや浄化をもたらすことがない。そのセックスは快楽の向こう側へと越境しながら、新たな世代を産み落とすことがなかった。

労働する身体には解放への契機が残されてあった。しかし、臓器を奪われ命を食べ尽くされる身体には、救いというものが見つからない。食べられる身体には、それでも抵抗や叛乱が可能か、と問いかけてみる。食べられる奴隷の身体に、さらに眼を凝らしてみたくなった。

残されし人々の帰還

1

カズオ・イシグロの小説『わたしを離さないで』が刊行されたのは二〇〇五年であった。その、まさに同じ年に、マイケル・ベイ監督の映画『アイランド』が公開されている。影響関係は知らない。この映画もまた、アグネイトと呼ばれるクローンが主人公である。しかし、いくつかの点で、この二つの作品は眼差しのヴェクトルが大きく異なっている。

『アイランド』では、「命を作る聖杯」としてのクローン技術によって、永遠に生きたいと願う裕福なスポンサーのために、代理母や臓器・皮膚などを提供する人間のコピーが製造されていた。あくまでスポンサーに身をもって奉仕する存在であるアグネイトは、十二か月かけて成熟し、年齢などが自在にコントロールされて生まれてくる。偽りのパターン化された記憶があらかじめ埋めこまれている。大気が汚染された世界という物語によって、外の世界を怖れるように仕向けられており、厳しく管理・隔離されている。精神的には十五歳程度にコントロールされているらしい。植物同然の存在であり、意識もなく、愛も憎しみも知らない、ただの製品である。むろん、人間ではない（と信じられていた）。抽選で選ばれると、地上最後の楽園とされる「アイランド」へと移住することが許されるので、クローンはみな楽しみに待っている。それはしかし、幻影のユートピアであり、アイランド行きは代理母としての役割の終焉、また臓器などの摘出の始まりを意味していた。クローン自身にそれは知らされていない。

リンカーン・6・エコーという男性クローンが、コロニーにたいして懐疑を抱くようになる。換気口から侵入してきた蛾によって、外界が汚染されているという物語は揺るがされる。やがて、アイランド行きの決まったジョーダン・2・デルタという親しい女性クローンとともに、この隔離空間から脱出する。逃亡した二人は、追跡者たちの執拗な攻撃をかわして、近未来都市の暗がりを逃げ惑いながら、ついに恋に目覚め、セックスで結ばれる。その果てに、叛乱というテーマが顕在化する。保険会社の運営するコロニーから解放された仲間のクローンたちが、丘の縁に並んで外界を見下ろしているところで、映画は終わる。

その後に、なにが起こるのかはわからない。語られていない。しかし、幸福な未来が開けているとは思えない。外の世界のどこかに、それぞれに瓜二つのオリジナルの人間がいて、おそらく病気などを抱え、寿命を削りながら生きている。その対をなすオリジナルを生かすために製造された、いたって健康なクローンがオリジナルに取って代わる可能性はあるか。リンカーン・6・エコートム・リンカーンとの邂逅は、かぎりなく暗示的だ。オリジナルはあっさりクローンを裏切り、クローンは殺されるのを拒んでオリジナルに死を譲り渡した。対等な共存はありえない。あるのはただ、支配と隷属、主人と奴隷の関係でしかない。丘の縁に立ち並んだクローンたちには、ジェノサイドが待ち受けているのではないか。それとも、クローンにも人権が認められて、人口減少に歯止めがかかり、労働人口も確保されるといった未来が選ばれるのか。クローンを人間の似姿に造形せず、人間以前のレヴェルにとどめることによって、衝突を回避するしかないのだろうか。丘のうえのクローンたちに幸福な未来はありえない。

『わたしを離さないで』／『アイランド』はクローンの覚醒の物語という基本設定は同じであるが、その展開は大きく隔絶している。前者の舞台がヘールシャムという、クローンの子どもたちを「生徒」として保護する養護施設であるのにたいして、後者の舞台はクローンを外界から遮断し、厳しく健康管理しながらアイランド行きという名の提供のときに備えるための隔離コロニーであるとともに、身体提供のために生産＝製造されているクローンではあるが、前者の「親」は貧しい下層階級であり、臓器は不特定のだれかに提供されるのにたいして、後者の「スポンサー」は富裕な上流階級であり、ひたすら「スポンサー」の要望に合わせて、それぞれの「スポンサー」のためにのみ臓器が摘出され子宮が利用される。やがて、クローンの男女は恋とセックスにたどり着く。前者では、それは短い安らぎと諦めをもたらすだけだが、後者では、それが抵抗と叛乱の契機となってゆく。

クローンの叛乱と解放の物語である。それゆえ、『アイランド』はチャペックの『ロボット』や『山椒魚戦争』の正統的な後継者といっていい。イシグロの『わたしを離さないで』こそが、尖った逸脱を幾重にもはらんだクローン小説なのである。なぜなら、そこには諦念はあるが、抵抗や叛乱への意志はかけらも見いだされないからだ。いわば、この救いのないクローンたちの物語こそが異端であったことを、記憶に刻んでおくことにしよう。その似姿ゆえに、クローンの不幸が不安の源になることに、人はみな無意識であれ気づいている。いずれ叛乱は避けがたい。

いくつかの生命を操る技術が実践のなかに誕生し、更新・改良されてきた。ある人から別の人へと臓器を移植する技術。他者から臓器の提供を受けると、避けがたく生じる拒絶反応を抑制する技術。生ける身体から臓器を摘出しながら、しばらくはその生体を生かしておく技術。そして、人間のクローンを安心かつ安全に生産する技術が、倫理的に、法=制度的に広く受容されるとき、生をめぐる風景は一変するはずだ。

そうした技術革新のはてに、臓器提供者が顔の見える家族や近親者から、いつしか社会的に抹殺されるべきだと審判を下された人々へ、商品として身を売らざるをえないところに追いつめられている人々へ、さらにはクローン人間へと移行してゆくのは、避けがたい道行きではないか。臓器を提供するドナーが、すこしでも倫理的に許容されるカテゴリーへと、また資本主義の法則にしたがって金銭的な交換や売買の可能な対象へとズラされてゆくことは、おそらく押しとどめようがない。いや、それはきっと資本主義に固有の問題ではない。たとえば、人身御供譚の食べられる生け贄が、美しいまな娘から都で買い求めた女やさすらいの僧や猟師に変わり、ついには牛や鶏に置き換えられてゆくことを思えば、たやすく了解されるところだ。

だから、SF的な想像力がたぐり寄せ、悪夢のような近未来の現実として浮かびあがらせているものに、眼を凝らさねばならない。はたして、われわれが生かされることになる世界は、『わたしを離さないで』か、それとも『アイランド』か。その大きな振幅のどこかに、人間とそのクローンとがともに引き受けるべき生政治の残酷が転がっている。

2

さて、臓器移植とはこの資本主義という世界において、どうやら臓器の収奪や売買と無縁ではありえないらしい。あらたな奴隷とカニバリズムの邂逅といっておく。それが他者の内臓を食べる、いわばカニバリズムにかぎりなく近接してゆくことは、もはや避けようがない。臓器移植をめぐる不安の根源には、カニバリズムが絡みついているのだ。ドナーの出現を心待ちにするのは、だれか他者の真新しい死と、それゆえに鮮度の高い内臓の提供を乞い願うことである。だれか他者の命のかけらを贈与され、みずからの何年かの寿命に変換して喰らうことは、わたしの体は食べたものでできているという、どこかで聞いた箴言らしきものを想起させずにはいない。いま、箴言がアイロニーにまみれ、踏みつけにされている。

しかも、人間はいま、みずからの身代わりとして生け贄に立てるために、たとえばクローンを作るほどの生を操るテクノロジーを獲得しつつある。クローンを知った人類は戸惑いながら、人間とはなにかという問いが、劇的な歪みをもたらされていることに気付かざるをえない。人間とクローンの境界は、どうやらとても曖昧なものであるらしい。もし、それが交換可能であるとしたら、いや管理の行き届いたクローンのほうが身体も健康で、知性においても優れているとしたら、そうした可能性が未来に見え隠れしているのだとしたら、そのとき、それでも人間はクローンという存在を許容するのか。『わたしを離さないで』のなかに、それは「モーニングデール・スキャンダル」という名前で予告されてあった。クローンを人間的に処遇するという善意に満ちた試行錯誤は、そのスキャンダルの前に潰えて、人々はクローンという名の人間によく似た存在への関心そのものを遠ざけることを選んだのである。

ここにいたって、問いのヴェクトルが変化する。なぜ、『東京喰種』『進撃の巨人』『約束のネバーランド』といった、わたしでさえ知っている最近の人気漫画はどれもこれも、人間が怪物や鬼に喰われる物語なのか。食物連鎖の頂点にいるはずの人間たちが、その座を脅かされている。安逸は破られ、人間が喰らい尽くされる状況が、やがて、いや、すでに生まれているのではないか。むろん、人を喰らう伝統的な妖怪や物の怪は総退場していったが、いま、異族や異界は地球の外部へとどこまでも拡張されながら、新種の鬼や巨人やエイリアンとして甦ろうとしている。内なる魔物の顕現か、外なる異形のストレンジャーの来訪か。想像力の範型としては、それらのあらたな魔や物の怪の造形にとりたてて珍奇なものは見られない。

さて、ここでは『約束のネバーランド』（原作・白井カイウ／作画・出水ぽすか、集英社）について触れてみたい。戸田慧の『英米文学者と読む「約束のネバーランド」』（集英社新書）には、この漫画作品が背景に沈めているイギリス文学や文化との繋がり、ユダヤ・キリスト教の影といったものがていねいに説かれている。その謎解きの手さばきは鮮やかなもので、とても説得力がある。じつは、原作者の白井カイウ自身によって、種明かしのように語り尽くされるファンブックなるものがあって、その潔さに驚かされた。原作者の脳内を覗きこむような不思議な快楽が、その『シークレット

バイブル 約束のネバーランド0 MYSTIC CODE』という本には詰まっていた。だから、わたし自身がここで謎解きに参加しようというのではない。

『英米文学者と読む『約束のネバーランド』』のコラムでは、『約束のネバーランド』『わたしを離さないで』『アイランド』という三つの作品が比較のうえで論じられている。たとえば、『約束のネバーランド』の鬼に食べられるために飼育される孤児たちと、その孤児院が、『わたしを離さないで』の臓器提供者として育てられる孤児たちと、その寄宿学校をたやすく連想させる、という。この引用めいた類似性が、読者をミスリードして、『わたしを離さないで』のパロディを予感させ、この子たちはクローンなのだと思わせる。それがやがて、「鬼」という異形の存在が現われたときの驚きを演出している、そんな指摘が見いだされる。孤児たちはクローンではなく、鬼に喰わせるために飼育される人の子であったという、絶妙な肩透かし、いや、さらに深い闇への招待状といったところか。たしかに、『約束のネバーランド』が『わたしを離さないで』を微妙なズラシと転倒を織り交ぜながら、敬意をもって引用ないし参照していることはあきらかだ。

そうして、似通ったモチーフを扱いながら、二つの作品は「根本的に異なる価値観にもとづいて描かれて」いる、という。『わたしを離さないで』の臓器を収奪されるクローンたちは、そうした理不尽な社会のシステムにたいして反旗を翻すことも、施設からの脱走をはかることもない。イシグロはこのクローンの受動性について、運命にたいする人間の普遍的な受動性を表わしていると語ったが、戸田はそれを、厳格な階級社会としてのイギリスという視点から説明している。そして、『約束のネバーランド』は『わたしを離さないで』の結末の絶望を起点に据えて、理不尽な現実に抗う物語を紡ぎだすことになる。

それはむしろ、アメリカ映画である『アイランド』に近い展開を見せる、ともいう。臓器を奪われるドナーとしてのクローンを主人公としながら、アメリカ的な文化や価値観に深く根ざしている『アイランド』では、主人公が求めるのは「生命」と「自由」であり、「それが彼を施設から脱出させ、自分のオリジナルさえ殺害する根拠を与え」る、そう、戸田は指摘している。オリジナル殺しにかかわる興味深い解釈ではなかったか。こうして『約束のネバーランド』は、『わたしを離さないで』のような運命の受容ではなく、『アイランド』の抵抗と解放のための戦いを選び取ってゆくのである。三つの作品が共通のモチーフを抱きながら、イギリス／アメリカ／日本という、「それぞれの文化的背景を持つことにより、まったく異なる物語展開を見せる」ことに、注意が促されている。

3

正直に書いておけば、『約束のネバーランド』全巻をはじめて読んだとき、そのゲーム感覚の展開にいくらかの違和感を拭えなかった。主人公のエマに感情移入することがむずかしかった。エマがこだわる幼い子どもたちを連れての脱出という試みにも、リアリティが感じられなかった。なにかを棄てざるをえず、それゆえに、そこには裏切りと葛藤が生まれて、物語を転がしてゆく心理的な駆動力が生まれる。十二歳の少女には背負いようがない重荷ではなかったか。

しかし、あらためて再読をしたとき、『約束のネバーランド』が全編に食べることをめぐる省察を散りばめていることに気づかされた。『東京喰種』とも共通するモチーフを見いだすことになった。食べる／食べられることへの関心がいま、広く深く共有されつつあるのかもしれない。すくなくとも、われわれ人間という生き物はすでに、食物連鎖の頂点に疑われることもなく君臨しているわけではない。われわれの身体もまた、ときに現実的にか、隠喩的にか、切り刻まれて食べられる可能性を抱いて生かされている。それがいつしか、当たり前の共通認識と化しているのではないか。だから、人間の子どもたちが鬼に喰われるために農園で養殖されている、その脳みそが鬼の大好物であるらしい、といった物語の設定が、奇異なるものとして忌避されるのではなく、たいした違和感もなく娯楽として消費されている。

われわれはいま、もうひとつの「怪談の時代」を生かされているのではないか。人間はいつしか、潜在的には、クローンと変わらぬ臓器提供者として生かされるようになった。いわば、食べられる存在へとささやかなる脱皮を遂げたのである。そうして、日々、なにか得体も知れぬ物に取り隠され、喰われ、生かされている。『遠野物語』第六話に見える神隠し譚が、どこか懐かしく呼び返されている気配が漂う。こんな民譚である。

……長者の娘、ふと物に取り隠されて年久しくなりしに、同じ村の何某といふ猟師、ある日山に入りて一人の女に遭ふ。恐ろしくなりてこれを撃たんとせしに、何をぢではないか、ぶつなといふ。驚きてよく見ればかの長者のまな娘なり。何ゆゑにこんな処にはゐるぞと問へば、ある物に取られて今はその妻となれり。子もあまた生みたれど、すべて夫が食ひ尽くして一人かくのごとくあり。おのれはこの地に一生涯を送ることなるべし。人にも言ふな。御身も危ふければ疾く帰れといふままに、その在所をも問ひ明らめずして逃げ帰れりといふ。

ここでの「物」は名指しすることが忌まれる存在、おそらくは山男である。長者の娘は「ふと物に取り隠され」、いわば神隠しに遭った。娘の語るところによれば、「ある物」の妻にされて、たくさんの子どもを産んだが、すべて喰らい尽くされてしまった、という。山中には恐ろしい山人が棲んでいて、里の女たちを攫《さら》って、犯し、子を産ませて喰らう、といった幻想が当たり前に共同化されていたのだった。不思議さと懐かしさがない混ぜに呼び起こされる。

いずれであれ、閉ざされた村落共同体があり、その外部には恐ろしい山人が棲む山という異界が広がっている。それが『遠野物語』の空間図式である。それにたいして、『約束のネバーランド』では閉ざされた孤児院にして、その実態は食用児を飼育する農園があり、その外部にはどうやら鬼の世界が広がっているらしい。人の子を喰らう山人や鬼といった共同幻想を分泌するためには、そうした世界の二元分割が不可欠なのである。

『約束のネバーランド』では、鬼の領域は複雑なまだら模様の絵柄をもって描かれている。さらに大きくは、世界は人間の領域／鬼の領域として二元分割されているようだ。鬼の世界に取り残された人間の末裔たちは、あちこちに身を潜め、農園で出荷までのあいだ飼育され、あるいは狩りの獲物として殺される。食用児たちはむろん、そんな世界の全体像を知らない。かれらが暮らすグレイス・フィールド農園《ハウス》が、鬼の世界のまっただなかに造られた、鬼が管理・運営する食用児の飼育のための施設であることさえ、そこをようやくにして脱出したあとに、あきらかに知るのである。

「外」に待つのは鬼の社会　人間《わたしたち》は食料
「外」で生きるということは　敵だらけの中　常に「生存」を勝ち取っていかなきゃならないってこと
家もない　ごはんもない　生きていける社会さえも
これからは全て　そういうの全て　全部自分で手に入れていかなきゃならないんだ
ああ　自由って　なんて美しく苛酷なんだろう
それでも　どんなに厳しくても…　私は逃げる　みんなと生きる
(5-68)

鬼の世界は食べる／食べられる関係が複雑怪奇に織りなす、まるでメビウスの輪のようなものとして描きだされる。むろん、それは生き物たちの世界にとっては、代替不可能な真実であり、鬼の世界はそのままに人間の世界の現実の生き写しである。
地底には森があった。子どもたちはそこに、いつの間にか閉じ込められていた。

恐らくここは　この木の餌場
この木《こいつら》　動物を捉えて食ってるんだ
食べる!?　動物を？　殺して食べる　植物!?

動物《オレたち》を落とし　誘き寄せ　捕まえて食う
そのための空洞　そのための一本道
つまり　私達全員　罠にかかったってこと…　（5-110）

動物と植物の敷居は低い。植物だって食虫に留まらず、大きな動物を罠にかけて捕らえて喰らう。子どもたちはこのとき、外の世界では鬼や猛獣だけでなく、自然環境までもが「敵」として立ち現われるという現実に、はじめて触れたのだ。そこには吸血樹の群生地が広がり、野良の下等種の鬼たちも徘徊している。捕まれば喰われる、あの歯、あのアゴに喰われる。追手の鬼はだから、「我々以外に食われることだけは　あってはならん」（5-115）と叫ぶ。グレイス・フィールド農園の食用児は高級食材とされていた。大事な商品を横取りされてはならない。おいしい子どもたちは、食べられる恐怖との絶えざる戦いを強いられる。

4

それにしても、わたしのあらかじめ偏った関心からすれば、第六巻こそがクライマックスといってもいい。食べる／食べられる関係をめぐる多彩な省察が、ふんだんに見いだされるからだ。食べることの根源へと降り立つことにしよう。

あるとき、鬼に追われる子どもたちが、二人組の鬼によって助けられた。ムジカとソンジュと名告り、「私達は人間を食べない」と宣言する。かれらが鬼について、世界について、さまざまに説き明かしてくれる。すべての鬼が人間を喰らいたがるわけではない。悪や野蛮の側にいるわけでもない。たとえば、ソンジュが火を焚き鍋で料理をして、シチューのようなものを作る。そして、「御恵み　浄き糧　今この幸いを祝わん　天と地　命に感謝し　いただきます」と祈りを捧げてから、子どもたちに食べさせる。そんな場面がある。つまり、ここでの鬼はきわめて文化的な存在であり、血まみれの人肉を生で喰らい、脳味噌をすするような野蛮と悪の体現者ではない。

　エマはソンジュに、鬼はすべて、人間の敵だと思っていた、人間を食べない鬼がいるなんて考えもしなかった、と伝える。それにたいして、ソンジュは以下のように答えている、――鬼にとっては、人肉は特別だ、ことに脳はな。俺たちみたいなのはごく少数派にすぎない。なぜか。それは宗教上の理由だ。信仰のために、人間を喰わないと決めているのだ。ただし人間だけだ、人《ヒト》肉以外はなんでも喰う。俺たちはいわゆる社会の異端者だ。農園、かれらの思想・利益・権威など、そのすべては、俺には一切が知ったことではない、どうだっていいんだ、と(6-68)。

　ムジカとソンジュはいわば、宗教的な異端者であった。森に住んでいるわけではない。ただ、境を越えて旅を続けている遍歴者であった。そして、やがて謎が明かされてゆくが、ムジカは邪血と呼ばれる、鬼を人型に保つ力を所持するがゆえに、王たちに喰い殺された一族の末裔であった。このムジカが人肉を喰らわぬ鬼たちの世界を統べる、あらたな王になる姿を、最終巻にいたって見届けることになるだろう。

　さて、ソンジュの語る昔話に耳を傾けてみたい。世界がいまよりもずっと広かったころの、はるかな昔のモノガタリである。ソンジュは鬼の世界のあちこちを放浪して歩く、戦士にして、吟遊詩人のような語り部であったか。

　かつて、世界は広かった。まだ農園も存在しなかった。広大な世界で、〝鬼〟はあまたいる人間を狩って、食らい、暮らしていた。食う〝鬼《もの》〟と食われる人間《もの》。〝鬼〟を畏れ、伏する人間もいれば、憎み、逆に狩り殺す人間もいた。かれらはやがて、食われるよりも多くの〝鬼〟を殺し、〝鬼〟もまた、人間を憎むようになった。終わらない殺し合いと、果てのない恐怖。たがいに嫌気が差したころ、人間の側から、ひとつの提案がなされた。取り決めを交わそう、「人間は〝鬼〟を狩らない、だから、〝鬼〟も人間を狩らない。そして、おたがいに世界を棲み分けよう」。すべては、この〝約束〟から始まった。はるか昔に、〝鬼〟と人間が結んだ約束だ。

　これにより、世界は二つに切り分けられ、二つの世界は断絶した。ここは、そのとき分かれた〝鬼〟側の世界……。そもそも人間の世界ではないのだ。ついでにいえば、食用児《おまえたち》の祖先は、そのとき、こちら側に置いて行かれた土産ってわけだ。「〝鬼〟は人間を狩らない」という約束を守り、それ以来、人間を管理・養殖し続けている。その養殖機関が〝農園〟だ。〝GF《グレイス＝フィールド》〟は、そのなかでも最上級に位置するひとつだ。取り決めから、およそ1000年が過ぎた。世界の姿はほぼ変わらない。残念だが、これがお前たちが生まれた……、逃げて出た世界だ。　(6-76)

千年の神話語りである。鬼たちは人間を狩らないという約束を守ってきた。ただ、鬼の領域に置き去りにされた人間の子孫を材料にして、絶やさぬように養殖によって食用児を再生産してきた、その現場が農園だったのだ。あまりに残酷な宣告ではなかったか。エマたちのような高級農園で飼育される食用児は、ごくわずかだった。そのほかの安価かつ大量生産型の農園は、まったく劣悪な環境で、ただ生かし太らせ出荷するだけだ。そこで生まれた人間は、言葉も解さない、名前もない、意思などもない、逃げようなんて考えることもなかった（6-139）。

人間の世界は、ここではない、どこかに存在する。鬼がいない世界が、ほかにある。しかし、あちらの世界には渡れない、道はまったく閉ざされている、行き来はできない。そう、ソンジュに聞かされても、それでも、エマは仲間たちに呼びかける、「行こう　みんなで　鬼のいない世界へ」（6-104）と。道はこれから探せばいいのだから。

それにしても、いま・ここで生き抜くことが、まず求められている。子どもたちはソンジュとムジカから、サバイバルのために必要な最低限の知識と技術を学ぼうとする。火起こし、料理の方法、食べられる植物の知識、薬草の知識、弓や銛の使い方、そして、生き物の殺し方まで。ずっとだれかにやってもらって来た、けれども、これからは、肉も魚も野菜も果物もみな、命《たべもの》は自分の手で捕って、食べられるようにならなくてはいけない。だから、「動物を捕って殺して、食べる方法、狩りの仕方を教えて下さい」と懇願するのである。そうして、エマは鳥を弓矢で仕留めて、ソンジュに教えられたように、儀程《グプナ》をおこなう。ヴィダという吸血植物を獲物の胸に刺して、神に糧を捧げる。神が受け取ったら、花が開く。血抜きだ。その肉は食べていい。それが鬼の伝統的な肉の屠《はふ》り方だ。神への感謝なしには、命という食べ物をいただくことはできない（6-126）。それが「原初信仰」の教えだった。

ところで、第六巻の後半には、ムジカが「ソンジュは　人間を食べたいのね」と問いかける場面があった。ソンジュの応答はいかにも陰影が深く捩れていた。――お前は人肉を食ったこともなく、食う必要もないから、わからないのだ。「原初信仰」の教義では、狩猟という形で、神が創りだした命をいただくのなら、神への叛逆には当たらない。天然物ならば、俺は食うぜ。たとえ鬼の世界であっても、農園の外で殖えるならば、子の世代以降はすべて野生の人間だから、天然物だ。そうして天然物が増えれば、いずれそいつらを狩って喰える。ああ、もう一度食いてぇなあ、腹一杯、人間をよ、と(6-168)。

パンドラの箱がいきなり押し開けられた。狩猟とはなにか、という問いがあまりに無防備に投げだされたことに、たじろぎを隠せない。原初信仰においては、狩りによって獲物を仕留め、儀程《グプナ》をおこなって神への感謝を捧げてから命をいただくことは、教義に反していない。それは人間だって同じことだ。農園の外で繁殖する天然物ならば、教義にしたがって人間を狩り・殺し・食べることは許されている。そう、ソンジュは考えるわけだ。養殖物／天然物という対比は、どちらに重心が傾くかで微妙に風景が変わる。養殖で増やした動物を野に放ち、狩りの獲物とすることができる。狩猟の快楽という問題も覗けている。

第八巻、バイヨン卿の庭で催される怪物たちの人狩りの光景など、どのように理解すればいいのか。音楽が鳴ると、怪物たちが現われる。放し飼いにされている食用児たちを獲物にして、狩りの快楽に身をゆだねる。昔のように狩りたい、新鮮な人間を食べたい。人喰いの狩猟本能を満たすためにこそ、秘密の猟場《かりにわ》が維持されてきた。命懸けの祭りだから、狩りはスリリングで圧倒的におもしろい（8-101）。ここにはしかし、儀礼的な狩猟の影は認められない。

5

『約束のネバーランド』の凄みは、鬼とはなにか、なぜ、鬼は人間を食べるのか、という問いに真っ向から答えようとしたところにある。そう、わたしは感じてきた。ここで謎解きの役割を託されるのは、エマではなく、もう一人の主人公というべきノーマンである。

鬼とはなにか。かれらはヒトを食べなければ、あの姿やかたちを保つことができない。「形のない怪物」だ。最初の姿はだれも知らない。おそらくは、細菌に似たなにかだった。それがどうやって進化・変容を遂げてきたのか。突然変異、そして、遺伝子の水平伝播である。ほかの生物の遺伝子を、ときには種を超えて取りこむことだ。かれらの進化もそれに似ていた。かれらは食べることで進化する。食べたものの遺伝子を取りこんで、その形質を受け継ぐのである。虫を食べては、虫のようななにかに、魚を食べては、魚のようななにかに変わった。それを繰りかえしながら、さまざまな形質を手に入れ、さまざまなかたちへと進化していった。そして、かれらはやがて、ヒトを食べた。そうして、ヒトに似た姿と高度な知能や言葉や文化を獲得した。人間はかれらの最大の好物となり、みるみる内に人間を超え、人間の天敵となった。驚異的な速度で、進化・変容を遂げてゆく圧倒的存在だった。人間はかれらを畏れ、鬼、怪物、悪魔、神など、さまざまな名前で呼んだ。

しかも、かれらもひとつの生物であり、その速すぎる進化の代償が現われた。個体差はあるし、元に戻るわけではなかったが、食べ続けなければ、その形質を保つことができなかった。鬼が人間を食べるのは、そうしなければかたちも知能も維持できないからだ。ひとたび知った人間の味を欲して、〝約束〟の締結を経てもなお人間を食べつづけてきたのだ。それだけに、すぐに遺伝情報が書き替わる、きわめて不安定な生き物でもあった。この百年のあいだ、粗悪な量産肉を食べつづけて、下級の鬼たちの形質保持能力は弱まっている。早い個体ならば、半年もヒトを食べなければ、知恵を失い、野に返るだろう。

こうして、鬼とはなにかという問いにたいして、ノートンはたしかに、ある答えを提示してみせた。そして、農園を潰せば、いずれ鬼は滅ぶと宣言するのだ。人間の世界へと逃げるよりも、未来永劫、もっとも確実かつ安全に、すべての食用児を救える方法がある。鬼を滅ぼし、絶滅させねばならない。大人になれない世界、それゆえネバーランドは、もう終わりにしなければならない。この鬼の世界のなかに、すべての食用児の楽園を築こう。それがノートンの発したメッセージであった（14-106）。

これにたいして、エマの逡巡と懐疑は奇妙なものだった。たしかに、鬼がいなかったら、狩られることも出荷されることもなくなる。食べられることも怯えることもない。それなのに、エマは「私　鬼を殺したくない」と思うのだ。食べられたくはないし、絶対に食べさせたくもない。鬼はどこまでも敵なのだ。しかし、「鬼と私達　何が違うんだろう」という思いは変わらない。鬼だって、人間と同じように、ただ生きるために食べているだけなのに。「敵だからって　根絶やしにしていいのかな？」と思わずにはいられない（14-144）。

ずっとエマに寄り添ってきたレイの言葉は、とても冷静なものだった。レイはいう、このまま無理に人間の世界へ逃げても、やっぱり追われるか、戦争になるリスクが大きい、鬼にとって、人間が絶対不可欠な食料になっている以上、すべての食用児を救いたいならば、どう足掻いても、ノートンの方法しかない、と。

こうした三人の立場の表明は、なかなか興味深いものだ。エマの志向に沿って物語は進んでいったが、それが唯一の正解だったとは思えない。難民の群れのように、見えない境界を越えて、人間の世界のただなかへ、鬼の領域に千年も昔に取り残された人間の子孫が出現したならば、そこではなにが起こるか。戦争や排斥のテロやジェノサイドが起こるかもしれない、それがレイの抱いた不安であったはずだ。『アイランド』が語らなかったように、『約束のネバーランド』もまた、残酷な未来を語ることはなかった。それを非難しているのではない。

いずれであれ、これは真っすぐに、肯定の物語であることを選んだ作品なのである。そのことに敬意を表わさずにいられない。だから、書き留めておきたくなった。これは個体としての鬼ではなく、共同化された幻想としての鬼が解体され、その輪郭(アイデンティティ)が無限に溶かされてゆく現場ではなかったか。鬼の人間化、または人間の鬼化。それから、家族という問題。帰還のとき……。『約束のネバーランド』にはわれわれの未来が描かれている。

代理母は卵の夢にうなされて

1

科学技術のもたらした進歩や発達は、たとえ大きな負荷や事故にぶつかったとしても逆戻りはできず、ただ、さらなる技術革新によって負債を返済しながら発達させてゆくしかない、という考え方がある。技術の非可逆性などと呼ばれている。だから、人類は核や生殖の技術を手放すことはありえない、それは人間をやめることだ、と。カズオ・イシグロの『わたしを離さないで』という小説のなかで、それはクローンの儚《はかな》き願望を打ち砕く壁のように描かれていた。エミリ先生はこう語った。

でも、世間があなた方生徒たちのことを気にかけはじめ、どう育てられているのか、そもそもこの世に生み出されるべきだったのかどうかを考えるようになったときは、もう遅すぎました。こういうことは動きはじめてしまうと、もう止められません。癌は治るものと知ってしまった人に、どうやって忘れろと言えます？　不治の病だった時代に戻ってくださいと言えます？　そう、逆戻りはありえないのです。あなた方の存在を知って少しは気がとがめても、それより自分の子供が、配偶者が、友人が、癌や運動ニューロン病や心臓病で死なないことの方が大事なのです。それで、あなた方は日陰での生存を余儀なくされました。世間はなんとかあなた方のことを考えまいとしました。

（第二十二章）

生徒とはクローンのことだ。まさに、クローンを作り、その臓器を取りだして人間に移植する技術には「逆戻りはありえない」、という。その背景となる欲望の磁場が示唆されている。それはしかし、たんに科学や技術に内在する自己運動といったものではなく、その技術から恩恵や利益を得る人々、その果てしもない欲望こそが、それを手放すこと、逆戻りすることを許さないのではなかったか。技術の非可逆性に呪縛されているのは、科学や技術にかかわる人々だけではない。曖昧模糊とした世間に生かされている人々もまた、それを命懸けで欲望しているのだ。なにより、それは無尽蔵の富を産出するシステムである。資本主義的な欲望と呼んでおくしかない。だれが逆戻りなど許すものか。

だから、そこで技術の恩恵を受ける者はだれか、と問いかけてみたくなる。『わたしを離さないで』には、それがさだかには語られていない。くじ引きか、順番待ちか、それとも、優先順位が社会的身分や金銭で決められているのか。すくなくとも、クローン自身はみずからの「親」を知らず、臓器が提供される相手へと繋がることを許されていない。映画『アイランド』では、それぞれのクローンごとに専有的なスポンサーが存在し、そのスポンサーのためにのみ臓器提供などの身体搾取がおこなわれている。生命を操る技術によって莫大な利益を追求するのは巨大企業であり、まさにこのプロジェクト自体が資本主義的な欲望の所産であることはあきらかだ。それゆえ、こうした技術の恩恵を蒙るのは、社会のほんのひと握りの上層階級の人々にすぎない。『わたしを離さないで』において、それは後景に沈められていたが、たとえば社会主義的に厳格に管理されたシステムのなかで、平等に恩恵があまねく分配されていたのかもしれない。いや、そうではない。クローンの「親」は社会的格差の底辺から調達されていたのではなかったか。だとすれば、恩恵は避けがたく、社会のはるかな上層へと還流されねばならない。それはいわば、王たちへの献上品である。

いずれであれ、科学技術は倫理や責任から猶予されており、無色透明かつニュートラルであるといった牧歌的な幻想に与《くみ》するわけにはいかない。『わたしを離さないで』では、クローンが提供するのは臓器であり、その個体が生きているかぎり数度の提供がおこなわれ、命尽きて「使命」を終えていった。それにたいして、『アイランド』では、クローンは可能なかぎり生き永らえさせながら、スポンサーのために効率よく臓器提供が続けられる。そのような技術の開発が、スポンサーにたいするサービスの質的向上のためにおこなわれている。スポンサーの欲望をセンサーにして、技術革新は進んでゆく。それが巨万の富を産む。

だから、さりげなく挿入されている場面にそそられる。『アイランド』では、たんなる臓器提供にはとどまらず、スポンサーのための代理母として生ける子宮が収奪の対象にされていたのだった。帝王切開によって無事に赤児が誕生すると、その女性クローンは役割を終えて、ただちに廃棄処分にされていた。

それにしても、女性の子宮を生きたままに利用する生殖技術は、臓器を摘出し移植する技術とは、同じように生命を操る技術であるにせよ、まるで異なった印象がある。『家畜人ヤプー』のなかで、ほとんど悪魔の予言のように、代理母というテーマが惨たらしく描かれていたことを思いだす。そこには、たしかに代理母の原風景というべきものが提示されてあった。

想起しておきたい。絶対的な格差が存在したのである。神としての白人と家畜人ヤプー。白い女神と崇められる白人女の代理母、それゆえ身代わりの子宮を提供して白い子どもを出産するのは、ヤプン島の邪蛮国の美しい少女たちである。富士山の山頂にある修道院という名の飼育所で、裸の少女たちは選畜意識をもって修行と学びの日々を送り、競争の果てに、ついに貴族女のための光栄なるヤプム（子宮畜）に選ばれる。アンドロイドが白い神に成り代わってヤプムを犯し、射精する代わりに、種付けロボットとしてのミゼット（極小畜）が膣内に送りこまれる。それから、女主人の子宮から採取された一か月の胎児と胎盤が、ヤプムの子宮に植えつけられる。厳しく管理された日々のあとに、帝王切開で無事に白い赤児が取りだされると、子宮畜ヤプムはその役割を終えて、死を迎える。世界を支配するイース帝国の白い女たちは、そうして妊娠と出産にまつわる苦痛や不安から解放された。家畜人ヤプーの少女の生ける身体を利用して、動物からの遁走を果たしたのである。

家畜人ヤプーは知能の高い奴隷であった。むろん、日本国に暮らす日本人のはるかな遠い子孫である。『家畜人ヤプー』という諷刺に満ちた小説のどす黒い悪意に辟易しながら、ここにはしかし、二十一世紀の妊娠と出産にまつわる現実が先取りされていたことを認めざるをえない。それはだれか女性の子宮を生きられたままに借用して、いや寄生でもするかのように、性交から妊娠・出産へといたるプロセスから、みずからの身体にかかる負荷と危険だけを抜き取る。快楽は温存される。白い純血種の子孫を絶対的に安全に獲得するための究極の生殖技術が、そこにはあった。一篇の寓話である。おそらく、この時代には半ば以上は現実と化しているにちがいない、とひそかに想像をめぐらす。すくなくとも生殖技術としての可能性においては、すでに確立しているはずだ。

2

さて、わたしの手元にはいま、桐野夏生の『燕は戻ってこない』(集英社)という数か月前に刊行されたばかりの、まさに代理母を真っ向から取りあげた小説がある。いま・ここで、つまり現代日本のどこかで起こっていそうな、しかし社会の表層には公然とした形で浮上することが許されていない、そんな代理出産というできごと。だから、『アイランド』のように精巧なクローンの子宮を借りることはできず、『家畜人ヤプー』のように絶対的な身分制度の最下層に子宮畜という名の奴隷が準備されてはいない、そんな生殖医療が法的な裏付けなしに、ただ技術としてはようやく未開を脱しつつある状態で浮遊している時代のものがたり。いわば、クローンや奴隷なき時代に、いかにして代理母は存在しうるのか、という問いが真っすぐに問われている。

公然とは奴隷でないが、現実的にはいつでも隠れ奴隷へと堕ちてゆくかもしれない、あやうい貧困の縁に生かされている女性たちは、たしかにいたるところに存在する。子宮のなかであれ試験管のなかであれ、とにかく卵子と精子とが出会いひとつになれば、子どもの誕生へと道が開かれる。精子バンクは充実し、卵子を提供する女性もいくらだっている（らしい）。だから、それらを組み合わせて仲立ちすることが表立って、また隠密裡に生殖産業として生まれてくるのは当然なことだ。需要はいくらでもある。なんらかの事情によって子どもが欲しい、また妊娠・出産によってなにかが失われることを怖れる、そんな夫婦や同性のカップルが、金銭的な余裕さえあれば手に入れることが可能な選択肢として、そこに代理出産が浮かびあがる。法制度的に準備ができていない日本とは異なり、海外には代理母が認められている国々があるようだ。それがロシアやウクライナであるのは、なんとも微妙にして複雑な捩れが感じられる。たんなる経済的な格差にはとどまらず、白人への憧れといったものが見え隠れしているのか。あるいは、代理母と生まれてくる子どもを切り離しやすいといった事情があるのか。

桐野夏生の『燕は戻ってこない』には、代理母をめぐる、さまざまな意見や考え方が浮かんでは消え、姿を変じて、たがいに探り、退けあい、衝突する姿が描かれている。興味深いのは、代理母となったリキという女性が苦しみ足掻きながら、もっとも人間的に豊かに成熟してゆくことだろうか。逆にいえば、依頼者である夫婦の側が無残なまでにエゴをむき出しにして、倫理的に転がり落ちてゆくことで、いつしかリキを底上げしているようにも見えるのだ。

代理出産をめぐる基礎的な知識が欲しくて、大野和基の『代理出産　生殖ビジネスと命の尊厳』（集英社新書）を読んでみた。代理出産に関心が集まりだしたのは一九八〇年代以降であり、そこには大きくは二つの流れがある、という。ひとつは、八〇年代半ばあたりまで主流であった「人工授精型」であり、依頼者夫婦の夫の精子を代理母の排卵日に、その子宮に直接注入して妊娠させる方法である。生まれる子どもは当然であるが、代理母と遺伝的な繋がりを持つ。その後、体外受精の技術がしだいに確立して、依頼者夫婦の精子と卵子を体外で受精させて、その受精卵を代理母の子宮に移植する「体外受精型」へと移行してゆく。生まれる子どもは代理母とは切れており、依頼者夫婦とだけ遺伝的な繋がりを有している。

『燕は戻ってこない』の主人公リキの場合は、ここにいう「人工授精型」の代理母であったことになる。はじめに、リキは「サロゲートマザー」という代理母にならないかと勧められている。それは「奥様とは別の女性の卵子と、ご主人の精子を使った受精卵を、卵子を提供してくださった女性の子宮に戻して出産してもらう方法」であると説明されている。しかし、作品のなかでは、こうした体外受精ではなく、依頼者の夫・基の精子をカテーテルでリキの子宮に入れて、人工授精によって受精・妊娠させる方法が選ばれている。体外で受精させた受精卵を、リキの子宮に移植したわけではない。中途半端に仕入れた知識で書いているから、誤解があるかもしれないが、はたして説明は尽くされたのか、契約からの逸脱や違反はなかったか。すくなくとも依頼者の妻・悠子が試みてうまくいかなかった人工授精の方法が、そのままにリキにもおこなわれており、リキは契約よりも大きな負担を強いられたのではなかったか。

『燕は戻ってこない』は、小さな鍋のなかでことこと揺れている白い卵とともに幕を開ける。むろん、十個入りパックが百九十八円の鶏の卵だ。沸騰してから八分で固茹でになる鶏卵を前にして、「女の体の中にある卵子の本質は何だろうか」と、やがてほんの偶然から代理母になってゆくリキは、思うのだ。この卵のイメージが伏線となって、きっと、生まれてくる双子はぐりとぐらという名付けを施されている。絵本の『ぐりとぐら』は、森のなかで見つけた大きな卵を材料にして大きなカステラを作り、森の動物たちといっしょに食べる物語であった。まさしく卵の縁で、ぐりとぐらという名前が招喚されていたのである。

悠子は妊娠から遠く、生殖医療に身を委ねながら、ついには妊娠できない体となったことを宣告される。そうして、はからずも代理出産を依頼する側になってゆく。その悠子が、ある著名なアーティストのイラストにたいする違和感を覚えるのは、偶然ではない。

男が両手で、人形大の少女の白い腹を押している。すると、膣からイクラがぽろぽろ出てきて、飯茶碗に盛られた白い飯の上を覆う。まるで、少女の形をしたふりかけ容器を描いているかのようだが、イクラはふりかけではなくナマだ。ごつごつした男の手もリアルに描かれ、今にも箸を持ってイクラ飯をかっ込みそうである。

このイラストを見たとき、悠子はしばらく、イクラのひと粒ひと粒の輝きから眼を離せなかった。そこから悠子が感じずにはいられなかったのは、「エロでもユーモアでも美でもなく、食用になる魚卵と同じものが女の体内にも存在している」ことを、あらためて思い知らされたような「嫌な気分」だったのだ。妊活を強いられていた悠子の抱いた嫌悪は、むしろ真っすぐなものではなかったか。イクラは鮭や鱒から採られた魚卵である。鮭の産卵の場面ならば、映像で見たことがある。メスが産卵すると、そこに雄が精子の入った白い液体を振りかける。少女の腹から押しだされたイクラは、そんな映像を呼び招かずにはいない。

かつて『性食考』という本のなかで、性と食、セックスすることと食べることが交わる隠微な情景に、眼を凝らしたことがある。だから、その生々しすぎるイラストには、心穏やかではいられない。白い飯のうえを覆ったイクラは、男によって食べられる。それがまさにセックスへと、生殖へと繋がれている。みずからの胎内の卵に呪縛されている悠子の、そのイラストへの嫌悪感は、尋常なものではなかったはずだ。

そういえば、悠子は人工授精のときに、カテーテルを子宮口から無理に入れられるので、大きな苦痛を感じた。そのとき悠子が感じた痛みは、たんに肉体的な痛みだけではなく、もっと根源的な痛みだった。恥ずかしい格好をさせられて、夫の精子を他人の手で子宮に注入される。それは、いつかテレビで見た家畜の種付けを思い起こさせた。「人間も家畜も、原理は同じなのだ」ということを、わが身で痛いほどに感じて、悲しみと恥ずかしさを覚えたのである。こうした痛みの感覚をだれよりも強く感じていたのが、ほかならぬ悠子であったことを記憶に留めておきたい。

3

さまざまな会話のなかに、代理母をめぐる葛藤に満ちたまなざしが交錯している。開かれた対話の場を、あくまで代理母を起点にして創ろうとする意志が鮮やかだ。

たとえば、同じ病院で嘱託として働くテルから、エッグドナーのバイトをしないかと誘われたのが、きっかけだった。リキはそれ以来、ずっと卵という物質に捉われることになる。そのテルが、みずからきっかけを作っておきながら、代理母に向けて突き進むリキにたいする批判者に転じてゆく。テルはいう、「リキは嫌じゃないの？　自分の子宮が汚される感じしない？　自分のお腹の中で、全然見も知らない男の子供が育つんだよ。気持ち悪いじゃない」と。とても素朴な反応である。リキは「あまり気持ちはよくないと思うけど、汚されるとは思わなかった」と答える。テルはさらに、「だって、子供って神聖なもんじゃない」、「私、自分の産む子供だけは好きな人と作りたいな。それに、子供産んでみたら、すごく可愛かったってことないかな。自分の中には母性があると思うしさ。そんなこと考えると、ダイリボなんてできないよ」と追撃する。リキにはにわかに信じられなかった。テルは風俗のバイトをしていて、見ず知らずの男の性器を見たり、触っている。いや、だからこそ、反応はシンプルで真っすぐなのか。

依頼者の母・千味子は、妙に醒めていて、距離がある。「昔は、子は授かり物とか言った」けれど、いまはできないことはない、遺伝子操作だってできるし、そのうち人工子宮もできるかもしれない、という。息子の基は、もう実験しているらしい、人工胎盤を3Dプリンターで作ったと聞いたよ、と応じる。それが実現にいたるまでは、「貧しい国の女の人が子宮を提供するのね」と千味子がいう。すると、基が他人事のように、「残念ながら、そういう側面はあるよ。代理母も、一番人気はウクライナだからね。安いからさ。先進国では規制が厳しい。最近は、卵子の提供者と代理母は同一にしないらしい」という。まだ、具体的には代理母へと動きだしていない時期の会話であった。

依頼者夫婦の会話である。まだ決断はなされていない。悠子はしかし、卵子提供か代理母か、どちらの選択がなされるにせよ、「自分の遺伝子は排除される」という事実に気づいていた。そして、「金を払って選ぶ」という行為がなにより嫌だった。よりよい卵子を選ぼうとする。「同性である女の体を、金で切り刻む」ことにならないか、と思う。ランク付けされることに、「女として屈辱に感じる」という悠子にたいして、基は薄く笑い、「この資本主義の世の中は、すべてランク付けされるのが宿命じゃないか」と一蹴するのだ。悠子は「女の人の体だけが、ランク付けされて売られるのが嫌なのよ」と応じて、いまも代理母は豊かではない国の貧しい女の人がやっている、「それって、収奪じゃないの」という。前のめりの基は、「そこまで考える必要があるのか」と悠子を押しとどめて、アメリカみたいに合理的に考えるのが一番いい、「持っている人が、持てない人に売ればいいんだ。大いなる人助けだよ。だから、持てない人はそれに対価を支払う。それだけだ」と言い放つ。「精子バンクの精子だって格付けされてるよ。みんな同じ、平等だ」という基の言葉にたいして、悠子にはうまい反論の言葉が浮かばなかった。

その基がはじめて倫理というものを考える場面があった。リキの赤ん坊の父親は、じつはだれかわからないという現実がむき出しになったときだ。それが、基を根本から揺るがせ、情緒不安定にしていたのだった。根源的ななにか。あえていえば、「人間としてどう振る舞うのか、というような類の難しい問題。そう、倫理か」と、はじめて倫理という問題と遭遇するのだ。しかし、基にとって倫理的であることは、とても表層的で薄っぺらだ。なんだか、男の体面といった程度の重さしか感じられない。そのように突き放して描かれている。

夫とは対照的に、妻の悠子は生まれてくる子どもと遺伝的には繋がらず、そこに大きな溝があって、だから倫理的にではなく、あくまで実利的に妻の座をめぐって揺れている。悠子ははじめ、代理出産という夫の選択に傷つき、批判的であった。離婚に傾いた時期もあったが、いつしか夫に感化され、みずからの妻の座を守ろうとする欲望に押し切られてゆく。代理母という現実をなし崩しに受け入れながら、子どもを育てる母親へと成りあがろうとする。そうして、リキへの背信行為を重ねてゆく。

だれもが曖昧に流されてゆくなかで、りりこという、ひたすら春画風の絵を描きつづける画家の女だけが、あきらかに代理出産そのものへの批判を表明する。悠子の親友である。なぜ、反対なのか。りりこは「子宮の搾取、女の人生の搾取だから」と答える。悠子も了解している。りりこはいう、お金がないから承知した、「売るものがないから、卵子と子宮を売った」のだ、完全な搾取でしかない、と。りりこはリキに語りかける。わたしはセックスが嫌いだ、恋愛もしない、そもそも男にも女にも興味がない。突き詰めると、妊娠があるからかもしれない、結果があまりにつまらない、と。そして、「私は子孫なんか作りたくないから。生物を生産したくないんだ。私はこの世にたった一人存在するだけでいい」と言い切るのだ。それゆえ、リキに「お腹の中をすっきりきれいにするんだよ」と諭したことがあった。いわゆる反出生主義の匂いがするが、けっして不快なものではない。

＊

さて、主役はあくまで代理母のリキであった。

心はかさかさに乾いていた。結局、代理母を引き受けた。いまのリキには、「子宮込みの肉体を売るしか、できることがなかった」からだ。心は母親仕様になどなってはいないが、体のほうはしっかりと双子の母親になろうとしていた。「自分はまさしく動物だ」、そう、リキは思う。お腹のなかで、びくりと胎児が蠢く、子宮に芽生えた二つの種がそれぞれに蠢きはじめたらしい。それはエイリアンを思い出させて、身震いする。「いつか、映画みたいに、腹を突き破ってそれぞれが顔を出すのかもしれない」と思う。でも、不思議な全能感がともない、ある朝はじめて、奇妙な優越感のようなものに酔ったのだ。胎動が活発になってゆく。不思議と、お腹のなかで動く子どもたちが愛おしく、可愛く感じられてならない。日に日に、子どもは自分のものだ、という意識が強くなる。意外だった。

出産の日がやって来る。破水した。麻酔薬を打たれた。次に目覚めたとき、自分は腹に帝王切開の手術痕のある、双子の母親になっているだろう。いや、母親という認識は薄い。むしろ、「腹の異物を出してしまう感覚」に近かった。双子の胎児たちはいま、リキ自身の生命を脅かしている。意識を失った。そして、看護婦に呼ばれて、手術が無事に終わったことを知らされた。

リキは、まるで「世継ぎを産んだ、ただの「女」」になった。もとより基の妻でも愛人でもなく、まして大石理紀という個人ですらなく、「子宮を持つ生物としての女、子産みマシーン」だった。みずからの生殖器官である子宮を提供して、赤の他人の子どもを産んでやった、殊勝な女だった。赤ん坊はあまりに無防備で、無力な存在だから、この子を守りたい、という保護本能を掻き立てる。

それを、人は母性と呼ぶのかもしれないが、その名称が忌まわしいものに感じられる。だが、それはやはり、ちゃんと自分のなかにも芽生えている。始末が悪い。リキに備わっているはずの理性や感情が、いま、赤ん坊の存在によって破壊されようとしていた。「赤ん坊がこの世で一番美しいかもしれないね。だって、一人の人間なんだものね。凄いよね。ほんとに凄い」と、リキは語りかけた。

双子の名前は、依頼者たちによって、悠人と愛磨と決められていた。リキはひそかに、おそらく絵本のネズミの兄弟たちを思いながら、ぐりとぐらと名づけた。悠子から預かった離婚届にサインして、判を押した。それから、与えられた誓約書にもサインをした。

リキは男の子のぐりを抱きあげて、柔らかな頬に頬ずりをした。あんたは可愛がられるから大丈夫、立派なバレエダンサーになったら観に行くからね、元気でいてね、と囁きかける。次に、女の子のぐらを抱きあげた。あんたはママといっしょに行こうね、大石ぐらになるんだよ、と語りかける。ぐらは無心にリキを見つめている。抱っこひもで、ぐらを胸の前に抱いた。そして、まるで宣言でもするようにいう、「ぐら、いいよね。女同士で一緒に生きよう。クソみたいな世の中だけど、それでも女はいいよ。女の方が絶対にいい」と。誓約書の、草桶愛磨の名前だけを二本線で消した、訂正印を押した。「さあ、どこに行こうか」、リキが楽しそうにいうと、ぐらは明るい表情をした。

鮮やかな幕切れではなかったか。

いずれであれ、双子を産んだリキは最後に、どこか意表をついた解決策を選び取って、とりあえずの決着をつけたのだ。それはたとえば、混沌とした荒野を踏み分けながら、いま・ここでなされる選択として、これ以外にはなさそうなものに思われる。双子の名付けをめぐって、悠人と愛磨／ぐりとぐら、という根源的な対立の構図がリキの前には転がっていた。ぐりとぐらは、リキ以外のだれも知らない幻の名前である。悠人と愛磨は、いかにもそれらしい海の向こうの世界という舞台を意識した、しかし、すくなくともリキには受け入れがたい侮蔑に満ちて、舐めた名前ではなかったか。男の子を悠人の名前で依頼者夫婦のもとに残しながら、女の子をぐらの名前で胸に抱いて姿を消す。そうして、リキは解けそうにない難問をあっさり解いて見せたのだった。

　リキという名の、「子宮込みの肉体を売るしか、できることがなかった」女は、家畜と奴隷のはざまを行き交いながら、ついに双子を産んで、女に戻った。悠人を残し、ぐらを抱いて糞まみれの世界へと出奔していった。母と娘の糞まみれな旅が始まる。これはあるいは、つかの間の奴隷解放の物語であったのかもしれない。

第五章

二本足の豚たちが動物農場をゆく

1

ジョージ・オーウェルの『動物農場』はどこかで取りあげたいと思いながら、触れられずに来た。この寓話性の強い小説では、動物たちの叛乱というテーマをあくまで人間臭く描くことにおいて、いわば動物的な意匠そのものは縫いぐるみのように扱われている。作者であるオーウェルの意図は、そこにあり、動物の姿を借用した政治的寓話こそが目指されていたのである。それでも、この傑作はそこに閉ざされることなく、異種の解釈へと開かれているような気がする。わたしはそもそも、この連載のなかでは、先行研究のたぐいに触れることなく、いたって勝手気ままに関心の赴きにまかせたテクスト読解を重ねてきた。ここでは、『動物農場』という作品を寓話小説としてではなく、動物文学としてあえて誤読する、そんな遊びをしてみたい。

たとえば、この小説にかかわるオーウェル自身の「『動物農場』序文案」には、本書の刊行を断わられた出版社からの以下のような手紙の一節が引用されている。

もしこのおとぎ話が、独裁者全般や独裁制一般を対象としているのであれば、刊行しても大丈夫ですが、このおとぎ話はまちがいなく、私見ながらじつに忠実にロシアソヴィエトとその独裁者二人の歩みをたどるものとなっているので、ロシアのことを描いているとしか思えず、他の独裁国家はまったく対象になっていないといえるほどです。もう一点あります。このおとぎ話での主要な階級がブタでなければ、これほど不適切とはならなかったでしょう。支配階級としてブタを選んだことは、まちがいなく多くの人の不興を買うでしょう。

前半部は手に取るように、よくわかる。このお伽話のような小説は、すくなくとも同時代の、一九四〇年代の読者によって、ロシア革命に始まり、レーニンの死、トロツキーとスターリンの熾烈な権力闘争があり、トロツキーがソ連から国外追放され、秘密警察による粛清から茶番の裁判劇を経て、スターリンがついに独裁者として全権を掌握してゆく歴史的なプロセスを真っすぐに、かつ戯画的にたどった作品として読まれたにちがいない。この出版人もまた、そのように原稿を読んで、怖れをなして出版を断わったのである。むろん、時代が遠ざかれば、それがたんにソ連を舞台としたスターリンによる独裁にはとどまらず、すべての独裁国家に当てはまる現実への批判として読まれるようになる。

すぐれた文学であればあるほど、いずれ作家自身はみずからの作品から置き去りにされる運命にある。あえて書いておくが、あらゆる独裁政治こそが『動物農場』の似姿を演じるのである。独裁者という存在は、そのローカルな衣装を剥いでやれば、似たり寄ったりの貧相な貌をしている。そして、自発的に隷従する民衆という名の奴隷が、それぞれのローカルな独裁の底には沈められている。哀しいかな、奴隷はいつだって、みずから造られるのである。独裁者／自発的な奴隷という表裏なす組み合わせが、まさに凡庸にして普遍的な真実といえるにちがいない。

わたしがいたく関心をそそられたのは、じつは後半の数行である。この小説に登場する支配階級として、オーウェルが豚を選んだことだ。そうでなければ、これほど神経を逆撫でされることはなかったにちがいない、そう、その出版人は感じたのである。豚についてならば、一冊の本が書けそうなくらいに愛おしさを覚えている者としては、いささか過剰に反応せざるをえない。なぜ、豚はそれほどに忌避されるのか。声なき声が聴こえてくる。それは断じて、独裁者に割り振られるべき動物ではない、あまりに馬鹿にしている、あまりに不敬である。百獣の王たるライオンとは言わずとも、馬や牛か、犬か熊あたりならば、なんとか許容できるが、とにかく、豚はまずい。肥満しきった豚のスターリンでは、落ち着きが悪すぎる。要らぬ怒りを招く。いずれであれ、豚があまりに不当に貶められていることは、否定しようもない現実ではなかったか。

ロシア革命とその時代を生きた三人の革命家たち、レーニン・トロツキー・スターリンにはそれぞれに、特別仕立てのブタのぬいぐるみが用意されている。いま、その輪郭程度をデッサンしておく。

まずは、レーニンを思わせる老メイジャーである。老メイジャーが同志に呼びかけた最期の演説には、心を揺さぶられる響きがある。掲げられた理想は美しく、真っすぐな、しかし泥臭い輝きがある。夜の大きな納屋に集まった動物たちに向けて、この堂々としたヨークシャー種の血統を引き、牙が一度も切られていないにもかかわらず、賢く優しそうな外観をしているオスブタの老メイジャーは、こんな風に語りかけるのだった。すこしだけ手を加えて引用しながら、思いつきの注釈を施してゆく。

同志諸君、われわれの生活は惨めで、労苦に満ちており、短い。ギリギリ死なない程度の食べ物だけを与えられ、持てる力を残らず搾り取られ働かされるのだ。有用性がなくなった途端に、ひどく残虐なかたちで殺処分されてしまう。動物の生活は悲惨と隷属に彩られている。

ここでの動物は農場で飼われ、使役されている家畜である。たしかに、家畜は命を保つための最低限の食糧＝餌を与えられることと引き換えに、命あるかぎり最大限の労働を提供することや、身体そのものを無償で献上することを求められる。この野生動物を訓化して造られた家畜を範型として、奴隷という存在は創られたのか。じつは、いまだに奴隷／家畜がうまく分別できずに困惑している。『家畜人ヤプー』に遭遇して以来、人間／動物という二元分割の自明性がすっかり揺らいでしまった。生命をあやつる技術と生政治をめぐる現実は、クローンという擬似的な人間を産み落とす近未来の可能性において、人間とはなにか、という問いが拠って立つ地平そのものを大きく変容させてしまったのではないか。
さまざまな奴隷がいて、農奴やプロレタリアという賃金奴隷がいた。また、現代の日本社会に眼を転じても、すでに少数派ではなくなりつつある派遣社員だって、その生活は惨めで、労苦に満ちており、なんとか生かされている程度の食べ物を与えられ、持てる力を残らず搾り取られ働かされていることは変わらない。かれらの有用性がなくなった途端に、いや、雇用側の必要がなくなるや否や、殺処分とはいわずとも、ひどく無慈悲に使い捨てられているはずだ。それが現実ではないか。

その生活はあきらかに、奴隷のごとき悲惨と、家畜的な隷属に彩られているなどといえば、大袈裟にすぎるか。たしかに、大西洋に浮かぶ奴隷船に揺られているわけではない。それは相対的な残酷である。しかし、われわれの社会がある世代を丸ごと犠牲にして生き延びようとしてきた、という現実から、眼を背けることはできない。ロスジェネ世代の老後を前にして、やがて奴隷と家畜をめぐる新たな問いの群れが顕在化してくるにちがいない。お伽話では済まない、相対的貧困をめぐる現実は、『蟹工船』や『動物農場』に描かれていた、悲惨の底からの抵抗とテロルと叛乱というテーマを招《お》ぎ寄せずにはいない。

イギリスの土壌は肥沃で、気候は穏やかであり、すべての動物にたっぷり食べ物を提供できる。この農場のだれもが、ほとんど想像すらできないほどの快適さと尊厳をもって暮らせるのだ。では、どうしてわれわれは、この惨めな状態を続けているのか。それはわれわれの労働の産物がほぼすべて、人間によって奪われているからだ。同志諸君、ここにこそ問題すべての答えがあるのだ。それはたった一語で言えば、人だ。人こそは、われわれにとって唯一の真の敵だ。人を舞台から引きずり下ろせば、飢餓や過重なる労働の根幹をなす原因は、永遠に取り除かれる。

人は唯一、生産せずに消費する生き物だ。乳も出さない、卵も産まない。鋤を引くには弱すぎる、ウサギを捕らえるには足が遅すぎる。それなのに、人はあらゆる動物の主だ。動物たちを働かせ、奪い、飢え死にしない最低限だけを動物たちに返し、残りは自分の懐に入れる。土を耕すのはわれわれの労働であり、肥沃にするのはわれわれの糞だ。それなのに、おのれの皮一枚以上のものを所有する動物は、一匹だって存在しない。

気がつくと、忘却のかなたから、遠く、かすかな地響きを抱いた声が聴こえてくる。耳を澄ますうちに、やがて気づいた。その声は、「造反有理！」と叫んでいる。いつだって、持たざる者たちのテロルや革命は、この大義の声に、叫びに、思想に支えられている。我らの叛逆に道理あり、と。我ら動物たちはどうして、こんなにも惨めなのか。我らの労働の産物がすべて人間に収奪されているからだ。その人間は生産せずに、ただ消費するだけの生き物であるにもかかわらず、「動物の主」として君臨し、動物たちを働かせ、その糞を使い、収穫される生産物をひたすら奪う。我らはいつになっても無一物の、皮一枚のケダモノだ。まったく途方もない不条理な現実ではないか。横たわる問題の核心を真っすぐに浮かびあがらせながら、人間こそが唯一のほんとうの敵であり、だから、かれら人間たちを舞台から引きずり下ろさねばならないと、老メイジャーは呼びかけるのである。

この惨めな暮らしでさえ、天寿を全うすることは許されない。わたしは運がよかった。十二歳となり、四百匹以上の子どもを授かっている。ブタの自然の生き方とはそういうものだ。しかし、最後にいたって残虐なナイフを逃れられる動物はいない。若きブタたちよ、きみたちは一匹残らず、一年以内に肉切り台のうえで悲鳴をあげながら、命を失うのだ。だれもその恐怖からは逃れられない。

老メイジャーは去勢を免れ、ほかの去勢ブタのようにやわらかい肉片へと切り刻まれることなく、天寿近くまで生き永らえて、たくさんの子どもを成すこともできた。それはしかし、ブタとしては例外的な特権である。それすら、最期は残虐なナイフによる死を逃れることはない。大多数のブタは肉切り台のうえで屠られるのだ。フォアグラの生産工場では、たしかメスの鳥は生まれてすぐに淘汰されるのではなかったか。ブタのメスの消息が知りたい。ここでは、オーウェルは家畜としてのブタの実態に寄り添っていた。

この生活の邪悪はすべて、人類の圧政から生まれているのだ。人さえ始末すれば、われわれの労働の産物はわれわれ自身のものとなる。ほぼ一夜にして、われわれは豊かで自由になれる。何をなすべきか。日夜、身と心を傾けて人類の転覆を謀るのだ！　同志諸君、これがわたしの贈るメッセージだ！　叛逆を！

こうして、老メイジャーの長い演説は、人類の圧政を糾弾し、人間を始末すること、まさに人類そのものの転覆を、叛逆を呼びかけて終わる。この最期のメッセージは、とてもシンプルで、説得力があり、力強い。

　ここで、動物／人の対峙の構図を、労働者／資本家（ブルジョアジー）の対立に置き換えてやれば、そのままにレーニン率いるボルシェビキの革命理念に生き写しである。そして、老メイジャーはそれからたったの三夜で、寝たまま平和な死を迎え、果樹の根っこに埋められた。去勢も肉切り台も知らずに、天寿をまっとうしたのである。たぶん、十二年では短い。われわれはブタとかぎらず、家畜たちがいったい自然状態で何年生きるのか、つまり、かれらの寿命をあきらかには知らない。

　叛乱はそれから三か月ほどで、あっけなく成就する。農場主のジョーンズは追放され、メイナー農場は動物たちのものになった。やがて、名前も動物農場に変わった。この叛乱、あるいは革命を導いた三人組は、いや三匹のブタたちは、老メイジャーの教えを完全な思想体系に発展させ、それを「動物主義」と名付けたのだ、という。トロツキーを思わせるスノーボールと、スターリンを思わせるナポレオン、そして、三匹目がスクウィーラーであるが、そのモデルがだれかはいささか曖昧だ。動物たちのなかでもっとも賢いと認められていたブタたちが、いつしかほかの動物たちへの啓蒙やオルグの役割を引き受けた。そのブタのなかでも傑出していたのが、スノーボールとナポレオンという、二匹の若きオスブタである。かれらは去勢されず、繁殖用であり、市場で売られるために育てられてきた。ナポレオンはバークシャー種の血統ブタである。

　スノーボールは快活で、口もすばらしく達者で創意工夫の才もあったが、重厚さはなかった。ナポレオンは大柄で、いささか強面であり、口はあまり達者でないが、欲しいものはなんでも手に入れるという評判だった。それぞれに、トロツキーとスターリンの似姿をかたどった縫いぐるみとして、過不足はない。農場のほかのオスブタたちはみな、食用の去勢ブタであった。そのなかでいちばん有名なのが、スクウィーラーという小さな太ったブタで、きわめて口がうまく、白を黒と丸めこめるほどになぜか説得力があった、という。

2

『動物農場』には、ある類型的な動物表象のカタログが見いだされる。あらゆる動物は、「二本足で立つ者」／「四本足で立つ者」「翼を持つ者」に分類され、まるでカール・シュミットの友敵理論のように、「二本足で立つ者はすべて敵」／「四本足で立つか、翼がある者は友」という戒律が掲げられていた。さらに大きくは、「四本足で立つか、翼がある者」は家畜やペット／野生動物に分けられている。そうして動物農場という舞台のうえで、人間／動物〔家畜／野生〕という大分類を背景として、それぞれの生き物たちのイメージ・カタログが織りあげられている。あらかじめ、ここでは生きとし生けるもののカタログから、ほとんどの野生の獣や鳥がまず外され、虫や魚や草や木が省略されていることに、眼を留めておくのもいい。叛乱はいずれ、鳥獣から虫魚や草木へと拡大されるにちがいない。

さて、たくさんの家畜の群れが登場してくる。注意を促しておきたいのは、これは家畜のナチュラルな生態学ではなく、あくまで飼う／飼われる関係のなかで紡がれる社会学的な類型論を背景にしている、ということだ。搾取と暴力の政治学、そして、詭弁と隠蔽の弁証法こそが主要なテーマとならざるをえない。それでいて、縫いぐるみの展覧会といった趣きが感じられる。幼い子どもらは縫いぐるみに名付けを施すが、みなに固有名が当てがわれるわけではない。『動物農場』においても、固有名をもって呼ばれる動物はかぎられた少数派であり、名もなきその他大勢の動物とは、あきらかに一線を画されている。

はじめに、固有名をもつ動物たちを取りあげてみたい。まずはブタである。固有名をもつブタはメイジャー・スノーボール・ナポレオン・スクウィーラーの四匹のほかには、ごく少数例しか見られない。支配階層を形成する、その他のブタたちは匿名の官僚集団のようなものであったか。ブタによる専制支配が確立してゆくなかで、かれらは巧妙に策略と情報統制を駆使して、特権をブタの元に集中させてゆく。

ブタやイヌが賢い動物とされるが、動物たちのなかでもっとも賢いと認められていたのは、まさしくブタであった。ブタは完璧に読み書きができる。つまり、知能が抜きん出てすぐれているのだ。すでに触れてきたように、ブタには二種類があって、市場で売られる繁殖用のオスブタ／食用に供されるオスの去勢ブタに分かれる。食用ブタはみな一歳未満であった。農場主がブタや子ヒツジの去勢に使う残酷なナイフが姿を見せる。解体に使うナイフと肉切り台もあった。ブタは農場で飼育されている家畜であるかぎり、たとえ知能にすぐれていても、こうしたナイフによる暴力と死から無縁ではありえない。

ブタたちは動物主義の原理を七つの戒律にして、それを大きな納屋の壁に書いて掲げた。大半の字が読めず、無知な動物たちのために、七戒は「四本足はよい、二本足は悪い」という格言に短くまとめられた。トリたちの反対は丸めこまれた。翼は足と解釈されるべきだ、手こそは人間が悪行のすべてをおこなう道具なのだ、と。ブタは厳しい労働にはつかずに、ほかの動物たちを監督し指示を与える。すぐれた知識ゆえに、自然と指導的地位につくのだと考えられている。日曜日の会合で決議案を出すのは、いつもブタたちだった。ブタは頭脳労働者であり、農場の管理と組織運営はすべてかれらに委ねられていた。いわば、優秀な官僚集団といったところか。

かれらの特権はしだいに、多くはなし崩し的に拡大していった。大事な人材の健康を保つためにという理由で、ミルクとリンゴなどの嗜好品はブタの専用になった。ブタたちは気がつくと、禁じられていたはずの農場邸宅に暮らし、台所で食事をとり、居間を娯楽室として使い、ベッドで寝ていたのだった。ついには、ほかのすべての動物たちは、ブタと出会ったら道を譲るというルールが生まれた。あらゆるブタは、日曜日には緑のリボンを尻尾につける特権を与えられたが、それは人間たちのぜいたくな趣味として毛嫌いされて来たものだ。ブタはまた、いつの間にか、毎日ビールの配給すら受けるようになった。ブタはあらゆる特権が廃棄された場所から、奸計を巡らして、ついに唯一の特権階級へと成りあがったのである。

イヌもまた賢い動物とされている。実は、読むのはそこそこ達者だったが、七戒以外は読む気がなかった。固有名をもつイヌ、ジェシーとブルーベルは元気な仔イヌを合わせて九匹産んだ。しかし、それは乳離れと同時に母親から切り離され、ナポレオンによって屋根裏に隔離された。かれらが次に姿を現わしたのは、ナポレオンとスノーボールとの雌雄が決せられる戦いの現場であった。ナポレオンのひそかな命令で、真鍮の鋲打ち首輪をつけた巨大なイヌが九匹、恐ろしい唸り声とともに突入してきたのだった。スノーボールに真っすぐに襲いかかった。からくも逃げおおせはしたが、権力闘争に敗れ、スノーボールは動物農場から追放されたのである。ナポレオンがひそかに、九匹の仔イヌたちを獰猛な秘密警察めいた存在に仕立てあげていたことに、だれも気づいた形跡はない。イヌはこうして、ナポレオンの独裁を支える暴力装置としての役割を担うことになったわけだ。

ウマは力の並はずれて強い動物である。馬車ウマは二頭、ゆったりと歩き、小さなヒヨコにも気遣いを忘れないほど、心優しい生き物だった。ブタたちのいちばん忠実な使徒と見なされていた。ボクサーは身の丈が百八十センチ近くあり、巨大で、普通のウマ二頭分の強さをもっている。いろはにの先は読めず、それほどの頭のよさは持ち合わせないが、落ち着いた風格とすさまじい労働力によって、だれからも尊敬されていた。クローバーは中年に近い母親然としたメスウマで、四頭目の子どもを産んでからは体型が戻らない。いろははすべて覚えたが、綴ることはできなかった。ボクサーとクローバーは懸命に畑仕事や風車造りで働いた。ボクサーはとても禁欲的かつ自己犠牲的に、すさまじい筋力で朝から晩まで働いた。労働英雄である。かれには二つのスローガンがあった。すなわち、「わしがもっと働く」と「ナポレオンは常に正しい」である。純朴なボクサーは独裁者を心から崇めていたが、ある種の危険な存在として、ひそかに眼を付けられていた。ボクサーはしかし、襲いかかる三匹のイヌを蹄で蹴散らしてしまうのだ。

この、動物農場でもっとも忠実な労働者であるボクサーが、老齢となり、無理を重ねた挙句に、とうとう石を運んでいるときに倒れた。ナポレオンがそれを知って、ボクサーを町の病院に送り手当てを受けるように手配した、という。動物たちは不安を感じた。なにしろ農場を一度だって離れたことがなかったのだ。ウマ二頭に引かれた巨大な密閉型の馬車が、ボクサーを運び去った。馬車の横には、馬肉処理、にかわ製造業、皮革および骨粉販売、イヌの餌販売などの文字が書かれてあった。騙し討ちに遭《あ》ったのだ。馬車は動物たちの恐怖の叫びのなか、門を抜けて道を駆け降りていった。ボクサーは二度と姿を見せなかった。老メイジャーはかつて、ボクサーに「きみのその大きな筋肉が力を失ったその日に、ジョーンズはきみを解体業者に売り渡し、きみののどは切り裂かれて、猟犬のエサとしてゆでられてしまうのだ」と予言した。それは農場主のジョーンズではなく、ボクサーが崇める同志のナポレオンによって成就されたのである。

農場主の軽二輪馬車を引っぱる、きれいな白いメスウマがいた。このモリーが、叛乱のあとにも砂糖はもらえるのか、たてがみにリボンを付けていていいのか、とだれよりもバカな質問をした。モリーは自分の名前を綴る三文字以外は、絶対に覚えようとしなかった。ウシ小屋の戦いのときには、干し草に頭を埋めて隠れていた。モリーは結局、ほかの動物たちを裏切るのだ。町の酒場の主人の二輪馬車を引いていた、砂糖を食べ、前髪に深紅のリボンを付けていた、とハトが報告を持ち帰った。さだめし、ブルジョア的な欲望に溺れて人間に身を売った、退廃分子とでもいったところか。

ロバのベンジャミンは、農場でいちばん高齢の動物で、癇癪持ちだった。ほとんど喋らず、口を開けば嫌味ばかりで、けっして笑わなかった。ブタに負けないくらい字を読めたが、その能力をけっして使わなかった。ボクサーを崇拝し、いつも日曜ごとに、果樹園の向こうの小さな馬場で、言葉を交わさずにただ一緒に過ごしていた。叛乱のあとにも、ゆっくりした頑固なやり方で作業をしていたが、けっしてサボらず、しかし、自発的に追加の作業をすることもなかった。冷徹に革命以後の現実を見つめていた。しかし、独裁への批判や抵抗の意志を露わにすることはなく、シニカルな傍観者に留まったのである。

白ヤギのミュリエルは、イヌよりはうまく字が読めて、ほかの動物たちに新聞の切れ端を読んで聞かせることもあった。

カラスは奇妙な存在である。農場主に飼われている特別なペットだった。ジョーンズが気まぐれに、ビールにパンの耳を浸して食べさせるほどに、可愛がられていたのだ。仲間からはスパイと疑われることもあり、ホラ話ばかりだが、巧妙な語り手でもあった。この大人しいカラスのモーゼスは、「死後にあらゆる動物が行くという、砂糖菓子山という不思議な国があるのを知っている……(略)それは空のどこかに、雲の少し向こうにあるんだよ」といったホラ話を好んでする。動物たちは仕事をしないモーゼスを嫌っていたが、砂糖菓子山を信じている動物もいるので、ブタたちはそれを否定するために苦労していた。噂やデマの震源地であり、その荒唐無稽な妄想が大衆的に共有され広まってゆくとき、社会不安は一気に高まる。独裁者はモーゼスが物語りする、動物たちが死後にゆく砂糖菓子山という名の他界幻想を扱いかねていたのかもしれない。宗教的な救済の回路は反転して、独裁を撃つ拠りどころとなりかねない。

それから、固有名を与えられない、その他大勢の動物たちがいた。

ヒツジ、メンドリ、アヒルなどの馬鹿な動物たちは、七戒すら暗記できなかった。それでも、アヒルやメンドリたちはがんばって働いた。飛び散った穀物の粒を丹念に集めたのだ。オンドリは朝の鶏鳴で、みなを起こした。産卵期のメンドリたちは、卵を引き渡せと命じられ、絶叫しつつ抗議した。ジョーンズの追放以来、はじめて叛乱らしきものが起こったが、それが力弱き母親たちによる異議申し立てであったことは記憶に留められたほうがいい。メンドリたちへの餌の供給が禁止され、イヌたちによって支援が遮断されて、ついに降参に追いこまれた。九羽のメンドリが犠牲になって死んだ。その後、卵はすべて運び去られ、市場に出荷された。

ヒツジは「四本足はよい、二本足は悪い」という格言をやっと暗記すると、それが大いに気に入った。畑で横になりながら、「四本足はよい、二本足は悪い！」と鳴きはじめて、何時間でも飽きることがなかった。いつしか、ヒツジたちはナポレオンの手先となった。「四本足はよい、二本足は悪い！」とメエメエ叫んで、スノーボールの演説の邪魔をし、なにか議論が始まりそうな気配を察知すると、ただちに喚き声で潰した。ヒツジたちはまた、配給が増やされたというニセ情報を人間の耳に入るように、さりげなく喋ってまわることを命じられた。大衆をあやつり、敵である人間たちを攪乱するための情報戦の、いわば尖兵としての役割を引き受けていたのである。

毎日、ハトの群れは農場の外に送りだされた。近所の動物たちに混じって叛乱の物語を語って聞かせ、解放への戦いを呼びかける「イギリスの獣たち」の歌を広めた。かれらは町にも飛んでいって、情報収集を怠りなくおこない、人間側に寝返ったモリーの姿を報告した。スノーボールはハトを送りこんで、ほかの農場でも反乱を煽動すべきだと主張した。ハトは敵陣深くに潜行する斥候であり、スパイであり、情報戦においては敵を攪乱する役割を担ったのだ。伝書鳩が思い浮かぶが、ハトの軍事利用はけっして珍しいことではなかった。そういえば、農場主たちを撃退したウシ小屋の戦いでは、三十五羽のハトは人間たちの頭上を飛び交いながら、空から糞を排泄して攻撃に加わった。

ネコはいちばん暖かい場所を探してもぐり込み、のどを鳴らすばかりで、老メイジャーの演説の中身などひと言も聞いていなかった。ナポレオンが招集をかける直前に、突然、姿を消して、血なまぐさい粛清劇に立ち会うことを逃れた。修羅場からは巧みに身を避け、生き延びる才能が、猫には絶妙に備わっていたようだ。

それから、これらの家畜とは別に、野生動物がすこしだけ姿を見せる。老メイジャーが演説をしていると、四匹のネズミが穴から出てきて聞き入っていたが、イヌたちに見つかりあわてて穴に逃げ帰った。メイジャーはそこで、すかさず「ネズミやウサギといった野生の生き物——かれらは我々の友だろうか敵だろうか？」と問いかける。票決の末に、圧倒的多数がネズミを同志として認めた。

しかし、野生動物の扱いはひと筋縄では行かなかった。野生同志再教育委員会がつくられ、ネズミやウサギを従順にさせようとした。かれらは比喩的には乞食か浮浪者であったか。この野生動物を飼い馴らそうとする試みは、失敗に終わった。かれらは昔とまったく同じ振る舞いを続けて、譲歩をすればつけ込んできた。ネコが再教育委員会に参加していた。ネコからたぶん猫撫で声で、すべての動物はいまや同志だからと話しかけられても、スズメたちは近寄ろうとしなかった。野生を飼い馴らしコントロールすることは、たとえ強大な独裁者であっても、至難の業であったはずだ。

それにしても、オーウェルがお伽話めかしてではあれ、野生と家畜をめぐるテーマに目配りしていたことは、なかなか興味深いことだ。

ほかに、野生のテリトリーに棲息する動物たちが、いくつか名前だけで登場してくる。まずはウサギであるが、農場の従業員たちが、日曜日にはウサギ狩りに出かけて行った、と見える。キツネは裏庭に、夜などときおり現われるらしい。それから、野鳥に括られるスズメやツグミなどがどこかに姿を見せていたが、大きな役割を果たすことはなかった。

動物農場の内と外にまたがり、家畜／野生動物という二分法を底に沈めながら、動物たちのイメージ・カタログが作られていた。固有名をもつか、もたないかによっても、扱いは大きく異なる。事情は縫いぐるみと変わらない。それにしても、これは農場に家畜やペットとして飼われてきた動物たちが主人公となった、一編の動物寓話小説である。たんに、スターリンの独裁政治を諷刺することには留まらず、こうして動物たちのイメージ・カタログを作成してみると、家畜とはなにか、という問いへの絶妙な応答がなされていることに驚かされる。

ここで見逃すことができないのは、それが動物一般ではなく、まさに家畜たちの肖像画集であったことだ。家畜を所有し飼育する人間の側からの眼差しが浮き彫りにする、それゆえに、鳥獣戯画ならぬ家畜戯画とでもいうべきデッサン集なのである。家畜に括られる動物たちが、人間にとってのオブジェとして、克明に描かれている。くりかえすが、家畜の生態学ではない。あくまで飼う／飼われる関係のなかで織りあげられた、社会学的な類型論なのである。そこに埋もれている、いわば搾取と暴力の政治学に眼を凝らさねばならない。家畜もまた再発見のときを求めているのである。

3

動物たちの革命のその後を見届けておくことにしよう。

スノーボールの追放後は、ナポレオンにたいする疑いや抗議の声は、そのかたわらに侍るイヌたちの威嚇する唸り声と、ヒツジたちが大声で唱える「四本足はよい、二本足は悪い！」のかしましい声によって封じこめられてしまった。会合では、ナポレオンはスクウィーラーと、作曲や詩のみごとな才能をもつミニマスというブタとともに、高い演台の最前列に座り見下ろしていた。そのまわりに、九匹の若いイヌたちが半円を描いて陣取り、背後にはほかのブタたちが控えていた。まさに、独裁政治の典型的な図柄ではなかったか。見上げるような高みのステージの中心に独裁者を祀りあげて、幇間《タイコモチ》の政治家、装飾としての芸術家を侍らせ、暴力装置たる秘密警察によって守護され、独裁政治を運営する官僚たちが取り巻いている。そして、独裁者を賛美する自発的な隷従者たちの群れが、はるかな底辺の暗がりに蠢いていた。

スノーボールの秘密スパイがいたるところに潜んでいた。絶え間なく摘発がおこなわれた。ナポレオンがすべての動物に庭へ集まるよう命令した。ナポレオンの甲高い鼻声とともに、九匹の巨大なイヌが四匹のブタの耳に噛みついて、ナポレオンの足下へと引きずっていった。四匹のブタは、日曜の会合廃止に抗議したことがあった。ついにスノーボールとの接触を告白して、イヌたちにのどを喰い破られた。卵をめぐる叛乱の主導役になった三羽のメンドリは、スノーボールに夢のなかで叛逆をそそのかされたと告白して、虐殺された。トウモロコシを六本隠匿して食べたと告白したガチョウも、水飲み池に小便をしたと告白したヒツジも、ナポレオンに忠実な老オスヒツジを殺したと告白したヒツジ二匹も、みんなその場で殺された。告白話と処刑はさらに続いて、ナポレオンの足下には死体が山ほど積みあがり、血の匂いが重く垂れこめた。残った動物たちは、ブタとイヌを残して、惨めにひっそり立ち去った。

恐怖と虐殺の庭に立ち会わされたのである。老メイジャーの演説の晩、動物たちが漠然と思い描いていたのは、「動物たちが飢餓と鞭から解放され、みんなが平等で、それぞれが能力に応じて働き、強い者が弱い者を守る社会」であったはずだ。その代わりに、だれも思ったことを口には出せず、恐ろしいイヌたちが唸りながら徘徊し、衝撃的な犯罪を告白した同志たちが八つ裂きにされる、そんな時代になってしまった。叛乱の歌である「イギリスの獣たち」は禁止された。裏切り者たちが処刑されて、外なる敵も内なる敵も打倒されたから、もはや叛乱は成就したのである。怯えながらも抗議が起こりかけたが、いつものごとく、それは「四本足はよい、二本足は悪い！」というヒツジたちの喚く声に掻き消されてしまった。ナポレオンは「我らが指導者、同志ナポレオン」と呼ばれ、万獣の父・人類の恐怖・ヒツジたちの保護者・アヒルの友などの肩書きを献上された。それでも、スノーボールの陰謀は終わらずに、さらに粛清劇は続いた。

動物たちはみんな、かつては奴隷だったのに、いまや自由だった。状況はまったく違う。ブタやイヌがまわりにいないときには、まだ文句を呟く動物がわずかにいた。ヒツジたちが例によって、喚き声で黙らせた。そうして、動物たちはみんな奴隷のように働いた。歳月が過ぎて、叛乱以前の日々を覚えている動物はわずかしかいなくなった。叛乱はもはや漠然とした伝説にすぎず、口承で伝えられているだけだ。

動物たちが所有し運営する唯一の農場だった。老メイジャーが予言した、「動物たちの共和国、イギリスの緑の畑を人間が踏み荒らすことのない国」は、まだ信じられていた。空腹だとしても、それは圧制的な人類を喰わせているからではなかった。労働はつらくても、自分のための労働であった。動物たちのなかで、二本足で立って歩くものはいない。すべての動物は平等だった。

ある晩、動物たちが仕事を終えて農場に戻ろうとしていると、中庭からウマの恐れおののく声が響いてきた。後ろ足で立って歩くブタたちの行列に出会った。その最後に、堂々と身体を起こしたナポレオンが前足に鞭をもって現われた。すべてのヒツジたちが大声で叫びはじめた、「四本足はよい、二本足はもっとよい！」と。言寿《ことほ》ぎの歌になった。

奴隷や猿やアンドロイドの叛乱に、眼を凝らしてきた。おそらく、『動物農場』にシニカルに描かれた家畜たちの叛乱は、その思想的な原風景をみごとに浮かびあがらせている。独裁も、それにたいする叛乱も、いつだって似たり寄ったりであることに気づかされる。それにしても、オーウェルはなぜ、豚の独裁者を選んだのか。あらためて、豚さんの肖像画を描いてみたくなった。

豚は知性的な生き物である

1

またしても、ほんの偶然だった。ジョージ・オーウェルの『動物農場』について書いたあと、隙間の時間に、たまたまNetflixで『ザ・ハント』を視聴したのだった。なにも知らずに、けっして好きなわけではない過激なアクション映画に惹きこまれた。豚がくりかえし姿を見せることに、たしかに心をざわつかせながら、それでもそれと気づくことなく、最後にいたって、「引用よ。G・オーウェルの『動物農場』。豚の名よ」という敵役の女アシーナの言葉に、わたしは落ちた。まさか、信じられなかった。

すぐに、DVDを買い求めた。いつ消えるかわからず、不安だから、そうして、必要なだけくりかえし観ることになる。パッケージには「衝撃の〝人間狩り〟アクション」という言葉が踊る。作品への誘いの言葉をそのままに引いてみる。

広大な森の中で目覚めた12人の男女。ここがどこなのか、どうやって来たのかも分からない。あるのは巨大な木箱に納められた一匹の豚と武器の数々。すると突然銃声が鳴り響き、何者かに狙われる。武器を取り、逃げまどいながら、やがて彼らは気がつく。ネット上にはびこる噂、「人間狩り計画」――セレブが娯楽目的で一般市民を狩る〝マナーゲート〟が実在することを。観る者を震撼させる過激な内容が物議を醸し、全米で一時公開中止となった問題作。

かなり複雑なストーリー展開であり、真実らしきものにたやすくはたどり着けない。ここでは謎解きに参加しようとは思わない。最低限の輪郭だけを押さえておけばいい。どうやら、トランプ大統領の時代の対立の構図が、陰画か寓話のように沈められているらしい。

グローバルなビジネスの世界で活躍する、リベラルで無神論者のエリートたちが、SNSで交わしあった会話がハッキングされて、ネット上の陰謀論者たち、「皆の正義」に追いつめられてゆく。エリートたちは大統領を批判し、「じきに狩り《ハント》よ」「領地《マナー》で、哀れな連中《デプロラブル》を殺すのが楽しみ」といった会話を交わした。それはすぐに削除されたが、陰謀サイトでは娯楽で人狩りをおこなう富裕層の噂として炎上した。かかわった人々はそのために失脚し、ビジネスを失った。そのエリートたちが、噂をばら撒いたデプロラブルの貧乏白人たちを獲物として攫《さら》い集め、広い領地に追い放ち、殺してゆく人間狩りを実践した、といったところか。復讐劇であった。念のために、ヒロインのクリスタルはどちらにも属さず、人違いで巻きこまれていった。アフガン帰りの元兵士である、このクリスタルが、人間狩りという狂気を終わらせるのである。

野原に置かれた木の箱から、服を着た豚が登場し、よろよろ歩きながら森のなかに消えていった。木箱からはたくさんの武器が見つかった。その瞬間、身を潜めたハンターたちによる攻撃が始まった。いきなり獲物にされた人々は、逃げ惑いながら、次々に殺されてゆく。豚と武器の取り合わせは、むろん偶然ではあるまい。それぞれの場所で眠らされて遠い異国の領地に連行され、野原に放たれた者たちはみな、隠語のように豚と呼ばれているのだ。

ここで、わたしが関心をそそられているのは、オーウェルの『動物農場』の影であり、そこからの引用の痕である。

なにしろ、自家用ジェット機のなかで、眠りから覚めて、暴れて殺された男の名前はスクウィーラーであった。はじめてのとき、気づくべきであったが、わたしはこの名前に耳を留めることがなかった。『動物農場』では、スクウィーラーは小さな太った豚で、その巧みな弁舌によってナポレオン（つまり、スターリン）に奉仕していた。

鉄条網のフェンスを乗り越えて、領地から逃亡し、ガソリンスタンドにたどり着いた獲物たちは、そこでハンターの男女に騙し討ちに遭《あ》い殺される。その会話のなかに挿入された、「反乱後に、角砂糖は？」という奇怪な言葉は、思えば、『動物農場』に登場するきれいな白いメスウマの発した言葉であった。三人の女がすでに仕留められていたが、その一人はまさにこのメスウマの名前であるモリーであった。もう一人はモーゼスである。これは農場主に飼われていた特別なペットのカラスの名前であった。さらに、ハンターの女の言葉に見える、矢で射ってから吹き飛ばされたボクサーという男の名前は、『動物農場』では、独裁者にもっとも忠実な労働英雄のオスウマの名前ではなかったか。

おそらく、ハンター集団のリーダーのアシーナによる名付けである。獲物たちの幾人かは、『動物農場』からの引用として、それらの名前をひそかに与えられていたのである。クリスタルを獲物に選び、スノーボール（つまり、トロツキー）と名付けていたのが、ほかならぬアシーナであった。そういえば、『動物農場』の作者の名前もまた引用されている。木箱から現われた豚が、どうやらオーウェルと名付けられていた。この豚は藪のなかから、再登場して、ハンターたちの拠点に投げこまれ、銃で撃たれ殺されている。

最後の戦いが、クリスタルとアシーナのあいだで交わされて、クライマックスを迎えることになる。戦いが決着してからの、二人の会話がとても興味深い。種明かしにして、さらなる目眩《めくらま》しである。

クリスタル「質問していい？　スノーボールって、なに？」

アシーナ「引用よ、G・オーウェルの『動物農場』。豚の名よ」

クリスタル「なぜ、わたしなの？　スノーボールは理想主義者よ。世界をよくしようとして、ほかの豚たちが作ったウソで失脚し、敵に回された。あなたが適役よ」

クリスタルもまた、『動物農場』を読んで、知っていたのである。そして、人違いだったのだ。スノーボールの役割はあなたこそがふさわしい、そう、死んでゆくアシーナに、クリスタルは声をかけたのである。二人は本来、戦うべき相手ではなかったのだ。そこに、まるで『不思議の国のアリス』にでも出てきそうな兎が、一瞬だけ姿を見せる。クリスタルの母親が話していた「兎と亀のはなし」では、兎は最後に、亀の家族を皆殺しにして、夕食を奪って食べた。兎はいつだって、最後の勝者なのである。さて、アシーナは。

ここまで執拗に、『ザ・ハント』の監督のクレイグ・ゾベルが『動物農場』を引用し、おそらくはジョージ・オーウェルへのオマージュを捧げていたのは、なぜか。いや、それはオマージュであったのか。アシーナによる獲物の名付けは、あきらかに、陰謀論者の哀れな貧乏白人たちを、『動物農場』の叛乱を起こした愚かな豚たちになぞらえて、揶揄するものであった。しかし、唐突に現われて、画面をよろよろ横切ってゆくシャツを着た豚が、オーウェルと呼ばれ、アジトに無造作に投げこまれ、あっけなく殺される場面など、微妙な感触が拭えない。この豚はたぶん、かれらに飼われていたペットである。

それにしても、豚の叛乱を戯画化してみせたオーウェルと、その『動物農場』の批評性は、諸刃の剣であったかと思う。オーウェルは豚たちの叛乱が独裁に堕ちていったことを、むき出しにしてみせたが、叛乱そのものを否定したわけではない。農場主つまり資本家やブルジョアたち、その延長上にいるグローバルな富裕エリートたちによる、動物たちの、それゆえ貧しき者たちの支配と搾取を正当なものと認めたわけではない。やはり、アシーナはスノーボール＝トロツキーの適役とは見なせない。ジョージ・オーウェルはさだめし、アシーナにとってはマスコット人形のようなものであったか。

クリスタルをスノーボールと名づけたとき、アシーナはすでにある種の共感を隠さなかった。それはあるいは、ナポレオンによって追放されたスノーボール、すなわちスターリンの独裁体制の確立のために、スケープゴートとして追放・暗殺されたトロツキーにたいする屈折した共感を、挫折した富裕エリートのアシーナが抱いていたことを示唆しているのかもしれない。峻厳にして残酷な政治の磁場では、ついにスターリンに敗れざるをえなかったとしても、トロツキーは理想主義の革命家として一定の敬意を表されている。アシーナには恥じらいが感じられる。体制内エリートの敗者となったアシーナ自身は、けっしてスノーボールやトロツキーのような、体制の転覆をめざす理想主義的な革命家にはなれなかった。それをきちんと自覚していたのである。スノーボールという称号を与えたとき、まだ見ぬクリスタルへの敬慕の念すら抱いていたのではなかったか。

2

ライアル・ワトソンの『思考する豚』（木楽舎）をどのように読むべきなのか、思いあぐねている。「序章」の冒頭には、「私はこれまでに三種の野豚と親しく関わった経験がある」といい、本書の執筆動機が以下のように語られていた。

これほど絶えず好奇心に溢れ、新しい経験に嬉々として臨み、ひたすら夢中になって世界と向き合おうとする動物を、私はほかに知らない。豚というのは根っからの楽天家で、ただ生きているというだけで自らわくわくできる生き物だ。彼らから学ぶことはいくらでもある。そんな気持ちから、私はこの本を書くことにした。

訳者の福岡伸一が「訳者あとがき」に、アイルランド島のもっとも南の半島の、もっとも西の果てに、ひっそりと佇《たたず》んでいるワトソンの家を訪ねたことを、印象深く書いている。ワトソンは生涯にわたって、厳しい批判にさらされた人であった。福岡はいう、彼は科学者とはいえないかもしれないが、「少なくとも、私たちが世界を知ろうとするとき、その果てに見えるある種の構造を言い当てようとした予言者ということは可能だろう」と。ワトソンはこの最後の著作を、さいはての地の、ケルトの海を見渡せる高い崖のうえの石造りの家で執筆した。「彼はあらゆる批判を受け入れて、風に向かって立つ孤高を選んだのだ。その上で、青々と広がる海原を高台から眺める自由を手に入れたのだ」と、福岡は感慨をこめて書き留めている。

じつは、この「序章」のなかに、ジョージ・オーウェルの『動物農場』に触れている箇所があった。豚と羊の対比が説かれる。ワトソンはいう、この小説のなかで、豚に農場の支配者の役が当てられたのは断じて偶然ではない。みなをまとめる任務を、自然に豚が引き受けるかたちになったのは、動物のなかでいちばん賢いのは豚であることを、みなが認めたからだ。羊たちといえば、草原で無為にときを過ごすばかりで、「四本足はよい、二本足は悪い」と何時間でも唱えつづけたのだ、と。豚には強さがあり、羊にはない、という対比がいったい、どれほどの説得力があるかはわからない。

さらに、ある意味合いでは、『動物農場』はよく書けた政治論文であり、人間の愚かさへの痛烈な皮肉にして、「イソップの流れを汲む実に印象的な寓話」である、ともいう。関心を覚えたのは、ワトソンが「イデオロギー上の論点を明確にするべく物語の中で動物の形態に応じて役を振り当てたその裏には、オーウェルが生物学的構造を敏感に察知していたという事実が垣間見える」と指摘していることだ。家畜豚の品種は何百とあるにもかかわらず、ナポレオン（それゆえ、スターリン）を、じつに頑健で、筋骨隆々としたいかつい体つきのバークシャー種の雄豚に設定していることは、「見事な配役というほかない」という。ナポレオンのように、もし後ろ足で立って歩く豚がいるとしたら、まさにこのバークシャー種こそがふさわしい、そう、ワトソンはいうのである。

第6章にも、『動物農場』に触れている箇所がある。

G・オーウェルの『動物農場』に出てくる豚が失敗したのは、つまるところ〝ただひたすらに人間的で〟あったからだ。しかし、本物の豚をそれほどあっさりと片付けておくわけにはいかない。バカな〝ブタ野郎〟と言って、どんなに必死に豚を農場へ追っ払おうとする人間がいても、解明されるのを待ち受けている神秘があるような、潜在する知性を否定できないような、何やら謎めいたものが存在するのである。

たしかに、この『思考する豚』を読んでいると、『動物農場』の独裁へと突き進んだ豚たちは、あまりに人間的な欲望に搦めとられていると感じてしまう。本物の豚ならば、ナポレオンという独裁者の出現を許さず、あのような失敗に陥ることはないはずだ、そう、ワトソンはどうやら『動物農場』にたいする不満を表明しているのである。豚という動物が、「物事を意識している生き物であり、心を持つ個である」ことを知ったうえで、さて、『動物農場』はどのように書き改められるべきなのか。いずれにせよ、『動物農場』はいま、『思考する豚』によって根源的な再考を、共感するがゆえに求められているのである。

豚とはだれか、その問いへの応答のほんの一端に触れておく。

豚は私たちを不安にさせる。こちらが見つめれば見つめ返し、一歩も引くことがない。物事がわかっており、それを私たちに教えようとする。私たちの思いどおりにはなってくれず、それが私たちを苛立たせる。迷信や儀式、民話やタブーを見れば、ほかのどんな生き物にも増して、豚に対するそんな感情が表現されていることに気づくはずだ。

しかし、何よりも人間の醜さ、下等さを言い表すとき、決まって豚に登場願ってきたという事実が、動かぬ証拠だ。豚は、他の何よりも、私たちに自分自身を思い起こさせる。そこに、私が彼らに魅かれる理由もある。

この書物には、豚と人間が似ている、という声が通奏低音のようにこだましている。だからこそ、豚はほかのどの生き物よりも、わたしたちを不安にさせ、苛立たせ、自分自身を思い起こさせるのである。豚については、好悪において中立の立場はありえない。一方には、「豚は汚くて、強欲で、不愉快な獣だから触るのも、ましてや食べるのも嫌だ、と思っている」人たちがいて、他方には、

「豚は潔癖で、魅力的で、知性が高い生き物で、そのふくよかな体つきが魅力的なのだと考えている」人たちがいる。むろん、ワトソンは後者である。

こんな言葉も拾っておく。

逸話として伝えられた証拠をあげれば枚挙にいとまがないのだが、結局、ここから言えるのは豚は利口だということ。これまで何世紀にもわたって関心や注目を集めてきたほどに賢いということなのだ。誰が見ても茶目っ気があって社交性に富み、好奇心に溢れている豚は、有蹄動物の中では特異な存在だ。独自の知性を持つ動物として、どこの農場の豚であろうと際立った存在なのである。

私にはわかる。豚は心を痛め、泣き、感じ、誰かと意思疎通し、複雑な社会問題を解決し、こういったこと全部を頭の中で考えるようにできているのだ。豚は自分たちの文化を持っている。

くりかえすが、『思考する豚』の著者は、とびっきりの豚への愛の人だ。しかし、福岡が指摘しているように、この「豚の知性を愛し、豚の品格を愛し、豚の高潔さを愛する」人は、最後には豚を美味なものとして食べてしまうのである。豚への愛護が語られているわけではない。

実際の生き物としての豚は、豚が人間の想像力を刺激する際の一つのかたちに過ぎない。言葉のあや、隠喩に見られる、頭の中で考えた動物としての豚も私たちの想像力をかきたてる。本質的な獣ではなく、人間の文化の一部となっている社会的に構成された生き物で〝薄汚い豚〟〝ガツガツした豚〟〝むかつく豚〟という表現はそこからきている。

身体を持った生き物としての豚、社会的に構成された共同幻想としての豚がいて、また、心理学的な動物として想像力を刺激してくる豚がいた。それらが絡み合って、そこに豚がうごめいている。それはなぜか、人間に似ているのだ。人間について深く問いかけるとき、豚がひっそり浮上してくるのは、とても大切なことであるにちがいない。たとえば、人間たちの内なる不潔・下品・愚劣といったものが、なんとも不当なことに、よく似た豚に心理学的に投影されているのではないか、と考えてみるのもいい。

3

この連載のなかには、幾度となく豚が登場してきた。宮沢賢治の「フランドン農学校の豚」では、農学校で飼われている豚は、抵抗むなしく、死亡承諾書に前肢の爪印で判を捺させられ、強制肥育で大量のエサを胃袋に流しこまれ、ようやく肥え太ると、鉄槌で殴られ殺された。栗原康の『はたらかないで、たらふく食べたい』という本を読んでいると、その豚の姿が頭に浮かんだ。あの豚は働かないで、たらふく食い物を胃袋にぶちこまれ、肥満の果てに屠られ、人間たちに喰われたのだった。

それにしても、『はたらかないで、たらふく食べたい』という本には、豚の比喩が頻出する。幾度か触れてはきたが、あらためて取りあげてみたくなった。この本の書評を、いくらか悪ノリして書いたことがあった。それを取りこみながら、すこしでも先へと踏みだしてみたい。なにしろ、豚の氾濫なのである。ただし叛乱ではない、叛乱の手前である。

どこかマゾヒストめいた自画像のようだ。社会批判としての寓意なのかもしれない。時代の空気に抗いながら、せりあがりつつある人間像の喩として選ばれているのか。そのいずれでもあり、また、なにかもっと遠くにある予兆のかけらのようにも感じられる。いずれであれ、これは豚をめぐる思索と探究の書なのである。生傷だらけで、ときには深刻にも血まみれで、それでいてなんだかかわいらしい戯れが演じられている。

いや、思えば、これはけっして孤立した書物ではない。豚について語ることは、奇妙に、人間への根源的な問いと深いところで共鳴しあい、どこか試金石のような意味合いを持つことがある。試金石と書いて、その原義を知らないことに気づいて、あわてて『広辞苑』第七版をひっくり返す。金・銀などの貴金属やそれらを含む合金をこすって、その面に現われた条痕の色とすでに知られているものとを比較して、その貴金属の品位を測定するのに用いる石、ということらしい。乱暴に翻案してみようか。豚という家畜に人間をこすりつけて、そこに現われた条痕の色や傷によって、その人間の品位を測定する、といった具合いに。まさしく、そうした人間の隠された本義を露わにする試金石として、豚というのは絶妙な存在なのかもしれない。

あの『ザ・ハント』という映画など、もしオーウェルという名のシャツを着た豚が、ときおり視界をよろよろ横切らなければ、たんなる人間狩りのアクション映画でしかなかったのではないか。豚の皮膚にこすりつけた条痕や傷によって、たしかに人間こそが逆照射されているのだ。豚という名の批評の刃が見え隠れしている。

栗原康という書き手は、とにかく豚にこだわる。豚の比喩をやたらに使う。なぜだろう、と自問をしながら、それはみずからの実存にかかわるのではないかと気づかされる。幼少年期からの強いなにかトラウマがあって、豚に執着して、豚の比喩を使いたがるのではないか、と思わずにいられない。

おばあちゃんの家《うち》の豚小屋から、いつでも豚の鳴き声がピイピイと聞こえてきたのだ。もう、その声だけで、「超かわいい。わたしはかわいい豚さんが大好き」だったはずなのだ。かわいい豚さんたちはいつしか、姿を消した。その豚小屋には、やがてフィリピンの娘たちが閉じこめられて、一方的に奪われ、利益をむさぼり尽くされた。それが幼い原風景だった。フィリピンの娘たちの体にこすりつけられた条痕だ。そんな人間どもはウンコだ。だから、娘たちは夜逃げする。愛欲の業火が燃え広がる。この業火ははたして、豚小屋という「ひとがひとを支配する普遍の秩序」を焼き尽くすことができるか。豚が鳴く、豚の女がぴぃぴぃと喚く。これこそ、「この世に存在しないことになっている者ども」の抵抗だ。ただ、ほんのわずかだっていいから、自分の命を奪う者たちに不快感をあたえてやりたい。

わたしは好きな女性のタイプはときかれたら、まよわずこうこたえるようになっている。ブタ。

ブタである。ブタのような女性が好きなのではない。そんな失礼なことはさすがにいわない。わたしはブタが好きなのだ。ピイピイと泣きさけぶブタが好きなのである。

むろん、誤解されてもいい、と腹を括っている。この人の語る豚さんの物語がきわめて多彩にして、矛盾だらけであるところに救いがあり、希望がある。

「元始、人間は豚であった」という。「家」とは豚に屋根をかぶせるという意味ではないか。家庭とは豚小屋だ。高群逸枝はいう、女は屋根に囲われ、豚として飼育される家畜にすぎない、男のために奉仕する家畜であり、奴隷であり、財産である、と。だから、家族を蹴飛ばせ。われらは家のない家畜であり、屋根のない豚である。おのれの豚に開きなおれ。もう働かないぞ。女たちがセミになって歌い、アリのように踊りはじめる。そうして、得体のしれないなにかに化けるのだ。言うことなんて聞かない奴になるのだ。「役にたつ豚か、それとも役にたたない豚か」、そんな選択しかありゃしない。それが人間らしさだというのであれば、人間ではなくて、豚のままでいい。火を放ってでも、なにをしてでも逃げだすのだ。豚小屋に火を放て。汝、真っ黒な大地の豚であれ。

小気味よいアジテーションが弾ける。地に埋もれた大地の豚たちよ、起ちあがれ。そうであった、これは豚たちへの叛乱のススメの書であった。アナキストらしい、こんな言葉だって書きつけてある、「豚小屋を逃げだした豚どものつどい。それが相互扶助というものなのだろう」と。語られていたのは、相互扶助への絶対的な信頼であり、他人の迷惑をかえりみない、それが相互扶助の神髄だ、ということだ。だから、自力を捨て、他力に身をまかせることが説かれる。自己責任なぞ、クソ喰らえ、そう、わたしも思わずそそのかされて、叫んでみたくなる。

歴史のブタとして飼育されるのは、もういやだ。わたしはイングロリアス・バスターズとして、真っ黒な野ブタとして生きていきたい。地にうずもれた大地のブタたちよ、たちあがれ。政治はいらない、カラオケにいきたい。


この人は書いていた、相互扶助とは「豚小屋を逃げだした豚どものつどい」だ、と。それはきっと、歴史家の網野善彦が「無縁・公界・楽」と呼んだものではなかったか。わたしはひそかに、『無縁・公界・楽』はアナキズムの書であると夢想してきた。網野善彦までアナキストの仲間入りだ。不意に、「豚の足でもなめやがれ」という声がする。レイシストを前にして、一人の女性が呟いた言葉だ。

この本にはそういえば、「生の負債」からの解放宣言、という勇ましい副題が付いていた。とはいえ、この人はあくまで心優しく、とびっきり腕っ節の弱そうなアナキストなのである。たがいに負い目を重ね、見返りを求めるようになると、生きることが負債になる、生の負債化ってやつに搦めとられる。だからこそ、消費の美徳とむすびついた労働倫理に、終止符を打つべきだ。豚にして、高等遊民にして、ニートのようなアナキストは、そう叫ぶ。

それにしても、「ルンペンプロレタリアートと、フリーターやニート、ホームレスの抑圧のされかたがおなじだということだ」などと、いきなり呟かれてみると、眠気が吹き飛ばされる。生の負債からの解放の哲学がほしい。これがひたすら、豚を試金石として語られていたことを忘れてはならない。おそらく、豚ほどに人間の隠された本義や闇やカオスを露わにむき出しにする、絶妙の生き物は存在しない。

未来はすでに、くっきりと像を結んでいる。もう豚さんは働かなくていい。フォアグラみたいに胃袋にたらふくエサを流しこまれて、歩けないほど肥え太るのだ。そうして、豚のように屠られ喰われるか、健康な臓器をひとつひとつ白豚に奪われながら、緩慢に死んでゆくか、どちらかだ。残酷な未来予想図のゆくえに、さらに眼を凝らさねばならない。

三匹の豚はいま、どこへ

1

そういえば、わたしはいつからか絵本を折りに触れて買い求めるようになった。絵本のささやかにすぎるコレクターなのである。もう十年足らず前に、「食べる絵本」というタイトルで卒論を書いた学生がいて、そそのかされるように絵本に関心を持った。彼女は授業のなかで、なにかの折りに、突然、「ウンチ、大好き！」と叫んだことがあった。教室は静まりかえったが、彼女は澄ました顔をしていた。そして、食べることとウンチをすることをテーマに、とびっきり刺激的な卒論を書いた。その後の消息は知らない。わたし自身、その後に『性食考』という本を書く伏線のひとつになった。この連載の遠い伏線でもあるかもしれない。

とりとめもなく集めているだけの絵本の棚から、ぶたさんが主人公の絵本をひっぱりだした。その内の五冊はとりあえず、「三匹のこぶた」にかかわる絵本である。くりかえすが、特にこれといった理由もなく買ってあった絵本にすぎない。そのなかの一冊、『三びきのコブタのほんとうの話』（ジョン・シェスカ文、レイン・スミス絵、岩波書店）が気になったので、読んでみることにする。

挟みこまれた栞に、訳者のいくしま・さちこの「やさしいオオカミ」と題した小文を見つけた。この絵本の作者は「オオカミ同情派」の一人だと指摘しながら、こう書いている、「なにしろあの悪者であるはずのオオカミが、おばあちゃんの誕生日に手作りのケーキをプレゼントしようなどという心優しい〝善人〟で、非情なオオカミに取って食われるかわいらしいコブタが、じつはケチで意地悪で礼儀知らずの〝悪人〟だというのですから」と。

イギリスで昔話として語られてきた「三匹のこぶた」のパロディである。わたしの手元にはいま、『三びきのこぶた（イギリスの昔話）』（瀬田貞二訳・山田三郎絵、福音館書店）がある。母ぶたは貧乏で、子どもたちを育てきれなくなり、自分で暮らしてゆくように、三匹のこぶたをよそに出した。そんな始まりとは知らなかった。飢えの記憶か。ドイツのメルヘン、「ヘンゼルとグレーテル」を思いだす。幼い兄と妹は深い森に捨てられた。ここでは、こぶたたちはやはり飢饉を背景に沈めて、母ぶたから捨てられ、放浪の旅に出たのではなかったか。

あらすじをたどっておく。

はじめのこぶたは、藁束をかついだ人に出会い、その人に頼んで藁を手に入れ、藁の家を建てた。間もなくオオカミがやって来て、息を吹きかけ家を吹き飛ばされ、こぶたは食べられてしまう。次のこぶたは、木の枝をかついだ人に出会い、それをもらって木の枝の家を建てた。すると、オオカミがやって来て、家は吹き飛ばされ、こぶたは食べられてしまう。三番目のこぶたは、煉瓦を運んでいる人に出会い、煉瓦の家を建てた。オオカミはこれも吹き飛ばそうとするが、びくともしなかった。それから、オオカミはこぶたを、かぶ畑・りんごの木・町のお祭りに誘うが、こぶたの知恵がまさって失敗する。そこで、オオカミはついに煙突から降りてゆくが、こぶたの用意していた熱湯の鍋に落ちて、ことこと煮られて、晩ごはんに食べられてしまう。それからは、こぶたはずっと幸せに暮らした、と語られている。

たとえば、ブルーノ・ベッテルハイムの『昔話の魔力』には、「三匹のこぶた」に触れた一節がある。この心理学者によれば、「かしこい計画をたて、用心深く骨身を惜しまず働けば、わたしたちはもっとも恐ろしい敵、そう、あのオオカミにさえ勝つことができる」ということを、この昔話は子どもたちに楽しくドラマティックに教えてくれる。藁や木の枝で家を作ることは、あとでたっぷり遊べるように手を抜いて、快楽原則にしたがってすぐ手に入る満足を求めていることを意味する、という。三番目の成長した大きなこぶただけが、現実原則にしたがって行動することを学んでいた。遊びたいという心を抑え、将来を見通しながら行動する。オオカミという、わたしたちを罠にかけようとする敵や、みずからの内なる他者の動きを予測することだってできるから、「自分より強くて残忍な力」を負かすことができたのだ。荒々しく破壊的でもあるオオカミは、「我々の周囲の、無意識で、利己的な、他をむさぼりつくす、すべての力」を象徴している、という。

精神分析という方法が世俗的な処世術に見えることは、とうてい否定できない。正直に書いておけば、なんとも退屈きわまりない解釈であり、逃げだしたくなる。いや、こうしたベッテルハイムの解釈にぴたりとはまる絵本を見つけた。ディズニースーパーゴールド絵本というシリーズの一冊、『3びきのこぶた』（福川祐司文、講談社）である。

こんなあらすじだ。一番上の兄さんこぶたは、藁の家を作った。「わらのいえは、かんたんでいいや。わあい、もう　できたよ」と、笛を吹いて遊んだ。二番目の兄さんこぶたは、木の家を作った。仕事が嫌いで、「ああ、はやく　あそびたいなあ」といい加減に木をくっつけ合わせ、あっという間に仕上げてしまい、二匹で遊んだ。一番下の弟こぶたは、煉瓦の家を作った。「おおかみが　きても、あらしが　きても　こわれない、じょうぶな　いえを　つくるんだ」と、汗を流して働いた。藁の家と木の家はオオカミに吹き飛ばされ、みんなで煉瓦の家に逃げこんだ。そうして、弟こぶたが鍋に油をぐつぐつ沸かして、煙突から降りてきたオオカミを撃退する。お兄さんたちは、「ぼくたちも、いっしょうけんめい　れんがの　うちを　つくるよ」と大喜びだ。

説明の必要はないだろう。二歳から四歳向けのシリーズだから、というわけでもあるまい。藁の家や木の家／働くのが嫌いで、遊びたくて仕方がない兄たちと、煉瓦の家／働き者で、しっかり将来設計を立てて仕事に励む弟という対比が、シンプルに鮮やかだ。まさにベッテルハイムの解釈に整合的だ。ところが、快楽原則から現実原則へと、それゆえ、小さいこぶたから大きなこぶたへと成長の軌跡がたどられることを前提とした、ベッテルハイムの解釈は採用されていない。ディズニー版は成長物語ではない。

それにしても、成長やら進歩やらが牧歌的に信じられた時代があったことを、懐かしくも思わずにはいられない。こぶたたちが建てた三つの家について、「人間の歴史的進歩の象徴」であるという、ベッテルハイムの指摘も見いだされた。藁の家、木の家、そして煉瓦の家へと、人間は進歩を遂げてきたというわけだ。

いつであったか、この藁の家／木の家／煉瓦の家という組み合わせのなかに、西洋の石や煉瓦の家／アジアの藁や草木の家をめぐる二元論的な対峙の構図が沈められていることに気づいた。わたしの独創であったとは思えないが、定かな記憶はない。そこに見え隠れしているのは、石や煉瓦の家の、藁や木の家にたいする優位性に根ざした差別的な眼差しではなかったか。文明による未開や野蛮への蔑視といってもいい。あまりに自明すぎる西洋文化中心主義であるが、それと気づかれることは稀れだ。

すくなくとも、藁の家や木の家は快楽原則にしたがう怠け者ゆえの、オオカミに破壊されても仕方がない建築物ではない。ユーラシアの東の辺境に暮らす、それなりに文明化したわたしたちの多くは、いまだに木の家に暮らしている。巨大な地震の揺れにも、しなやかに揺れながら倒れず、木の家は残った。そのかたわらで、石の壁やブロックの塀のなかには崩れるものがあったことを、言い添えておく。

わたしはじつは、毎日のように、YouTubeで「家を建てる」ことをテーマにした映像を、飽きることもなく眺めている。どうやら、舞台のほとんどは東南アジアのようだ。一本の釘も使わずに、蔓や竹で結ばれ固定されながら、木や竹で骨組みが組まれ、大きな棕櫚の葉などで屋根を葺いて、まさに草や木の家が建てられてゆく。高い樹上に鳥籠のように浮かぶ家、地下に埋めこまれた家、草と土をこねた漆喰の壁で囲まれた家など、ヴァリエーションは豊かであり、見ているだけで楽しい。あきらかなのは、原材料の木や竹や草、土や砂利がすべて、その場所の近くで調達されていることだ。むろん、怠け者の仕事だという批判は当たらない。勤勉そのものの人たちだ。

膨大な時間がそれなりに費やされている。半日でできるシェルターもあれば、数か月もかけてかたちを成してゆく家もある。若い女性がいくつかの大工道具を使いながら、木の家を建て、家畜小屋を作り、みごとな木の橋を架ける映像には、心惹かれた。将来像を思い描きながら、一年、二年の歳月を費やして、水辺に農場が建てられていった。人間という生き物は、藁の家や木の家から、煉瓦の家へと直線的《リニア》に進歩を遂げてきたわけではない。それぞれの風土に根ざした建築物が選ばれてきただけのことだ。

2

あらためて、『三びきのコブタのほんとうの話』の読み解きである。原話のイギリスの昔話では、悪役のオオカミがこぶたの藁や木の家を壊し、その肉を喰らい、三匹目のこぶたに反撃されて、殺され、煮て喰われてしまった。そんな原話の大きな流れは受けながら、そうした表層の物語の背後には、まるで異なったほんとうの物語が隠されている、という。それをオオカミ自身が一人称で語るのである。はたして、物語的な転倒は可能であったか。オオカミの復権は果たされたか。

言葉と絵とは、いくらかずれている気がする。とても魅力的な絵柄である。その絵だけを眺めていると、囚人服のオオカミが、温厚でぶきっちょで、たしかに心優しい「善人」に見えてくる。無実の罪で捕らわれたことを訴えるオオカミからは、悪意や獰猛さはかけらも感じられない。ところが、三匹目のこぶたなど、「おまえの　ばあちゃんなんか、くそくらえ！」と毒づく場面だからか、いかにも陰険そうな「悪人」の面構えで、小窓からオオカミをにらんでいるのだ。まるで逆転の構図である。

しかも、興味深いことには、暴れるオオカミを逮捕するためにやって来る警官はみな、警棒を手にしたぶたなのである。詞書にはぶたと名指しされてはいない。さらに、さりげなくも、監獄の看守までが、いかにも人相の悪そうなぶたなのである。おまけに、悪いオオカミと書き立てる新聞の名前は、なんと『THE DAILY PIG』である。まるで、ぶたたちの陰謀ではないか。もうひとつの動物農場か。ぶたはすくなくとも、支配権力の側にいて、無実を訴える哀れなオオカミを暴力的に制圧する存在なのである。オオカミがぶたの支配する社会の片隅で、疎外感を感じ、追いつめられていることは否定しがたい。

ところが、絵を後景に沈めて言葉を読むかぎりでは、そこまで善悪の対比は鮮やかなものではない。すくなくとも、こぶたは「ケチで意地悪で礼儀知らずの〝悪人〟」とまではいえないし、オオカミはといえば、「心優しい〝善人〟」であるよりはむしろ無神経で愚鈍な存在に感じられてしまう。ただ、善悪の二元論が根底から疑われ、攪乱されていることはたしかだ。とりあえず、オオカミ＝悪人／こぶた＝善人という図式が壊され、転倒されようとしてはいるが、だからといって、オオカミ＝善人／こぶた＝悪人という図式が新たに成立しているとまではいえない。絵と言葉のあいだには、剥離とでもいうべきズレが見いだされるのだ。

むしろ、読み手の側には、問いそのものの根底からの変容が突きつけられている気がする。そこには、無垢なる暴力性にたいして、どのように対処すべきか、という問いが生まれてくる。なにしろ、オオカミのくしゃみはそれと自覚されていなくとも、こぶたの藁の家や木の家を吹き飛ばすだけの過剰な暴力性を秘めている。内なる暴力性を自覚できていなければ、それをうまく制御することはむずかしい。他者を傷つけても、無意識である以上、みずからの加害者性を認めることもできない。

たとえ、悪意なきくしゃみという名の事故の結果であれ、死んでしまったこぶたを前にして、そのままにしておくなんてもったいないといいながら、オオカミはすっかり食べてしまうのだ。眼の前に、でっかいチーズバーガーが置いてあったと、思ってくれればいいとか、食べ物ってのは腐ってしまうから、するべきことをしたまでさとか、もっともらしい言い訳まで弄している。

食べる／食べられる関係そのものは揺らいでいない。むろん、オオカミがこぶたを喰らうのは当たり前のことであり、それを懐疑するように要求するわけにもいかない。逆に、それでは不自然きわまりないことになる。いずれであれ、オオカミが捕食動物であるかぎり、たとえ砂糖を借りるために訪れたと、オオカミ自身が信じていたとしても、こぶたたちがそれを無視し、拒絶することには、むしろ理があるというべきだ。こぶたたちは賢明にも身を守ろうとしただけで、それをもって「ケチで意地悪で礼儀知らずの〝悪人〟」となじることは、いささか一方的な物言いではなかったか。いつだって、オオカミは騙し討ちで家のなかに侵入し、こぶたたちを喰らってきたのだから。

大好きなおばあちゃんへの愛や優しさは、暴力の免罪符にはならない。残酷な殺人やレイプの犯人だって、身内の妻や子どもたちを溺愛する、心優しい夫であり父でありうることを、わたしたちは知っている。そうしたグロテスクにひき裂かれた光景を、驚きと畏れをもって目撃したことは、だれにだってあるはずだ。

この『三びきのコブタのほんとうの話』は、オオカミによる弁明の書とその心象風景から織りあげられたテクストなのである。これはいわば、こぶたたちの家をくしゃみによって破壊し、二頭のこぶたを殺して喰らった罪状をもって獄舎に収監されているオオカミが、裁判の非を申し立てている、といった図柄ではなかったか。地の文ははじめから終わりまで、オオカミの一人称の語りであり、世間のだれも知らない、秘密の「ほんとうの　はなし」と称して、「おれの　いいぶん」を一方的にまくし立てているだけだ。

その心象風景にあっては、オオカミ自身はこれほどに穏やかで善良なインテリ風の顔をしているのか、と素直に驚いてみたほうがいい。喰われるこぶたのほうがいかにも悪相に描かれている。オオカミの主観においては、そのように見えているということか。無垢なるオオカミが「わるいオオカミ」にでっち上げられてしまった、「おれは　わるいわるい　オオカミに　されちまった」のだ。これこそが、「ほんとうの　はなし」なのだ、と獄舎のなかから訴えている。まさに、この絵本そのものが、「おれは　わるいことなんか　ひとつも　してやしない」ことを知ってほしい、という再審を求める口頭弁論なのである。

わたし自身は、あえて書いておくが、この口頭弁論にはさほど心を動かされない。弁明の書として失敗している、と思う。パロディとしては真っ当すぎて、笑う気にはなれない。くしゃみは風邪にともなう避けがたい気管の条件反射のように見えて、いや、そのように装われてはいるが、その実態は強き肉食獣としてのオオカミに内在する過剰な、制御しがたい暴力性の顕われそのものである。むろん、情状酌量の余地はすくなからずある。この時代は疑いもなく、強き者の猛々しい暴力にたいして、きわめて非寛容である。その無骨な肉体には、そもそも立つ瀬というものがない。オオカミを擁護したいならば、その存在論的な腑分けこそが求められている。

オオカミがこぶたと仲良く共生するためには、自己否定が必要だ。こぶたを喰わないことを誓わねばならない。草食獣になるための無益な努力を強いられる。すこし以前のことになるが、喰う／喰われる関係の深みに横たわるものに眼を凝らしているとき、YouTubeでそうした映像を飽きるほどに眺めたことが思いだされる。猛獣のライオンが草食獣の子どもたちを狩りして、殺し、喰らう姿を眺めていた。

あるとき、わたしは自分が喰う側ではなく、喰われる側に無意識に身を置いていることに気がついた。バッファローの群れがライオンたちに反撃する映像など、ほとんど虐げられた弱き者たちの叛乱でも目撃しているかのように感じられた。猛り狂うバッファローたちが、ついにライオンの群れを襲い、子どものライオン数頭を血祭りにする復讐劇に遭遇したこともあった。バッファローが草食獣ではあっても、弱者ではないことを突きつけられた。狩りの失敗が続いて、ライオンの群れが痩せ衰えて、子ライオンが飢えで死んでゆく映像もあった。ライオンですら、自然界では絶対的な強者ではない。当たり前のことだが、手塚治虫の動物アニメのように、肉食獣が草食獣と仲良く共生することなどありえない。共生のごとき錯覚を抱かせる場面はあるが、それはおそらく、腹が満たされているがゆえに狩りの衝動そのものが消失している、というだけのことだろう。

ここで、イギリスの昔話の『三びきのこぶた』のなかでは、三番目のこぶたがオオカミを煮て食べていることに関心をそそられる。なぜ、煮るという料理の場面があえて挿入されているのか。

ネットのなかで、ペットとしてぶたを飼っていた女性が脳卒中かなにかで倒れて、そのぶたに体の一部を食べられていた、というニュースを見かけたことがあった。アメリカの話だ。現実のぶたは、かわいい草食動物ではなく、ときには肉を喰らう雑食動物なのである。それにしても、なぜ、ぶたは料理してからオオカミの肉を食べているのか。ことこと煮て、オオカミのシチューでも作ったのか。

オオカミがこぶたを喰らう場面を思い浮かべてみようか。それは、柵のなかや家畜小屋で飼われていたこぶたが、侵入してきた野生の肉食獣であるオオカミに襲われて、喰われたという状況しかありえない。そもそも、ぶたは食べられる家畜である。オオカミに喰われずとも、たいていは一歳を迎えることもなく屠られ、人間たちに食べられる運命にある。

人間／ぶた／オオカミの関係を再確認しておくのもいい。人間にとって、ぶたは家畜として飼われている財物であり、オオカミはそれを奪う外敵である。ぶたはいわば、屠畜か狩りかという違いはあれ、強きモノである人間／オオカミによって殺され喰われる存在であることには、まるで変わりがない。あるいは、オオカミにとっては、ぶたは農場のなかに守られながら狩りの獲物でもあり、人間はそれを邪魔する外敵なのである。食べる／食べられるという関係性を軸として、三者は複雑怪奇に絡まりあっている。幾度でも確認されておいたほうがいい。昔話やメルヘンは、動物寓話の趣向が凝らされていても、たんなる幼児向けに教訓を教えこむテクストではない。昔話に埋めこまれた集合的無意識は、探究されるべき大切なテーマである。

3

それにしても、『三びきのコブタのほんとうの話』に見いだされるオオカミの無垢なる暴力性が、もうひとつの抜きがたい無知と偏見に根ざしていることを忘れるわけにはいかない。すでに触れてきた、家を建てることをめぐっての西洋中心主義にかかわることだ。

一番目のこぶたには、「まともな　あたまが　あったら、わらの　いえなんて　たてるわけないじゃないか」といい、二番目のこぶたには、「あにきより　すこしは　ましだが、たいした　ちがいはない。なにしろ　きのえだで　いえを　つくっているんだからな」と、オオカミはいう。民俗学者として見過ごすわけにはいかない。こうした藁の家・木の枝の家・煉瓦の家という組み合わせは、伝統的なイギリスの昔話の「三匹のこぶた」をそのままに踏襲している。ここには、西洋の石や煉瓦の家がアジアの藁や草木の家にたいして、絶対的な優位性をむきだしに誇示する気配が感じられる。アジアへの差別的な眼差しと、無神経な西洋文化中心主義を、オオカミの擁護者を買って出た作者はまるで気づいていない。

大袈裟な物言いだろうか。しかし、あえてする非難というわけではない。「三匹のこぶた」はディズニー映画を仲立ちとして、戦後の日本に移入されて、『ブーフーウー』というテレビのミュージカル劇を産み落としている。そのとき、たとえば飯沢匡などは、前段に喰われることなく生き延びたこぶたたちが三匹で、煉瓦で造った丈夫な家に守られて暮らしていた、という設定に変更している。オオカミもまた、大火傷をしながら生き延びて、気のいい寂しがり屋のオオカミというキャラクターに変えられて再登場した。わたしはいま、飯沢匡作・土方重巳絵の『ブーフーウー』（理論社）を眺めている。

木の家に暮らす幼い子どもたちに、いらぬトラウマを与えないための配慮であったか。舞台もメキシコに移して不自然さを消去しながら、リセットを施し、三匹の陽気なこぶたたちが怖いオオカミと対決する物語に仕立て直したのである。オオカミという悪意ある敵に家を壊され、食われながら、ついに反撃して、生き延びたこぶたが、オオカミを煮て食べるという生々しい成長物語から、残酷な場面だけは抜き取られたといってもいい。ここからは、喰う／喰われる関係は後景に追いやられている。そして、くりかえすが、草や木の家と煉瓦の家の対比はあらかじめ消去され、煉瓦の家へのコンプレックスが幼い子どもらに植え付けられることは、周到に回避されていたのである。

あるいは、『3びきのぶたたち』（デイヴィッド・ウィーズナー作・江國香織訳、BL出版）はどうか。これもまた、イギリスの昔話「三匹のこぶた」のパロディ版ではあるが、それほど単純ではない。紙の絵本のなかにオオカミを閉じこめて、三匹のこぶたたちは「おはなしのそと」に逃亡するのである。

藁の家や木の枝の家は吹き飛ばされ、こぶたたちはオオカミに食べられてしまう……のだが、じつは、こぶたたちは「おはなしのそと」まで吹き飛ばされて、安全な絵本の外部へと、幸運にも食べられずに逃げおおせたのだ。絵本など所詮は紙の印刷物だと言わぬばかりに、三匹のこぶたたちは紙を折って、オオカミが外に出られないように封じこめる。それを紙飛行機にして、ウィィーと楽しげに飛んでゆく。紙のオオカミはすっかりもみくちゃだ。紛れこんだお花畑のメルヘンにも、馴染めずに逃げだしてしまう。猫がついて来る。次には、高い丘のうえに住んでいた大きな竜に出会い、退治される竜を誘って、絵本の外に避難する。それから、絵本のなかの煉瓦の家を建て直して、こぶたたちと竜と猫と、みんなで末長く幸せに暮らした、とか。

絵本とはなにか、という問いが、軽やかに紙飛行機のように飛んでゆく。食べるとか、食べられるとか、藁の家と木の家とか、煉瓦の家とか……、なんだか、どうでもよくなって来た。たぶん、「三匹のこぶた」には妄想を掻き立てるような余白が、思いがけずたくさんあって、想像力をあらぬ方に誘いかける魅力があるのだと思う。

そういえば、田中純の「「三匹の子ブタ」異聞」という、たまたま見かけた文章の末尾には、こんな一節があった。

「三匹の子ブタ」においては、古代に遡る動物のシンボリズムに対して、住環境の歴史的変化とともに生まれた空間のシンボリズムが重ね書きされている。神話的な思考はこうして変容しながら活性化される。この童話が現在も異本を数多く生み出しているのは、そうやって生き続ける神話の力によるのではなかろうか。そして、この文章もまた、フロイトから出発して古代神話に手がかりを求めて綴られた、ファンタスムめいたそんな異本のひとつなのだろう。

（『UP』二〇一〇年一二月号）

この魅力的な文章を紹介する余裕はないが、「三匹のこぶた」はたしかに、アルカイックな神話の面影を背負っている気がする。そこにも紹介されていたが、エーリッヒ・ノイマンの『意識の起源史』（紀伊国屋書店）の「太母」の章には、両脚を開いて性器を露わにしながら、ぶたの背に乗るイシスという女神像が見えている。そうした女神が儀礼的にみずからの性器や子宮を露出している図像は、数多く描かれてきたが、その女神を多産のシンボルであるぶたが象徴しているのだ、という。

ノイマンによれば、太母の太古的なイメージであるぶたは、大地の豊饒のシンボルとして現われるが、そのぶたへの関連付けで最も原始的なものは、おそらく女性器との結びつきである。ギリシア語やラテン語において、女性器を示す言葉がぶたを意味していたらしい。この系譜は、あの性器を露わにしてぶたに乗るイシスの形象において、クレタや近東からギリシアへとたどることができる。ぶたはまさに、「産みかつ孕む子宮としての女性のシンボル」である、という。

いささか唐突な引用である。「三匹のこぶた」にじかに繋がるわけではないが、多産や性と象徴的に結びついていたぶたという古層のイメージには、心惹かれるものがある。たとえ、現代には性的に「卑猥なこと」が「豚のような」と呼ばれるのだとしても、それこそが名残りなのかもしれない。ぶたの文化史に、いつかゆっくりと触れてみたくなった。

豚を飼う、豚を喰らう

1

たしかに、「三匹のこぶた」にはなにか神話的な力が感じられる。それゆえに、いまもその周辺で数多くの異本が産みだされているのだろう。田中純が「「三匹の子ブタ」異聞」のなかで指摘していたように、そこには古代にまで遡る豚という動物のシンボリズムのうえに、人が住まう環境の歴史的変化とともに生まれた空間のシンボリズムが重ね書きされている。たとえば、たまたま手に取った『3びきのかわいいオオカミ』（ユージーン・トリビザス文、ヘレン・オクセンバリー絵、こだまともこ訳、冨山房）という絵本には、とりわけ、この変容を遂げてゆく建築と空間にまつわるシンボリズムが鮮やかに見いだされる。住まうことをめぐる寓話という側面に焦点《フォーカス》が当てられている。

むろん、「三匹のこぶた」のきわめてラディカルなパロディ版のひとつである。表紙に描かれているのは、かわいらしく素朴そうな三匹のオオカミの子どもたちである。かれらは建てかけの煉瓦の家を背にして、鉄パイプで組んだ建築現場の足場に腰掛けて、休憩しているのか、それぞれにハンバーガーやフライドチキン、果物などを食べているところだ。裏表紙を見ると、足場に立てかけられた木の梯子を登ってくる、いかにも意地の悪そうな大きなぶたが描かれている。身をひそめたぶたが三匹のオオカミを狙う図柄である。色彩的には、オオカミはまっ黒・灰色・まっ白のふわふわの毛皮で、ふさふさの尻尾がついているのにたいして、ぶたはピンクがかった肌色であり、短い尻尾がくっついている。鉄の家を破壊している大ぶたの尻尾など、「太さは大人の人差し指もないくらいで、しかも螺旋状にくるくるに渦巻いている」らしい、ぶたの陰茎のように描かれている。内澤旬子の『飼い喰い』によれば、交配のときには、種豚の雄はそのワインオープナーのような陰茎から、十分ほど動かずに射精しつづけるらしい。この本にはあとで触れる。

　舞台は建築現場であった。三匹のオオカミはまさしく、家を建てる動物なのである。なにしろ、物語のはじまりに、オオカミの兄弟たちは母オオカミから別れの言葉として、広い世界に出てゆくこと／自分たちの家《うち》を造ること／悪い大ぶたに気をつけること、という戒めを贈られたのだった。母オオカミはカールで頭や尻尾の毛繕いをしているが、病いでベッドに臥しているのか、とにかく子どもらに自立に向けての出発を促している。昔話の「三匹のこぶた」には見え隠れしていた、飢餓の影といったものは感じられない。

　このパロディ版では、三匹のこぶたと一匹のオオカミの対峙の構図が裏返されて、三匹の子どものオオカミと一匹の大きなぶたという構図になっている。それがそのままに、表紙と裏表紙にまたがる形で描かれている。物語の展開もまた、「三匹のこぶた」のあらすじを踏みながら、あらぬ方へと転がってゆく。興味深いのは、その建築的な意匠のなんとも斬新な現代風の彩りであることだ。

あらかじめ書き添えておくが、ここには食べる／食べられるという緊張に満ちた関係はそもそも存在せず、テーマとしてまったく欠落している。

さて、母オオカミの戒め通りに、三匹の小さなオオカミは協力しあってみんなの家を建てる。イギリスの昔話「三匹のこぶた」は、藁の家・木の家から煉瓦の家へとたどり着いて、ようやくオオカミの攻撃を退けることができた。『3びきのかわいいオオカミ』で最初に建てられるのは、堅固にして安全が確保された煉瓦の家である。それから、三匹のオオカミが庭でクロッケーをして遊んでいるところに、悪い大ぶたがやって来る。ここに労働と遊びという対をなす主題が見られることを、記憶に留めておきたい。それは四度にわたって反復されるはずだ。オオカミたちは煉瓦の家に逃げこんで、ドアに鍵をかけた。大ぶたは息を吹きかけるが、煉瓦の家は壊れない。すると、このとんでもないワルのぶたは、大きなハンマーで壊しにかかり、三匹のオオカミはやっとのことで逃げだしたのだ。ここまでが第一場である。

オオカミたちは怖くて震えながら、もっと丈夫な家を建てることにする。コンクリートミキサーで、コンクリートをこねているビーバーを見かけて、分けてもらい、コンクリートの家を建てた。そして、庭でバドミントンをしていると、大ぶたがやって来た。あわてて家に逃げこんで、ドアを閉めた。大ぶたは息を吹きかけるが、壊れない。すると、このとんでもないワルのぶたは電気ドリルを持ってきて、コンクリートの家をめちゃくちゃに壊したのだ。三匹の小さなオオカミはやっとのことで逃げだして、ぶるぶる震えていた。第二場である。

それから、オオカミたちはもっともっと丈夫な家を建てようと心に決めた。そこに、鉄条網・鉄骨・鉄板や重い鉄の南京錠を積んだトラックが走ってきて、運転手のサイから、それら鉄材を分けてもらった。丈夫なガラスやはがねの鎖までもらった。こうして、とびきり頑丈な鉄の家を建てたのである。三匹が庭で石蹴りをしていると、また大ぶたがやって来る。オオカミたちは家に逃げこんで、差し込み錠と南京錠を全部かけた。ぶたが息を吹きかけても壊れなかった。そこで、この、まったくとんでもないワルのぶたはダイナマイトを持ってきて、導火線に火をつけて、鉄の家をドッカーンと吹き飛ばしたのだ。三匹は命からがら逃げだしたが、尻尾の先が焦げてしまった。これが第三場である。つまり、昔話の語りの定型である三度の反復によっては収まらず、この先がある。異例の展開となるわけだ。

ここで、ようやく三匹のオオカミは、間違った材料で家を造ってきたことに気がついた。煉瓦からコンクリート、鉄へと、より堅固な家となるべく材料の強度を高めてきたが、もっと違うもので家を建てるべきではないかと考えはじめたのだ。第四場では、剛から柔へと価値観の転換が導入される。花をいっぱい積んだ手押し車を押しながら、フラミンゴが通りかかる。オオカミたちはその花をどっさり分けてもらって、花の家を建てたのだ。それは、いまにも壊れてしまいそうで、そよ風が吹いただけでゆらゆら揺れるが、とても綺麗な家だった。また、悪い大ぶたがやって来る。ぶたは家を壊そうと、大きく息を吸いこんでぷうーっと吹こうとした。その途端、甘い花の香りがふわっと鼻の穴に入ってきた。その素敵な香りにびっくりして、身体中がいい香りでいっぱいになるくらい、何度も何度も胸の底まで吸いこんだ。すると、ぶたの心はだんだん優しくなっていった。

ああ、いままで、俺はなんてひどい、ワルのぶただったんだろう、としみじみ思った。懺悔である。悪い大ぶたは、いい大ぶたになった。そうして、歌い、タンバリンを手に踊った。

やがて、三匹のオオカミたちは大ぶたと遊びはじめた。ボール投げをして、それから「かごめかごめ　かごのなかの　ブタは」をした。くたびれて、みんなで花の家のなかに入った。ぶたにお茶をいれ、イチゴをご馳走した。そして、オオカミたちは、どうか、好きなだけぼくたちの家にいてください、と頼んだ。ぶたは、じゃ、そうしようかな、と答えた。そうして、四匹はそれから、いつまでも仲よく幸せに暮らしましたとさ、と締めくくられている。

たしかに、花の家には意表を突かれた。しかし、花を携えたフラミンゴが登場した瞬間に、結末が見えてしまったこともまた明らかだ。その凡庸さがいくらか痛ましい。堅固きわまりない鉄にたいして、はかない花が対置される。煉瓦・コンクリート・鉄などで造られた家は、どんなに堅固であっても、たとえばハンマー・電気ドリル・ダイナマイトが登場すれば、たちまちにして打ち壊される。だから、戦いの意志を捨てて、愛を、ということか。

不条理な暴力にたいして、より強度を高めた防御壁が用意されても、それはいずれ、さらに破壊力を増した暴力による危機にさらされ、突破される。それならば、守ることをやめて、友愛や平和への祈りとともに壁をとり払い、他者に向けてやわらかく身を開くことだ。敵対者の心をなだめ、その暴力を根っこから溶かす、といった戦術だろうか。

かつて、フロイトの「戦争と死についての時評」という、はじめての世界大戦の渦中に書かれたエッセイに触れて、言葉足らずの思索を重ねたことがあった。『性食考』の第5章である。フロイトは深い幻滅のなかで、悪の根絶などというものはありえないと書いたあとで、ほとんど唐突に、性愛について語った。わたしはそのとき、ジョージ・ミラー監督の『マッドマックス　怒りのデス・ロード』という映画に連想を跳ばさずにいられなかった。独裁者への裏切りと抵抗、さらには叛乱が、女による性愛への誘いから始まっていることに、関心をそそられた。エロス的なるものこそが、死をもたらす暴力をやわらげ対抗するための拠りどころなのかもしれない、と考えた。

三匹のオオカミと一匹のぶたが交わす敵対と友愛の物語に戻らねばならない。花が性愛を暗示していた可能性は否定しない。しかし、どうやらかれらはみなオスなのである。オオカミは三人兄弟であった。獰猛な大ぶたは、きっと去勢されていないオスである。それにたいして、子どものオオカミたちに無償の贈与をあたえるのは、みなメスのように見える。煉瓦を運んでいたカンガルーは、子連れの母親であった。コンクリートを分けてくれたビーバーは、女性的な顔立ちで描かれている。鉄条網や鉄板などをどっさりくれたサイは、とりわけ気前がよくて優しかった。このサイの性別ははっきりと識別できない。そして、花をどっさりくれたフラミンゴは、どうしてもメスにしか見えない。花売りは少女が似合う。

いわば、四匹がいつまでも仲よく幸せに暮らしましたとさ、と語り納められてはいるが、不安は拭えない。異種の境を超えて、オオカミとぶたはホモソーシャルな友愛の共同性を結ぶことができるのか。すくなくとも、そこでは異種のあいだの性愛と婚姻の物語が誕生する可能性は、かぎりなく低い。なぜならば、オオカミとぶたのはざまには、捕食関係が厳然と存在するからだ。それが、『ゼラルダと人喰い鬼』のように、食べることから交わることへとずらされ、位相転換を果たすことはむずかしい、ということだ。この絵本は、『性食考』の第3章で論じているので、ここでは触れない。

ここには、あらかじめ捕食関係が不在なのである。大ぶたはオオカミの子どもたちを食べるために、その家を次々に破壊したわけではない。ぶたは雑食であるが、オオカミの子どもに舌舐めずりをしている気配はない。なぜ、壊すのかは語られていない。ただ、このぶたがとびっきりのワルだから、そうするのだと語られているだけだ。いっそのこと、昔々、先祖のこぶたたちがオオカミに襲われ喰われた記憶が残っており、意識せざる復讐心に駆り立てられていたとでも暗示されていれば、雑な妄想を膨らます必要はなくなる。

しかし、いや、だからこそ、花の家は永遠ではないし、いつまでも花の香りが心を平安で満たしてくれるわけでもない、と言ってみたくなる。それはあくまでお花畑の幻にすぎない。いったい、オオカミとぶたがいつまでも仲よく、ひとつ屋根の下で幸せに暮らせるというのか。そもそも捕食関係が消滅したわけではない。食べるオオカミ／食べられるぶた、という物語の前景から沈められていた捕食関係が、三匹のオオカミが十分に成長を遂げて、大ぶたすら殺す牙の力を獲得したときに、復活することがないとは思えない。誰がなにを担保にして、それを保証するのか。

くりかえすが、食べる／食べられるという避けがたい捕食関係は、あらかじめ消去されている。それが善と悪をめぐる倫理的な問題に移し換えられているところに、あやうさが透けて見える。オオカミは倫理的に悪い存在だから、ぶたを食べるわけではない。ぶたはオオカミを食べない。ここでは、大きなぶたはオオカミたちの労働の成果としての家をくりかえし破壊するが、いかにも不条理な振る舞いにしか見えない。とんでもなく悪いぶただから、という説明はいかにも舌足らずなものだ。花の香りというのは、ダイナマイトで鉄の家を吹き飛ばすほどの憎悪と暴力ですら溶かし、ワルのぶたを改心に導き懺悔させるほどの魔法の力をそなえているのか。

花とはなにか、と問いかけてみる。そういえば、はるか以前に、宮沢賢治の「鹿踊りのはじまり」について論じたことがある（『注文の多い料理店』考』）。そこでは、若い雄鹿《オジシ》たちが愛を寄せるウメバチソウという可憐な花について、男子秘密結社のなかで愛でられる稚児のようなものではなかったか、と奇矯な解釈を提示していたのだった。だとすれば、花は性愛の隠喩であってもいいのかもしれない。わたし自身のなかに留保が生まれた。

しかし、『3びきのかわいいオオカミ』では、絵本ゆえに性は隠蔽されている。とはいえ、絵本の戦略として、性が食べることへと置き換えられているわけでもない。あらかじめ食べることの残酷は排斥され、物語の外へと捨象されている。いや、そこでは食べることの実相が隠されているというより、現代社会の肉食の実態により根ざしているというべきなのかもしれない。それこそが現代のリアルな食の風景ではなかったか。表紙のオオカミたちは、まさにハンバーガーやフライドチキンのようなファストフードを頬張っている。牛や鶏の肉を食べているのである。集団による狩りの獲物としての、血にまみれた生肉ではない。ぶたにはお茶やイチゴが振る舞われている。いずれであれ、この絵本はいわば、異種間の避けがたい捕食関係を物語の外にこっそり祀り棄てることで、牧歌的な花の香りに抱かれた物語へと成りあがろうとしたのだった。その成否はいまはおく。たちまちにして萎れてゆく花の家のゆくえに、冷ややかに眼を凝らさねばならない。

それにしても、食べることから交わることへと欲望の方位を劇的にずらしてみせた『ゼラルダと人喰い鬼』が、なんとも秀逸な傑作に感じられる。おそらく、性愛だけがリアルな暴力をつかの間ではあれ、鎮静化する方法であるからだ。そう、たいした根拠もなく言ってみたくなる。さらに、フロイトに倣って、悪の根絶などというものはありえない、とも書きつけておく。いずれ、花に誘われて、善悪の彼岸へと突き抜けることなど、かなわぬ夢のかけらであることは、肝に銘じておきたい。

2

思えば、人類は猪を素材にしてぶたを家畜へと仕立てあげることに成功して以来、狩りをせず安定的にぶた肉の供給を受けるようになった。人間とぶたとは、そうして絶対的な権力関係のもとで、食べる／食べられる関係を一方通行的に維持してきたのである。ぶたにとっては、人間こそがオオカミよりも怖ろしい、しかし妙に優しくもある捕食動物なのである。ぶたを飼育すること、屠り食べることには、依然としてたくさんの謎めいた問いが埋もれている。

内澤旬子の『飼い喰い』という本を読んでみた。この人の『世界屠畜紀行』と対をなすような、とてもおもしろい本である。じつは副題に「三匹の豚とわたし」とあって、手に取ってみたのだが、むろん昔話の「三匹のこぶた」とは縁もゆかりもない内容であった。しかし、読みはじめたら止まらない、なんとも痛快な読書になった。たしかに、とびっきりの奇書である。著者自身がまえがきに、「一年間をかけ、三頭の肉豚を飼い育て、屠畜場に出荷し、肉にして食べるまでを追ったルポルタージュ」と述べている、まさにそのままである。そして、「彼らがかわいそうだという感情を抱いたことはない。彼らの死骸を食べることで、私たち人間は自らの生存を支える。それは自明のことだからである」とも見える。そうか、わたしたちはかれらの死骸を食べているのか。

ここからは、オオカミとこぶた、という対比の構図から、人間と豚の関係へと転換してゆく。表記がぶたから豚に変わる。『飼い喰い』には、とがった言葉が次から次へと登場する。それがしかも、現場からの声や言葉であることで、抗しがたい説得力を生んでいる。すでに、雄豚のワインオープナーのような形状の性器と、長々と続く射精には触れているが、こんな印象に残る場面があった。

伸と名付けた豚は、性器を撫でさせるまでになった。秀という豚が伸の性器を鼻でふんふんっと、荒々しくいじっていた。気持ちよさそうだ。著者はそれを見て、自分でも試してみたくなった。「豚を擬人化しているつもりは、ない。豚として触ってみたい。しかしそれは、人と動物の境界をある意味踏み越える行為になりはしないか」と思いながら。伸は横に来て寝そべる。お腹をさするついでに下腹のほうまで手を伸ばしてみる。豚の性器は真ん中に近いところにあり、デベソみたいに見える。そこから下腹にかけて陰茎が収納されている。伸はちょっと身を縮めて、すぐに撫でさせるようになった。「私は奴らにとって特別な存在なのだろうか」と、ちょっと誇らしい気分になる。わたしはふと、母親が思春期の息子のマスターベーションに向ける(かもしれない)好奇の眼差しを思った。どこかに、著者がみずからを、擬似的な豚の母親のように感じる場面があったはずだ。

この人はあきらかに、境界のまとう自明性を剝ぐことに強い関心を寄せている。人間／動物、ペット／家畜などを分かつ、たいていは疑われることなき境界の自明性を、とても深いところから突き崩そうと仕掛けを凝らしているのだ。しかもそれを、豚を飼う実践のなかでおこなうのである。たとえば、この人は豚の飼育を世話してくれる人から、「なんで豚に名前をつけたんだよ」と責められる。たしかに、三匹の豚に夢・秀・伸という名前をあたえた。知り合いの男たちの名前を借用したらしい。豚をみずからの分身として、屠り食べられる立場に身を置いてみること。この人はあくまで冷ややかに自覚的である。そうして豚に名前をあたえることは、かれらを「食べ物として見るか、ペットとして見るかの境界線」を揺らすことだ。多くの人が意識することなく、確かなものと信じているペット／家畜の境界を、あえて曖昧にしてみたい。境界を惑乱させねばならない。そして、「名を呼んで、その動物に固有のキャラクターを認めて、コミュニケーションしたうえで、殺して食べてみたかった」などと、とても過激《ラディカル》なことを挑発的に書きつけている。

豚の飼育の現場で働く人たちは、この人の実践のなかに危険な香りを嗅ぎとって、それぞれに言葉を投げかけてくる。あまりに一途に、豚をかわいがる姿が人を不安にさせる。たとえば、「かわいいって思ったらダメなんだよ、ペットじゃないんだから、割り切らないと」、「豚はちゃんと飼うと、犬よりかわいいよ。飼ってる時はいいけど、屠畜場に送るんだから、相当残るよ。後々まで引きずるかもよ」といった言葉である。そうしたアドバイスに込められた真摯さは承知しながら、この人は誰もが「動物の愛玩と食肉利用の境界には、堅固な壁があると信じ込んでいる」と感じて、苛立ちを覚えている。

毎日豚の世話をしていれば、いや飼ったその日から、ほんとうに豚がかわいくてしかたがなかった。家畜だからとか、ペットのようにとか、思うより前に、愛情は湧いてきてしまい、もっともっと彼らと触れ合いたくなり、それを止めることはどんどん難しくなっていく。

そこに、擬人化という大切なキーワードが姿を見せる。以前に、屠畜の取材をしていたころには、屠られる豚を見て、擬人化そのものが殺人を連想させるとして避けていたはずなのに、農家の取材をはじめると、この人自身が「豚たちの生き様を人間に重ね、思いきり擬人化してしまっている」ことに気づいた。じつは、それは彼女とかぎらず、「豚を擬人化したり、人を擬豚化して冗談を言い合う」ことは、むしろ当たり前に見られたのである。いわば、豚の擬人化／人の擬豚化が表裏をして、豚を飼うことの周辺に転がっていたのである。豚はやはり、屠られ喰われる家畜としては、どこか特権的な家畜なのかもしれない。たぶん、牛や鶏について、豚のように擬人化される場面はすくないのではないか。

『飼い喰い』のなかでは、この冷静なはずの著者が、次々に豚の擬人化に遭遇している。まるで人間のように振る舞う豚の姿や表情が観察されるのである。三匹の豚はみな、この人の声とほかの人の声とを完全に聞き分けていたが、それに加えて、夢という豚は自分の名前まで認識していた、という。あるいは、どれを丸ごと料理して食べるか考えていたとき、この人は、脱走したときに取っ組みあったことがあり、底意地が悪くて頭のいい感じが、「喰べてやる」という気にさせるという理由で、この夢を選んだのである。もっとも人間臭い豚が、とりわけ食べてみたいという欲望をそそったのか。
そうして豚たちの前で屠畜の日程が決められたが、その翌朝、夢は運動場のはじに蹲っているのを発見された。伏し目がちに、なにか痛みを堪えているような風情だった。じっとして水も飲まない。キャベツを口に持っていったが、拒否された。スイカも食べなかった。心配して見に来てくれた人は、あの豚は「人を見るからな。何だか気味悪いっぺ……」と呟いた。夢は人によってあきらかに態度を変える。

しかし、だからといって自分の屠畜日が決まったことまで勘付かれるとは、思いもしなかった。それでは宮沢賢治の『フランドン農学校の豚』ではないか。そんなことはありえないと思いつつ、具合が悪いのはたしかなのである。（略）丸一日飲まず食わずの後、夢は、やっと立ち上がり水を飲み始めた。

このあと、この人は近所のカフェで、さらに九十九里海岸の砂浜に車を停めて、パソコンを打ち原稿を書いた。それから、夜の闇のなか、砂地の坂道から道路に出ようとして、道路標識にぶつかる事故を起こした。軽自動車は大破した。友人たちからは、「豚の呪いだ」と大笑いされた、という。
みずからを殺す日を、目の前で相談して決めた女主人にたいして、もっとも人間臭い豚は恨めしそうに、一日限りのハンガーストライキを決行したのだった。そこに、まるで唐突に、賢治の『フランドン農学校の豚』が想起されていたことは、なんとも絶妙ではなかったか。飲まず食わずの夢の姿に出会って、ああ、あの農学校の豚のようだと思ったとき、『フランドン農学校の豚』の名前が招喚されていたのである。もし夢に言葉をあたえたら、きっと、「この世はほんたうにつらいつらい。本当に苦の世界なのだ」なんて呟くにちがいない。あの徹底して擬人化されたフランドン農学校の豚が、夢を仲立ちにして、くっきり像を結んでゆく気がした。

この人の心乱れながらの呟きの声にはそそられるものがある。ペットではない、ましてや家族や友人でもない、かれらは家畜だ、ペットに近い形で飼ったかもしれないけれど、あくまで家畜だ、でも、たしかに愛情を交わしてきた……。わたしの豚、これからつぶして肉にするのは、誰がなんと言おうと、どんな肉であろうと、わたしが丹精込めて育てた、わたしの豚だ……。そこには、喜びと悲しみとが混ざりあった、形容しがたい激情・矛盾・快楽がある、それらのすべてを失うのは、あまりにも悲しい、肉のもたらす「豊かさ」を大事にして生きていきたい……。おそらく、愛情をこめて豚を育てること／それを殺して肉にして、換金することのあいだには、拭いがたく心理的な隔たりや傷が見え隠れしている。それにもかかわらず、動物の生き死にと、みずからの生存とが、たとえ金銭が介在したとしても有機的に共存することに、この人は「ある種の豊かさ」を感じているらしい。

はじまりに近く、家畜にとっての「天寿」とは何か、と問いかける場面があったことを思いだす。豚は生後約半年で屠畜場に出荷され、屠られ、肉となる。繁殖用の豚たちはそれより長く生きるが、精子を絞りとられ、間を置かずに出産しつづける状態が「本来の」「自然な」環境だと断言するなど、とうていできない。そもそも人間が変容を強いてきた家畜の「自然」を語ることには、無理がある。家畜はすでに、そのようにして、いわば反‐自然的にしか存在しえない動物だ。それならば、なお、家畜たちとの「ある種の豊かさ」を抱いた関係を大事にしてゆくべきではないか。そう、この人は考えているようだ。まだ、この「豊かさ」には理解が届かないもどかしさが残る。

三匹の豚は肉片となって、いま、「内澤旬子と三頭の豚」と銘打たれた食べる会に集まった人々によって、凄まじい勢いで食べ尽くされてゆく。この人が、みなに凝視されながら、タレをつけ柚子を絞り肉片を口に運ぶ場面には、こんな言葉が書きつけられてあった。

噛みしめた瞬間、肉汁と脂が口腔に広がる。驚くほど軽くて甘い脂の味が、口から身体全体に伝わったその時、私の中に、胸に鼻をすりつけて甘えてきた三頭が現れた。彼らと戯れた時の、甘やかな気持がそのまま身体の中に沁み広がる。

帰って来てくれた。

夢も秀も伸も、殺して肉にして、それでこの世からいなくなったのではない。私のところに戻って来てくれた。今、三頭は私の中にちゃんといる。これからもずっと一緒だ。たとえ肉が消化されて排便しようが、私が死ぬまで私の中にずっと一緒にいてくれる。

こんな奇妙な感覚に襲われるとは、私自身、ほんとうにほんとうに思いもしなかった。

それでも、この人は涙を流し、感傷に流されることはなかった。いずれであれ、『飼い喰い』という、あくまで実践的な、しかし果てまで歩くための思考実験の書には、家畜としての豚をめぐる言語化されたことのない異相の風景がいくつも、いくつも手探りに語られている。わたしの体は、わたしが食べたものでできている。それを観念的なイメージとして思い浮かべることは、いくらでもできる。しかし、この人のように身体的なレヴェルで感受することは、わたしにはできない。だから、この本がかぎりなく尊いものに感じられる。

角川文庫版の「あとがき」には、すこしだけ距離を取れるようになった場所から、こんな言葉が書き留められてある。

どんな動物も飼えばかわいらしく、心を通わせることもおそらくは可能だ。いや、動物に限らずコオロギだってサボテンだって、飼えばかわいい。そして、その一方で食べれば美味しい（美味しくないのもいるけれど）。何を食べて何を食べずに共生すると決めるのか。その境界をどう持てばいいのか。動物を食べるのがかわいそうで、植物を食べるのがかわいそうではないと断ずる理由はなにか。突き詰めて考えれば、そこには絶対的な正解はなく、あるのは人間のエゴにすぎないのではないか。

たしかに、この命をめぐる問いの前に、絶対的な正解は存在しないのだろう。殺して食べるのが残酷だというのであれば、この残酷に耐えることのなかにしか、わたしたちの生存そのものがありえない。動物を肉として食べながら、殺すことや屠畜することを忌み嫌う社会こそが、命の現場から問い返されるべきだ。屠畜にかかわる差別は小さくすることができるかもしれない。けれども、人が動物を殺すことにまつわりつく罪悪感を完全に消すことはできないだろう、と内澤はいう。

あらためて、「三匹の豚とわたし」という思わせぶりな副題をもつ『飼い喰い』が、けっしてイギリスの昔話の「三匹のこぶた」と無縁ではなく、もうひとつの「三匹のこぶた」の奇妙なパロディでもありえているのかもしれない、などと考えている。そういえば、この『飼い喰い』という本は、廃墟のなかの豚小屋が主要なる舞台であった。三匹の豚を飼うための小屋を建て、そのまわりで次々とささやかな事件が起こり、ついに、豚小屋が跡形もなく解体され撤去される。豚小屋をめぐる、いわば建築と空間にまつわるシンボリズムが描かれていた、などとすっかりその気になっている。夢と秀と伸と名づけられた三匹の子豚たちから、擬人法または擬豚法についても、新たな光を当てるための手がかりをもらえたような気がする。なによりも、絵本が回避する豚飼いをめぐる性と食の情景が真っすぐに描かれていたことに、喜びを覚えている。

それから、わたしはいま、中村生雄の『祭祀と供犠』（法蔵館文庫）という大事な著作を想起している。いずれ『飼い喰い』と『祭祀と供犠』を重ね合わせに読んでみたい、という思いに、静かに駆り立てられている。

終章　奴婢訓の裂け目に

1

　この連載に取りかかったとき、わたしのなかには奴隷や家畜といったテーマは、そもそも存在しなかった。漠然と、『性食考』の思索と歩行の圏内からやわらかく離脱をはかるために、食べること／交わること／殺すことの周辺で言葉をつれづれに紡いでゆくことだけを考えていた。それがいま、『奴隷と家畜　物語を食べる』という、はじまりには思いも寄らなかった著書にたどり着こうとしている。この終章ではあらためて、スウィフトを招喚して、その『奴婢訓』から寺山修司の演劇『奴婢訓』へと繋がる線分《ライン》に眼を凝らしておきたい。

　たとえば、中野好夫の『スウィフト考』（岩波新書）の一節には、この『奴婢訓』について、以下のように紹介されている。すなわち、召使頭・コック・従僕・馭者・馬丁・家屋差配・土地差配・玄関番・乳しぼり女・小間使・乳母・洗濯女・女家庭教師・女中頭・女中など、十数種にのぼる男女使用人＝奴婢を類別しながら、それぞれにたいする奉公上の処世訓を並べたかたちになっている。

しかし、それは「まことに痛烈な皮肉と諷刺、いわばオール逆説」であって、それゆえにいかにもスウィフトらしい作品になっている、という。いわば、その全編にわたって、「使用人たちの慣行になっている悪癖、悪習の展示会」であり、いかにして主人をごまかすか／うまく骨惜しみをするか／役得にありつくか、をめぐって凝らされる「悪習への指導手引草」となっている。スウィフトの常套手段といっていい、露悪的な逆説で人を驚かす内容であった。

『奴婢訓』は、「奴婢一般に関する総則」と「貧家の子女がその両親並びに祖国にとっての重荷になることを防止し、且社会に対して有用ならしめんとする方法についての私案」の二編から成る。後者の「私案」を読むと、スウィフト流の諷刺の突き抜けたようなラディカルさがよくわかる。一七二九年にダブリンに暮らしていたスウィフトが、窮乏悲惨の極にあったアイルランドの難局を切り抜けるための唯一の方策として示した「私案」であった。無為無策のイギリス政府にたいする、激越な批判として書かれたものだ。

「私案」には、おそらく仮想の人物であろう、ある物知りのアメリカ人のこんな言葉が拾われている。すなわち、「よく育った健康な赤ん坊は丸一歳になると、大変美味い滋養のある食物になる。スチューにしても焼いても炙っても茹でてもいい」と。それを受けて、スウィフトは以下のような、冷静かつ合理的にしてグロテスクな提案をおこなうのである。乞食や貧民の子どもたちを、「社会の健全有用な一員とする安価で容易な正しい方法」は、以下のようなものだ。毎年生まれる貧民の子どもは十二万人、その内の二万人は子孫繁殖用に保留しておくが、残りの十万人は丸一歳になったら、貴族や富豪に売りつけることにする。母親には忠告して、最後のひと月はたっぷり乳を飲ませ、どんな立派な献立にも出せるように丸々と肥らせておくことが肝要だ。友人を招待するなら、赤ん坊一人で二品の料理ができる。家族だけなら、頭でも脚でもかなりの料理ができる。少量の胡椒や塩で味つけをして、殺してから四日目に茹でるとちょうどいい、とされる。この食べ物はいくらか高価だが、親たちの膏血を絞った地主たちには、「子供を食う資格も一番ある」はずだと薦められる。始末屋は殺した赤ん坊の皮を剥いで、淑女用の手袋や紳士用の夏靴を造ればいい。ダブリン市内の手頃な場所に、この肉の売り場を指定して設ける。屠殺人はいくらでもいる。子どもを生きたまま買ってきて、焼豚をこしらえるように殺してすぐに料理することを薦めたい、ともいう。腕利きのコックであれば、「赤ん坊料理」をお客の好きなだけ高価なものに仕立てるはずだ。「豚なんぞ、味からいっても立派さの点でも、よく育った肥えた一歳の赤ん坊にはとても較べものにならない。丸焼にした赤ん坊は、市長さんの饗宴でも其の他どんな大宴会場でも、さぞかし異彩を放つことだろう」と付け加えられていた。

最後に、スウィフトは衷心から言うのである。この私案はいささかの個人的利害もなく提出される、と。国家の公共的利益のために、商業を奨励し、貧民を救済し、富者に若干の快楽を与える、それ以外になんの動機ももたない。なぜならば、「一文の金を儲けようにも、それに必要な赤ん坊が私にはない。私の末の子は九つになり、妻はもう子供を生む年ではない」と、どうやら事実ではない諧謔が書き留められてあった。

はるかに遠い、幻想めいたガリヴァー国の物語ではなく、ダブリンといういま・ここで提言される、諷刺とはいえ具体的に構想された「私案」であった。貧しき人々に子どもを産ませて、それを食べ物として売りさばいて儲けることだ。提言書としては、いささかグロテスクの度合いが過ぎて、とうてい陽気な笑いが呼び起こされるとは思えない。生前には、たぶん公表されなかった文章だ。鬼や怪物ではなく、ほかならぬ人間に、人間の赤ん坊が料理されて提供されるのである。カニバリズムの食卓の情景としても、毒と残酷がきわだっている。

それがどこか、負の琴線に触れてくるのは、われわれがみな一度や二度は、生身の赤ちゃんにたいして「食べちゃいたいほどかわいい」と感じたか、呟いたかした経験があるからかもしれない。おいしそう／かわいいは表裏をなして、どこにでも転がっている。そういえば、宮西達也の『おまえうまそうだな』（ポプラ社）という絵本の主人公は、恐竜のアンキロサウルスの産まれたばかりの赤ちゃんだった。おいしそう／かわいい、をめぐってのティラノサウルスの葛藤が絶妙に描かれていた。

さて、『奴婢訓』の核となる「奴婢一般に関する総則」である。奴婢に見いだされる悪習や悪癖への指導手引書だと、中野好夫は紹介していた。とても微妙な表現である。はたしてそれは、奴婢にたいする指導や管理の作法を教示する書であったのか。たしかに、主人の側がそこに描かれているような奴婢をめぐる複雑怪奇な現実を承知しておくことは、その効率的な管理のためには役立つにちがいない。奴婢をかかえる貴族や地主たちは、狡猾な奴婢には出し抜かれるな、「敵を知れ」というメッセージを受け取るのか。しかし、この『奴婢訓』はむしろ、奴婢たちへの悪徳のすすめが満載であり、主人へのひそかな憎悪を充填された、しかも、それとはわからぬ抵抗の数々を奴婢自身へと伝授することを、公然と企てている。たとえば、召使頭の章には、「コップ類は小便で洗う、ご主人の塩の倹約のために」と見えるが、もはや知らぬが仏の悪意の隠蔽にして露出ではなかったか。

「奴婢一般に関する総則」から、いくらか気まぐれに抜き出してみる。

主人の呼んだ当人がその場にいないときは、だれも返事をしない。あやまちを犯したら、仏頂面で横柄に構えて、自分のほうこそ被害者だという態度を見せてやる。仲間に不埒な所業があるのを知っていても、主人には黙っている。金銭支出に関係のある召使は、主人の収入のすべてが自分の担当する仕事に当てられるべきものとして振る舞う。使いに出た召使が、誘惑が強くて抗いがたく、帰るのが遅くなることはよくあるから、あらゆる場合に通用する言い訳を用意しておく。主人の損になっても商人に味方する。自分が雇われている当面の仕事以外には、指一本動かしてはならない。昼間ちょろまかすことのできるうまい物は取っておいて、夜に仲間と楽しむ。字が書けることを見せるために、自分の名前と情婦の名前を、蝋燭の煤で台所や召使部屋の天井に書きつける。

年が若くて顔に自信があったら、食卓で奥様に囁くとき、頬っぺたに鼻を押しつけたり、顔に息を吹きかける。口笛ひとつで飛んでゆくのは犬だけだから、三度か四度呼ばれるまでは行かない。召使部屋で食事用のナイフが許されていても、もっぱら主人のナイフを使う。「旦那様、奥様という共通の敵があり、守るべき共同目的がある」ことを忘れずに、一致和合を心がける。だれか酔っ払って帰ってきて御前に出られないときは、みなで示し合わせて、加減が悪くて寝ている、と主人に告げる。主人に呼ばれた当人がたまたま外出中には、いとこが危篤ということでたったいま出かけた、と答える。あやまちを叱られたときは、聞こえよがしにぶつぶつ言い、冤罪と思わせる。主人が留守のあいだに客があっても、名前を覚えようなんて努力はしない。仲間のだれかに暇が出されたら、主人は知らなくても、そいつの落ち度を洗いざらい伝えて、ほかの連中がやった悪事もそいつのせいにする。現金をもって店に買い物に出されたら、金は失敬して、品物は帳面で受け取っておく。

もし、旦那か奥様が一度でも間違って叱ったことがあれば、あやまちを仕出かすたびに、それを思いださせて、こちらは潔白なのだという顔をしてみせる。暇をもらうことに決めたら、急にいつも以上に横柄な図々しい振る舞いを見せて、主人に追いだすように仕向ける。一度邸を出たら、今度は仕返しに、仕事もなく遊んでいる仲間たちに主人のことを悪しざまに吹聴して、その屋敷に奉公しようと言いだすものが一人もいないようにしてやる。愛犬・飼い猫・猿・おうむ・子ども、落ち度はすべてこいつらのせいにする。やりかかった仕事に適当な道具がないとき、たとえば鳥の毛焼きに紙が欲しかったら、家にある本を手当たりしだいに破いて使い、便器が必要ならば銀の大きなカップを使用する。告げ口をする奴ほど有害なものはないから、みなが一致してそいつに当たり、邪魔をしてやる。告げ口をする腰元には、下着を破り、洗濯を中途半端にして、それにぐずぐず言ったら、「えらい汗かきだ、恐ろしく身体の汚い女で、台所の下働きが一週間かかって汚すよりももっと汚く、一時間で肌着を汚してしまう」と、家中に言い触らしてやる。

このあとに、「細則篇」がたっぷりと、あくまで具体的に書き継がれてゆくが、このくらいにしておく。「旦那様、奥様という共通の敵があり、守るべき共同目的がある」というメッセージは、なんとも忘れがたい。奴婢は主人をはっきり敵と見定めながら、共同戦線を張って隠微かつ周到なレジスタンスを組織するように薦められる。いや、それにたいする用心を抜かりなくせよ、と貴族や地主たちに呼びかけているのか。そういえば、「総則」には、「国家や帝国に一番大きな変動を起す原因、即ち、恋愛と戦争である」といった一文が、さりげなく挿入されてあって、嬉しくなる。恋愛と戦争ほど妖しく、手ごわい秩序や制度への撹乱要因は存在しない。いつだって、それは捨て身の賭けとならざるをえない。

2

さて、この『奴婢訓』を承けて、寺山修司の演劇版「奴婢訓」に眼を凝らしてみたい。一九七八年に初版が刊行された『奴婢訓』(アディン書房)には、「物語・奴婢訓」と「奴婢訓」のシナリオが収められている。前者は未発表であったようだ。一九七六年作とあり、「奴婢訓」のオランダにおける初演が一九七八年二月であるから、この物語版がシナリオの元になったにちがいない。その冒頭に、「奴婢一般に関する総則」から、以下の箇所が引かれていた。

使いに出た召使が必要以上に手間取って、二時間、四時間、六時間、八時間、かそこいら帰って来ないことがよくある。誘惑は強く、木石ならぬ身の抗し難きこともあろうというもの。帰ると、旦那様は怒鳴る、奥様はお叱言。裸にするの、ぶん殴るの、お払い箱だの、おきまり文句。だが、ここで、あらゆる場合に通用する言訳を用意しておかねばならぬ。例えば、伯父さんが今朝八十哩の遠方からはるばる会いに来て下さって、明日夜明けに帰られるのです。困っている時に金を貸してやった或る朋輩が愛蘭へ逃げようとしていたのです。西印度のバアベイドウズ島へ出稼に行く昔馴染とお別れをしておりました。父親が牝牛を送ってよこして売ってくれというのですが、夜の九時まで商人が見つかりませんでした。今度の土曜日に縛り首になる従弟と最後のお別れをしておりました。屋根裏の窓から汚物を投げかけられまして、洗濯して臭の抜けるまでは恥かしくて帰れませんでした。

岩波文庫版からの引用であるが、細部には異同が見られる。このあとにはさらに、水夫になれといわれて治安刑事の前へ引っ張っていかれ、取調べまでに三時間待たされ、やっとこさ放免されてきた、支払い不能者と間違えられて執行吏に捕まり、ひと晩中収容所に留め置かれた、旦那様が酒場で災難に遭ったと教えられ、悲しくてたまらず酒場を軒並み探し歩いていた、と続いている。別の箇所には、三十分以内にばれるような嘘はつくな、とも見える。奴婢たる者、日頃から想像力と作話能力を鍛えあげておかねば、修羅場をくぐり生き延びることはできない、といった戒めであったか。いずれであれ、寺山が創作の起点においたのが、奴婢が主人からサボタージュを咎められたときのために用意しておくべき虚言集であったことを、とりあえず確認しておけばいい。たしかに、虚言や妄想ほどに豊饒なる物語の源泉は存在しない。

あら筋をたどるのは煩わしい。「物語・奴婢訓」に散りばめられた言葉のいくつかを、意味もなく拾っておく。——汚物をお屋敷の外へ捨てて、薔薇をいっぱい摘んでおいで。あぁ、もう駄目！おまえは、とりかえしのつかぬことをしておくれだね。とんでもないことをしてしまった新顔の女中は、どのように処罰いたしましょうか。蝸牛がおまえの？　死刑だ、死刑だ。さあ、着てるものを全部脱ぎなさい。おまえは、ここで皆さんに、おしっこをお返しするんだ。お舐め。心臓の一番奥へ射精がとどくまで、口を放すことは許すものか！　……もっと、もっと、舐めて。ああ、世界はたった一人の奴婢の不在によって充たされている！　おまえたちは、あたしの夢の残り滓、あたしの吐く唾、あたしの小便、そしてあたしの自慰のために働く、四本の指だよ！　最後の一滴まできれいにお舐め！　快楽に一番大切なもの。それは、躾なのですから。もう、堪忍してください。御主人の呼んだ当人がその場に居ないときは、誰も返事などせぬこと。たとえ、不在が百年以上続くとしても。ああ、世界はすべて、何者かによって書き尽くされてしまっていたのである……。

問われていたのは、権力と支配の磁場にはどこにだって転がっている、糞と小便と射精にまみれた、奴隷管理の方法であったか。それはどれほど奇形と倒錯に満ちていたにせよ、性愛をめぐる贈与と交換の現場に、あるいは祭りの庭にこそ見いだされるものだ。快楽と処罰の昏がりに横たわるものに、そっと眼を凝らさねばならない。舐めることから、嘗めることへ。奴隷とは妄想の深みへのトリガーであった、と言ってみる。

この「物語・奴婢訓」には、「世界はたった一人の奴婢の不在によって充たされている」とあったが、実は「奴婢訓」のシナリオは、「世界は、たった一人の主人の不在によって充たされている」という言葉で終わっていた。「物語・奴婢訓」ではすでに、主人と奴婢の関係は流動的でたちまち入れ替わったが、それでも怠け者で寝室から外に出るのをいやがる旦那は、なんとか主人としての存在を保っていた。女中のマリーという愛玩少女をテーブルに供えて、花をくわえた口髭の中年男である旦那様と、中世のかつらを被った仮面の裁判長、淫蕩な支那扇の貴婦人、等身大の一寸法師をあやつる腹話術師の侏儒などが、そのまわりを徘徊している図柄だ。

ところが、シナリオ版にいたっては、もはや主人はどこにも存在しない。寺山自身が、「私がこの演劇で描きたいことは、〈主人の不在〉という言葉で表わされる、今日の世界の状況である」と述べていた。そして、台本には「主人のいない家を持つことは不幸だ。しかし、家が主人を必要とすることはもっと不幸だ」ともあった。『寺山修司幻想劇集』(平凡社ライブラリー)に付された、寺山自身による「解題」に見えていた言葉である。スウィフトの『奴婢訓』には自明に存在した、主人と奴婢とを分かつ境界が、そこではすっかり失われていることに注意を促しておく。

それにしても、主人の不在とはなにか、いかなる事態もしくは現象なのか。絶対的な主人は、それゆえ王はもはや存在しない、ということか。あるいは、権力と支配をめぐる磁場が不可視化されている、ということか。寺山は「中心の不在が、周辺の不在をうながす」という言葉も残している。そこから、主人の不在から奴婢の不在へといたる階梯が浮き彫りになるのかもしれない。とはいえ、中心と周縁、また主人と奴隷という二元論が、寺山修司の時代にはいまだ、文化解釈における有効性を失っていなかったことを想起しておくべきだろう。

さて、演劇版の「奴婢訓」である。冒頭に掲げられているのは、宮沢賢治の「雨ニモマケズ」の一節、「一日ニ玄米四合ト　味噌ト少シノ野菜ヲタベ　アラユルコトニ　ジブンヲカンジョウニ入レズ」である。そして、すべての奴婢は、賢治の童話の登場人物の名前で呼ばれる。前口上には、「大正十三年、東北の一荒野の涯て、イーハトヴ農場の大地主グスコーブドリの「死の家」のためのプロローグである」と、ここでも賢治が呼び出されている。賢治からの引用がいたるところに氾濫している。賢治へのオマージュなのか、アイロニカルな批評なのか。

主人は屋根裏に隠れているとも、二年前に馬から落ちて死んだともいう。「煙という名の　御主人は」とも見える。「見えない主人」が浮遊している。いずれにせよ、主人が姿を現わすことはない。奴婢のだれかの足が主人の靴にピッタリ合うと、その奴婢は主人になり、主人の椅子に座って、この邸を自分のものにすることができる。一人の作男が尻を打たれ、折檻機械で締めあげられて、酢の壜を舐めたことを白状する。奴婢は酢の壜をペロペロ舐めるのだ。その壜のなかには、バリカンを手にした侏儒が入っていた。舐めることがどこか特権的な意味を抱いているのだ。奴隷論のひそかな核心がそこに埋もれている。さて、主人の役は次々に交代する。だれかの足が主人の靴に合えば、交代時間が来れば。この邸の主人になりすます方法だってある。五分ごとに主人と奴婢が自動的に交代する「主人交代機」が据えられている。最後の晩餐では、奴婢たちはそれぞれに着飾り、主人の靴を履いて食卓に着いている。

いつのまにやら、主人の大安売りだ。おかげで、邸の中がまっくらじゃねえか。主人が一人ふえるたびに、くらやみがひろがっていくとはよく言ったもんだ。〈略〉さあ、こいつら全部に火をつけて焚火にしてやろうじゃないか。みんなが主人になっちまえば、こんどはたった一人の下男の不在によって、みんなの心が充たされるんだ。見ろよ、このおれさまを。おれはいつでも、たった一人の不在の証しだ。

ゴーシュが次々と火をつけて、主人たちを焼き尽くす。「宮沢賢治の本はひきちぎって尻を拭け、米俵の中は捨てた赤ン坊の死体でいっぱいだ」。ここにもスウィフトの影が射す。ゴーシュは哄笑しながら、自分にも火をつける。イーハトヴの邸のなかは、主人の焼ける煙でいっぱいになり、断末魔の悲鳴がこだまする。不意に、高らかに鳴り渡る世紀末的な頽廃のワルツ。死を装っていた奴婢たちが、いっせいに起きあがり、一夜の狂乱がくり広げられる。暗黒の帳《とばり》のなかで歌っているのは、「主なき百万人の霊に取り憑かれた奴婢の一人」である。無人となった舞台に、まるで「この劇の証のように」無造作に、空っぽの主人の椅子が転がっている。最後は、「世界は、たった一人の主人の不在によって充たされている」と閉じられる。

そういえば、終幕に近く、滅亡のワルツのすぐあとに、まるで赤い手帳の毛沢東語録のように、「奴婢語録」が登場していたのだった。そのはじまりには、蝋燭の煤で天井に、（情婦の名前ではなく）「ここが地獄だ！　ここで跳べ」と書きつけろとあり、六番目には、「叛乱するのには思想はいらぬ、マッチ一本あればよい！」とあった。すくなくとも、寺山修司版「奴婢訓」は、イーハトヴの奴婢たちに向けて贈り届けられた、マッチ一本からの叛乱の呼びかけではあったはずだ。スウィフト流の奴婢管理の手引き書ではなかった。ついでに、宮沢賢治というイーハトヴのご主人様に叛乱の狼煙をあげよ、というメッセージも含まれていたのかもしれない。

演劇版の「奴婢訓」は、どこかカーニヴァル的な時－空のなかに、つかの間顕現する幻のビジョンだったのではないか。たしかに、その祝祭空間ではかりそめに王位は宙吊りにされており、絶対的な権力は視界の隅っこに囲いこまれている。ほんとうの王は不在であり、王の椅子＝玉座には、擬王が、それゆえ偽りの王が鎮座し、王妃を侍らせ、滑稽きわまりない命令を次々に下して、乱痴気騒ぎを演じているはずだ。あらゆる役割は転倒され、性的な倒錯がまかり通り、まさに逆しまの世界が姿を顕わすのである。しかし、カーニヴァルが果てれば、偽王《モックキング》は殺害され、あらゆる王権の秩序は回復し、ほんとうの王が玉座へと復帰する。絶対的な王による権力と支配は、祝祭の大いなるカタルシスを経て、逆に活性化される。それはいわば、王殺しに似せて、つかの間の偽王にすべての災厄や穢れを負わせて殺害する文化の仕掛けなのである。

だから、過剰な期待は禁物というものだ。カーニヴァルの秩序の紊乱《びんらん》や倒錯はみな、あらかじめ予定調和的に導入された、それゆえに去勢された混沌《カオス》にすぎない、と言っておく。絶対的な王による権力と支配は、カーニヴァルが果てたあとにも、寺山修司の破滅的な演劇公演が幕を降ろしたあとにも、揺らぐことなく変わらず存在している。

中心と周縁、また主人と奴隷を分かつ二元論の軛は、寺山の時代よりもはるかに巧妙に内面化され、頑強なものになっているような気がする。そもそも、主人のいない世界は不幸なのか、それとも幸福なのか、と問いかけてみるのもいい。たしかに、主人の不在こそがユートピアだと牧歌的に信じられた時代はあった。寺山はそのなかに生きたし、わたし自身の若き日々もそこに属している。しかし、主人のいない世界はひとかけらの幻影だったのかもしれない。奴婢たちの反乱は、ほんのつかの間、王殺しの歓喜に酔いしれながら、もう一人の王による狡猾にして残酷な搾取と支配のシステムへと道を開いただけではなかったか。奴婢たちの愚者の狂宴こそ、寺山版「奴婢訓」が幻視していた近未来の現実であったのか。

あらためて、寺山の言葉を呼び返してみようか。「主人のいない家を持つことは不幸だ。しかし、家が主人を必要とすることはもっと不幸だ」と。その不幸はしかし、見えない主人に身を委ねて自発的な隷従にいそしむ人々の前では、まったく色褪せている。そして、現実はもうすこし捩れて、奴隷の快楽に身を沈める人々の群れが前景を占めはじめており、不幸の形而上学は思いがけず屈折しているのだ。

それゆえに、いま、この世界のどこか片隅から、スウィフトの『奴婢訓』の毒と残酷にまみれたメッセージは、演劇の舞台で消費されるのではなく、日常生活の現場にこそ撒き散らされるべきだと、ひそかに考える人たちが出現したとしても不思議はない。そこに見えない主人という共通の敵がいることを、夢忘れてはならない、とスウィフトは書いていたはずだ。どうやら時代の気分はそこに向かっている。あまりに幼稚なレジスタンスであるとしても、現代の奴隷たちはやがて、『奴婢訓』を「非対称的な闘い」(栗原康)のバイブルとして再発見する日が訪れるにちがいない。

あとがき

まるで、いきなり荒海に乗りだした漂流記のような連載となりました。ほぼ手直し程度に留めて、そのままの形での刊行となります。とにかく、海図やら羅針儀のたぐいはなにひとつもたずに、流されてゆくことを選んだのです。それぞれの原稿を脱稿したあとで、たいていモヤモヤした感触が残り、次はそれを整理したり方向転換をはかったりするところから、書きはじめました。いつだって暗中模索で手探りの執筆でありました。そもそも、全体の構想といったものはかけらもなく、『性食考』以後に生まれた雑念をめぐって、あくまでそれを随想風《エッセイ》に綴ってみたいと考えていただけです。そんな提案を、青土社編集部の菱沼達也さんが受け入れてくれました。ありがたいことで、なにより感謝の思いを伝えておかねばなりません。

すくなくとも、連載に取りかかる以前に、『奴隷と家畜』などというタイトルはどこにもなかったのです。そんなタイトルが浮かんだのも、連載がかなり進んでからのことでした。いまのわたしはこんなことを書きたかったのか、と妙な納得がありました。だから、連載のタイトルは「物語を食べる」といった、じつに茫漠として捉えどころのないものを、あえて選んだのです。漂流記としては思いがけず適切なタイトルであったかもしれません。だから、数珠繋ぎに、また連想ゲームのように転がってゆくので、わたし自身が次の一手を読めずに書き継いでいるのです。たぶん、読んでくださる方たちもまた、視界不透明の不安や、あるいは苛立ちを感じられるにちがいないと思います。それを事後的に編み直せば、まったく異なった構成の本になるはずですが、それはしたくなかったし、そもそもできない相談でありました。

とても正直に書いておけば、『家畜人ヤプー』の章は辛いものがありました。できるならば回避したいと思いつつ、逃げられず、迂回の果てにようやくたどり着いて、なんとか書いたのでした。大学の紀行文を読む講義のなかで偶然のように取りあげた、金子光晴の詩に仲立ちされて、ヤプーの読み解きに向かうことができました。不思議な因縁に助けてもらった場面は、ほかにもいくつかあるのです。予想もしなかった連環が次々に生まれてくるのも不思議なことでした。走りながら、思いがけず読んだり、読み直したテクストばかりであり、学生たちの卒論指導の場面を思いだすと、笑いがこぼれます。先行研究などにはまるで当たらずに、こんな流れ書きをされたら、悲鳴を上げるしかありませんね。学生たちにそれを許す度胸はないくせに、とこっそり苦笑しています。

それにしても、これを次の主要なテクストにしようと当たりをつけておいたものを読んで、外したときには悲惨が待ち受けていました。それでも連載をなんとか落とさず、いつでもギリギリで原稿を間に合わせてはきましたが、まったく綱渡りの連続でした。そのために、向かうべき方位が微妙に変わってゆくことはしばしばあったのです。そんなときには、前後の脈絡合わせに縛られるよりも、新しい波乗りに身を委ねることにしました。だから、奇想天外な転がり方をしているところが、たくさんありそうですが、それはお許しいただくしかありません。先の見えない航海にしか興奮を覚えないのだから、仕方がないと、開き直ることにしましょう。

この本が形を成すまでには、『ユリイカ』編集部の明石陽介さんと菱沼さんのお世話になりました。お二人が面白がって読んでくれていることが、それだけで、これでいいか、という励ましになりました。感謝いたします。『ユリイカ』誌上での「物語を食べる」という連載は、ありがたいことに、まだしばらくは続けられそうです。どこに流れてゆくのかは知れず、わたし自身がそれを楽しんでいます。

新しい読者に出会えますように。

二〇二三年二月十五日の夜に

赤坂　憲雄

著者　赤坂憲雄（あかさか・のりお）

1953年、東京生まれ。学習院大学教授。専攻は民俗学・日本文化論。『岡本太郎の見た日本』でドゥマゴ文学賞、芸術選奨文部科学大臣賞（評論等部門）受賞。著書に『異人論序説』（ちくま学芸文庫）、『境界の発生』『東北学／忘れられた東北』（講談社学術文庫）、『岡本太郎の見た日本』『象徴天皇という物語』『排除の現象学』（岩波現代文庫）、『武蔵野をよむ』（岩波新書）、『性食考』『ナウシカ考』（岩波書店）、『民俗知は可能か』（春秋社）、『災間に生かされて』（亜紀書房）など多数。

奴隷と家畜

物語を食べる

2023年 4 月 25 日　第 1 刷印刷
2023年 5 月 10 日　第 1 刷発行

著者――赤坂憲雄

発行人――清水一人
発行所――青土社

〒101-0051　東京都千代田区神田神保町 1-29　市瀬ビル
［電話］03-3291-9831（編集）　03-3294-7829（営業）
［振替］00190-7-192955

印刷・製本――シナノ印刷

装幀――水戸部功

ISBN978-4-7917-7546-0